U0896059

反腐败国际追逃追赃系列丛书

FANFUBAI GUOJIZHUITAOZHUIZANG XILIECONGSHU

国际追逃工作实务

GUOJI ZHUITAO GONGZUO SHIWU

冉　刚　著

中国方正出版社

图书在版编目（CIP）数据

国际追逃工作实务/冉刚著. —北京：中国方正出版社，2018.1

（反腐败国际追逃追赃系列丛书）

ISBN 978-7-5174-0486-6

Ⅰ.①国… Ⅱ.①冉… Ⅲ.①反腐倡廉—研究—中国②国际刑法—司法协助—研究 Ⅳ.①D630.9②D997.9

中国版本图书馆 CIP 数据核字（2017）第 330008 号

国际追逃工作实务

冉　刚　**著**

总 策 划：杨尧鑫
选题策划：康　弘　姜　宁
责任编辑：罗侃平　王庆展
责任印制：李　华
责任校对：张　蓉

出版发行：中国方正出版社
（北京市西城区广安门南街甲 2 号　邮编：100053）
编辑部：（010）59594690　出版部：（010）59594625
发行部：（010）66560938　门市部：（010）66562755
网　址：www.lianzheng.com.cn
经　　销：新华书店
印　　刷：北京圣夫亚美印刷有限公司

开　　本：787 毫米×1092 毫米　1/16
印　　张：20.75
字　　数：281 千字
版　　次：2018 年 1 月第 1 版　2018 年 1 月北京第 1 次印刷

ISBN 978-7-5174-0486-6　　定价：42.00 元

《反腐败国际追逃追赃系列丛书》编审委员会

出版说明

党的十八大以来，以习近平同志为核心的党中央把追逃追赃纳入反腐败工作总体部署，提升至国家政治和外交层面。习近平总书记无论出访还是参加国际会议，走到哪儿讲到哪儿，全方位推动反腐败和追逃追赃合作。五年来，国际追逃追赃工作取得重要阶段性胜利，成为全面从严治党、遏制腐败蔓延势头的重要一环，形成了政治、外交、反腐和社会综合效应，赢得了党心民心和国际社会赞誉。在党的十九大工作报告中，习近平总书记进一步强调："不管腐败分子逃到哪里，都要缉拿归案、绳之以法。"这传递了有逃必追、一追到底，追逃追赃工作永远在路上的强烈信号。

国际社会公认，追逃追赃是一项跨国境、跨部门、跨领域的工作，涉及不同法律体系和执法体制，时间紧、任务重、难度大，要求办案人员不仅要娴熟地掌握国内外法律和操作惯例，还要具备跨国跨地区办案思维和办案能力。目前，相对于其他监督执纪问责领域，追逃追赃工作仍属于新生事物，相关理论研究刚刚起步，贴近实战的著作更是凤毛麟角。

本书坚持问题导向，以追逃追赃实践为基础，聚焦美国、加拿大、澳大利亚、新西兰等重要外逃目的地国家和地区，对国内外有关理论、法律制度、经典案例进行比较全面的梳理和总结，以国内外最新法律政策和鲜活案例诠释国际追逃的法律依据、工作思路、主要手段和方法技巧，重点解决“找人难”“取证难”“不会追”“不善追”“怎么防”等问题，力求紧贴实务、易于操作。全书共九章，既介绍国际追逃工作总体情况，又阐释司法协助、涉外证据等重大疑难问题，既讲方法、说案例，又讲法律、析理论，具有较强的针对性、实践性和指导性。

囿于时间和经验，本书缺点和不足在所难免，敬请读者批评指正。

总　　序

党的十八大以来，习近平总书记掷地有声地指出，“决不让海外成为腐败分子的‘避罪天堂’”，开辟了反腐败新战场，开启了反腐败国际合作新篇章。反腐败国际合作和追逃追赃作为全面从严治党、遏制腐败蔓延的重要一环，彰显了我们党和政府以零容忍态度惩治腐败、决不让腐败分子逍遥法外的鲜明立场和坚定决心，对内切断腐败分子后路，赢得了党心民心；对外占据道义制高点，赢得了国际社会赞誉和支持。

腐败严重侵害社会公平正义，损害政府威信与公信力，阻碍经济健康发展，是各国公认的全球之癌。在腐败面前，没有任何国家、任何组织能够幸免或独善其身。正因为如此，联合国、二十国集团、亚太经合组织、金砖国家组织等重要国际组织，都把追逃追赃列为重要议题。我国积极参与反腐败全球治理，贡献了中国方案、中国智慧，在反腐败领域的国际形象日益提升，反腐败法治话语权逐步扩大。

北京师范大学刑事法律科学研究院（简称“刑科院”）成立于2005年8月，是中国刑事法学领域首家且目前唯一具有独立性、实体性的综合学术研究机构，学术团队实力雄厚。根据国家反腐败战略的需要，近年来刑科院将反腐败法治作为重点研究领域之一，专门成立北师大国际反腐败教育与研究中心，成功推动北师大于2013年10月与联合国毒品与犯罪问题办公室签署协议，作为全球第33家成员单位加入国际反腐败学院联盟，积极参与全球反腐败教育、培训与研究。当前，刑科院正努力落实在反腐败领域与联合国达成的多项共识，拓宽反腐败相关国际课程和专业培训，努力搭建国际反腐败领域对话平台和网络体系。

二十国集团（G20）反腐败追逃追赃研究中心（简称“G20 研究中心”）是在中央纪委支持下于2016 年9 月在北京师范大学依托于刑科院成立的，旨在开展 G20 成员国反腐败追逃追赃相关问题研究，加强 G20 成员国反腐败追逃追赃合作，促进构建国际反腐败新秩序的学术机构。G20 研究中心在中国成立，是 2016 年 9 月中国杭州 G20 峰会所取得的重要国际合作成果之一。G20 研究中心以北师大刑科院国际刑法领域学术团队为中坚，同时吸纳 G20 成员国刑事法理论界、实务界对反腐败尤其是追逃追赃有研究专长的学术力量，致力于组建具有国际一流水准的高水平学术团队。

为了进一步推动反腐败国际合作和追逃追赃理论与实务研究，在中央纪委直属的中国方正出版社鼎力支持下，北师大刑科院与 G20 研究中心决定联合主编“反腐败国际追逃追赃系列丛书”。本丛书聚焦以追逃追赃为重点的务实合作，注重权威性、专业性和系统性，以有效推动反腐败国际合作为目标，致力于编著出版反腐败国际合作和追逃追赃领域有新意、有深度、有分量的著作与译作，比较系统地梳理和反映国际社会最新理论热点、法律法规、操作程序、典型案例。本丛书以百年名校北京师范大学深厚的学术积累、悠久的历史传统和浓郁的文化氛围为积淀，以刑科院和 G20 研究中心为主要学术依托，同时广泛吸纳中外刑事法学界的支持与帮助。为了保证系列丛书的质量，刑科院与 G20 研究中心专门设立了编审委员会，由杨尧鑫、赵秉志担任编审委员会主任暨总主编，由黄风、王秀梅、康弘担任编审委员会副主任暨副总主编，并聘请相关方面的知名专家学者担任编审委员会成员。编审委员会负责丛书的审稿、鉴定工作，日常编辑工作由中国方正出版社承担。

“泰山不让土壤，故能成其大；河海不择细流，故能就其深”。我们希望通过编辑本系列丛书，积累国内外反腐败国际合作和追逃追赃领域的优秀学术成果，深化我国反腐败刑事法学研究，为国家反腐败战略的全面推进与国际追逃追赃的有效开展提供理论指导与智力支持，从而增强我国在国际反腐败领域的力量和影响，推动全面依法治国顺利进行，为早日实现中华民族伟大复兴的中国梦作出贡献。

本系列丛书的编辑出版得到了中央反腐败协调小组国际追逃追赃工作办公室、中国方正出版社、北京师范大学、清华大学法学院等单位和有关同志的大力支持。在此，向所有关心、支持本书写作出版的领导和同志们表示衷心的感谢。

反腐败国际追逃追赃系列丛书编审委员会

2018 年 1 月

目　　录

第一章　反腐败国际追逃工作概论

执法有边界，犯罪无国界。随着经济全球化和人员、资金往来愈发频繁，打击包括腐败犯罪在内的各类跨国犯罪成为各国面临的共同任务。《联合国反腐败公约》和《联合国打击跨国有组织犯罪公约》出台后，区域性反腐败组织如雨后春笋般涌现。联合国、亚太经合组织、二十国集团、金砖国家组织等全球重要国际组织都相继建立反腐败执法合作机制，反腐败和追逃追赃合作成为领导人峰会的重要内容。2016 年 5 月，全球首次反腐败峰会在英国召开，与会各国一致同意加强追逃追赃合作，共同打击跨国腐败犯罪。国际刑警组织、世界银行等积极为成员国提供追逃追赃协助，中国、俄罗斯、印度、巴西、尼日利亚、印尼等国加大追逃追赃力度，美国、英国、法国、加拿大、澳大利亚、瑞士等传统意义上的外逃目的地国，纷纷以实际行动表明不做外逃腐败分子和腐败资金的“避罪天堂”。通过前所未有的国际合作，国际社会对外逃腐败分子形成全球声讨和全球“围剿”态势。

第一节　国外开展反腐败追逃工作的主要经验

人民群众痛恨腐败，更痛恨腐败分子携款外逃后，逍遥法外。因此，任何国家发生公职人员外逃案件后，都将其作为重要政治任务，利用政治、外交、法律、舆论等手段全力开展追逃，力争取得务实成果。

一、把追逃追赃提升至国家外交层面，集中力量加以重点突破

印度、巴西等国采取集中攻关少数重点国家的方式，加强外交投入，打开缺口，发挥示范效应。印度莫迪政府列出 20 多个“黑金”流入国，将毛里求斯、塞舌尔等作为主要谈判对象。其中，印度向瑞士列出 627 名涉嫌在瑞士银行账户存放“黑钱”人员名单，要求其披露相关印度籍人员的银行账户、资金流向等信息。[①] 在阿根廷西门子分公司数字身份证腐败案中，阿根廷检方要求德国检方提供对西门子公司的调查报告，一开始遭到拒绝，被告知涉外调查信息享有外交豁免权，受到劳动条例保护。鉴此，阿根廷通过驻德使馆与德国外交部和司法部沟通，推动调查取得进展。1999 年，被称为当时巴西第一腐败案、圣保罗地方法院大法官桑托斯 · 内托洗钱案曝光后，巴西议会加快批准《巴美刑事司法协助条约》进程，并加大与瑞士谈判力度，促请瑞士检方启动对内托的调查，迫使相关银行披露信息，冻结其 680 万美元存款。[②] 2015 年，巴西在调查巴西石油公司系列案件中，在瑞士联邦检察

---

① Suparna Singh, *Black Money Case*: *List of* 627 *Foreign Account Holders Given to Supreme Court*, October 29, 2014, https://www.ndtv.com/india news/black money case list of 627 foreign account holders given to supreme court 686100. ENS Econo mic Bureau, *Rs* 3700 *crore in foreign black money accounts is now white*, October 2, 2015, http://indianexpress.com/ article/india/india – news – india/black – money – government – collects – rs – 3770 – crore – from – over – 600 – stash – holders/.

② *UNITED STATES v. SANTOS* (No. 06 1005), 461 F. 3d 886, affirmed., https://www.law.cornell.edu/supct/html/06 – 1005. ZS. html.

署协助下，冻结存放于瑞士30多家银行的4亿美元贿赂款。[①] 2015年5月，尼日利亚总统布哈里时隔30年再次上台后，成立反腐败咨询委员会和副总统牵头的资产追回委员会，掀起大规模反腐败浪潮。布哈里总统亲赴美国、英国、欧盟等地，通过外交渠道和法律渠道推动追逃追赃合作，上任一年多追回被盗资产超过100亿美元。[②]

在秘鲁前总统藤森引渡案中，秘鲁政府通过外交途径寻求国际社会的支持。经过秘鲁政府高层的斡旋努力，德国、意大利、葡萄牙、哥伦比亚和哥斯达黎加等国承诺，只要藤森踏上它们的领土，就会将其逮捕。藤森为重返秘鲁政坛，决定取道智利再伺机回国，以便今后回国参加竞选。藤森选择智利主要是因为智利与秘鲁由于领土与海洋划界问题长期存在争议，且智利有为外国领导人提供庇护的先例。根据藤森发言人卡洛斯的说法，"他早知道自己会被逮捕，被捕只是他全部计划里的一部分。因为他相信自己不会被智利方面引渡回秘鲁"。[③] 2005年11月6日下午，藤森抵达智利首都圣地亚哥后，智利政府表示，藤森持合法旅游签证进入智利，如果没有法院的逮捕令，智利政府不会逮捕他。于是，秘鲁政府连夜通过智利外交部向智利递交要求逮捕和引渡藤森的申请。11月7日早晨，智利警方根据法官颁发的逮捕令，将藤森在其下榻的酒店逮捕。同日上午，秘鲁政府派出以内政部长皮萨罗为首的工作

---

① *Brazilian construction giant in money laundering probe*, Jul 23, 2015, https://www.swissinfo.ch/eng/business/ corruptionadd – the – underlinebrazilian – construction – giant – in – money – laundering – probe/41563714.

② Conor Gaffey, *Nigeria Earmarks $10 Billion in Buhari's Anti Corruption Drive*, June 6,2016, http://www.newsweek.com/ nigeria – earmarks – 10 – billion – buharis – anti – corruption – drive – 466895.

③ 检察日报：《藤森引渡案启示：外交努力和个案谈判不可缺》，2007年10月10日，转引自http://www.jcrb.com/n1/jcrb1440/ca642498.htm.

组赶赴智利，与智利内务部长比塔卢会谈，就引渡藤森进行磋商。① 经过近两年的审理，2007 年 9 月 21 日，智利最高法院经上诉审理作出终审判决，批准将藤森引渡回秘鲁接受审判。第二天下午，流亡国外近 7 年的藤森被押解回秘鲁。②

二、依据国际公约和互惠原则开展追逃，拓宽合作渠道

《联合国反腐败公约》于 2003 年 10 月通过，现有 170 多个缔约国，是联合国历史上通过的第一个指导国际反腐败斗争的法律文件。《公约》第四章、第五章建立了国际司法与执法合作机制、腐败资产的追回和返还机制，对国际法空白作出了有效填充和灵活创新。一是突破了传统的“双重犯罪原则”。“双重犯罪原则”是引渡和司法协助的一项基本原则，即司法协助和引渡请求所指的行为依照请求国法律和被请求国法律均构成犯罪。《公约》除明确引渡的双重可罚原则外，甚至还规定只要被请求国本国法律允许，可以就本国法律不予处罚的任何犯罪准予引渡。二是确立了腐败犯罪不得视为政治犯罪的原则。“政治犯不引渡”是国际法的一个传统原则，实践中腐败人员逃到国外后，经常利用自己的政治身份或者与政治有关的借口为自己的罪行开脱，对抗针对其开展的引渡合作。《公约》在同意“政治犯不引渡”的大前提下，确立只要被请求国本国法律允许，腐败犯罪不得视为政治犯罪，这有效避免了“政治犯不引渡”原则的滥用。三是规定了被请求国对本国公民

---

① Ex – Peruvian leader arrested in Chile, November 7, 2005, http://www. latinamericanstudies. org/peru/arrested. htm.

② Associated Press, *Chile Court Rules Fujimori Must Be Extradited to Peru*, September 21, 2007, http://www. foxnews. com/ story/2007/09/21/chile – court – rules – fujimori – must – be – extradited – to – peru. html. The Santiago Times, *Chile Opts to Extradite Alberto Fujimori*, September 23, 2007, http://www. worldpress. org/Americas/2938. cfm.

“或引渡或起诉”的义务。“本国公民不引渡”是不少国家在引渡实践中奉行的原则。针对此类国家，《公约》确立了“或引渡或起诉”的义务，即不引渡本国国民的国家有义务在请求国提出请求时将该案提交本国主管机关起诉，不得有任何延误。四是允许将《公约》作为引渡的法律依据。各国开展引渡实践，一般需要以缔结双边引渡条约或作出互惠承诺为前提。《公约》明确规定，如果一国接到未与之订有引渡条约的国家的引渡请求，可以将《公约》视为开展引渡合作的法律依据，这就进一步拓宽了开展引渡合作的国际法依据。

《公约》建立的这些机制为包括我国在内的世界各国开展追逃追赃务实合作提供了更加便利的途径，各缔约国高度关注并积极寻求通过《公约》机制开展追逃追赃。据初步了解，澳大利亚、加拿大、印度、法国、意大利、西班牙、葡萄牙、新西兰、奥地利、芬兰、爱沙尼亚、立陶宛、科威特等40多个国家已明确表示《公约》可作为开展引渡合作的依据，将《公约》作为司法协助依据的国家则更多。依据《公约》开展引渡合作时，有关程序和条件主要依据被请求国国内法，基本与双边引渡条约类似。例如，奥地利认可《公约》，以《公约》为依据引渡时主要考虑：一是犯罪行为是否发生在中国境内；二是所犯罪行是否符合双重犯罪原则，即中奥两国法律是否均认定为犯罪。同时，在引渡及遣返程序中，奥方还可对逃犯予以临时逮捕和羁押。在许多国家和地区，可以根据国际公约或国际惯例，基于互惠原则，开展引渡等国际司法合作。

三、释法固本，健全国际追逃的法律基础和工作机制

国家层面，尼日利亚等国推动出台《国际刑事司法协助法》和《反洗钱法》，为与外国开展反腐败、打击跨境洗钱等刑事司法协助合

作提供法律基础。1999 年圣保罗地方法院大法官桑托斯·内托洗钱案曝光后，巴西议会重新解释“调查委托书”等宪法概念，增加反海外腐败法律条款，制定详细的促进多双边国际司法合作指南。同时，巴西成立多个跨国反腐败执法机构，包括国家司法委员会、金融情报调查局、资产追回与跨国合作局、联邦总检察长办公室等。2000 年，阿根廷西门子分公司数字身份证腐败案发生后，阿根廷将其作为打击涉外腐败的典型案件，增加宪法条款，成立国家反海外腐败办公室、金融情报部等机构，强化对海外腐败行为的监管和调查工作。

双边层面，尼日利亚于 2016 年 1 月与阿联酋签署双边引渡条约、移交被判刑人条约、刑事司法协助条约等一系列司法合作文件。据尼媒体报道，签署这些条约的背景是尼日利亚有数十亿美元赃款藏匿在阿联酋，不少逃犯在迪拜和阿布扎比享受这些腐败“红利”。①

多边层面，用好《联合国反腐败公约》、金融特别行动工作组、国际刑警组织等全球多边机制，在取证、引渡、赃款移交等程序中援引相关条款。同时，利用区域性反腐败机制，打造海外反腐第一道防线，如 2008 年印尼世纪银行（Bank Century，现更名为珍珠银行 Bank Mutiara）腐败案发生后，印尼国会迅速批准《东盟刑事事项法律互助条约》，协调成员国共同开展调查。此外，俄罗斯、巴西、南非等国先后加入《经合组织反贿赂公约》，利用发达国家成熟的跨国反腐败机制，提高海外追逃追赃效率。

---

① Ismail Mudashir, Musa Abdullahi Krishi & Abdullateef Salau, *Buhari's anti corruption bill scales Senate's hurdle*, May 31 2017, https://www.dailytrust.com.ng/news/general/buhari s anti corruption bill scales senate s hurdle/199881.html. Chan nels24, *Acting President, Yemi Osinbajo declared war against the anti corruption*, June 6, 2017, https://www.channels news ng.com/2017/06/06/relentless achieve convergence rates interbank bureau de change segments foreign exchange market central bank nigeria injected another 190m market/.

四、发动媒体和广大群众，形成强大的跨国追逃攻势

印度等实行“黑名单”制度，曝光在逃嫌疑人信息，使逃犯成为过街老鼠，也对藏匿地国形成舆论压力。巴西《圣保罗报》等最早披露内托在瑞士有秘密存款线索，引起瑞士检方关注并介入调查。在美国，联邦调查局（FBI）定期公布“十大通缉犯”名单，1950 年至 2012 年落网的 400 多名逃犯中，至少有 150 多人是在民众帮助下抓获的。①

英国由打击犯罪署牵头，连续开展多项追逃专项行动。其中，“缉捕行动”（Operation Captura）始于 2006 年，以追捕英国在西班牙逃犯为主要目标。英国和西班牙执法部门为此建立了密切协作机制，情报信息高度共享。截至 2017 年 1 月，被公开通缉的 96 名在西班牙的英国要犯中，英国和西班牙通过法律、情报、侦查监控等手段成功追回 77 名犯罪嫌疑人。② 在追逃过程中，经西班牙同意，英国还采取非常规手段，开展追逃“人民战争”。英国通过网站、报纸等反复曝光逃犯照片、姓名、年龄和犯罪事实等信息，在西班牙主要公共场所和英国人聚居区“广而告之”，循环展示逃犯照片，鼓励公众提供线索和举报。宣传时，两国都强调执法部门不会登记举报人信息，也不会要求其出庭作证，同时指出藏匿逃犯是犯罪行为。英国打击犯罪署负责人称，此举直捣英国在西班牙逃犯的“后院”，迫其现身，让其“无所遁形”，收效

---

① 陶短房：《美国 FBI 的十大通缉犯》，2012 年 5 月 7 日，http://bwchinese.com/article/1028166_3.html.

② 英国打击犯罪署网站 http://www.nationalcrimeagency.gov.uk/most-wanted-hub/operation-captura-spain。http://www.theleader.info/2017/01/28/operation-captura-fugitive-arrested-spain/.

良好。

英国犯罪嫌疑人罗宾逊案发后，于2002年逃往中国，曾在北京某国际学校任教3年。2012年9月，英国广播公司（BBC）“犯罪追踪”（Crime Watch）节目通过包括网络在内的媒体发布公告，公布罗宾逊照片，呼吁知情公众检举其下落。2013年3月，北京有观众看了BBC这期节目，并向中国警方报警。在公众关注下，2013年4月26日，罗宾逊向北京警方自首。由于中英尚未签署引渡条约，中英两国就移交问题进行了密切协作。2013年5月，外逃超过10年的罗宾逊被引渡回英国，并在抵达伦敦希思罗机场后被拘捕。2014年1月，罗宾逊被英国法院判处12年监禁。①

五、以追赃促追逃，切断外逃资金来源

在国际追逃追赃工作中，追赃比追逃更容易取得大部分国家的支持。虽然返还赃款有时可能历时数年甚至十余年，但冻结涉案资产相对容易，对方国家积极性也比较高。

美国《爱国者法案》规定了司法长臂管辖权和行政长臂管辖权，反洗钱主管部门有权对涉嫌洗钱的银行账户采取冻结、扣押和没收措施。在美国，洗钱犯罪是严重的刑事犯罪，上游犯罪有上百种。近年来，美国先后对瑞士联合银行（瑞银）、汇丰银行、渣打银行、德意志银行等涉嫌洗钱的国际银行实施处罚。其中，汇丰银行被罚款19.21亿美元，渣打银行被罚款6.7亿美元，德意志银行2015年被罚款25.55

---

① 人民网：《英国性侵罪犯在中国被指认　引渡回英后获刑12年》，2014年1月13日，http://uk.people.com.cn/n/2014/0113/c352308 24097840.html. 南美侨报网：《英性侵通缉犯受审获刑十二年　曾潜逃北京娶妻任教》，2014年1月14日，http://www.br－cn.com/news/gj_news/20140114/23905.html.

亿美元、2016 年被罚款 73 亿美元。2014 年 8 月，美国司法部宣布，在法国、英国、泽西岛政府协助下，没收了尼日利亚前领导人阿巴查 4.8 亿美元的银行资产，包括泽西群岛 3.03 亿美元、法国 1.44 亿美元、英国 2700 万美元左右。①

在国际追逃过程中，除政府间合作外，也可以通过民事诉讼手段追赃。国外律师事务所等熟悉当地法律、文化，容易与政府沟通，并常常动用人脉网络提高追诉效率。如果经评估且有足够证据条件，可聘请当地律师或私人调查公司，对外逃人员及其财产提起诉讼。在巴西内托案案发时，巴美司法协助条约尚未生效，巴西检方聘请美国一家律师事务所向迈阿密第 11 巡回法院提起民事诉讼，以财产转移间接证据指控内托利用赃款购置美国房产。1 年后，美国法院以“建设性相信”证据，同意巴西追缴财产的诉求，巴西政府最终以 69 万美元拍卖了内托的别墅，将所得之款收归国库。

第二节　与美国开展反腐败追逃合作

美国是我国涉嫌职务犯罪人员外逃的主要目的地国之一，公开曝光的“百名红通人员”中有 40 人藏匿在美国。在美逃犯不仅数量多，而且外逃时间长、涉案金额大、社会影响恶劣。追逃追赃合作是中美执法合作的重要组成部分，也是中美两国关系的重要内容。

---

① 参见美国司法部网站 *U. S. Forfeits Over $480 Million Stolen by Former Nigerian Dictator in Largest Forfeiture Ever Obtained Through a Kleptocracy Action*, August 7, 2014. https://www.justice.gov/opa/pr/us-forfeits-over-480-million-stolen-former-nigerian-dictator-largest-forfeiture-ever-obtained.

一、中美追逃追赃合作概况

政治共识方面，中美两国元首亲自推动反腐败和追逃追赃合作，发挥了重要政治引领作用。习近平主席和美国前任总统奥巴马、现任总统特朗普屡次谈及加强反腐败和追逃追赃合作。2017 年 4 月和 11 月，习近平主席与美国总统特朗普会晤时，重申中美在追逃追赃合作方面的共同意愿。特朗普总统明确表示支持中方追逃追赃方面的努力。[①] 2017 年 11 月，习近平主席和特朗普总统在北京举行会晤，两国领导人进一步确定了继续加强追逃追赃、遣返非法移民等领域合作问题。

合作依据方面，《中美关于刑事司法协助的协定》于 2001 年 3 月 8 日生效，两国同是《联合国反腐败公约》和《联合国打击跨国有组织犯罪公约》缔约国。美国奉行条约前置主义，中美双方由于尚未签署引渡条约，无法开展引渡合作，只能使用其他替代措施开展追逃。目前，中国公安部等执法部门与美国司法部、联邦调查局、移民海关执法局、海关边境保护局签署了联合声明、谅解备忘录和合作协议。2015 年 4 月，中国公安部与美国国土安全部建立了部级会晤机制。中美在声明中表示，将加强信息分享，就证据充分的重点案件定期交流工作进展，就遣返逃犯、核查非法移民身份积极开展合作。任何一方都不会为逃犯提供庇护，将在各自法律范围内，努力将其遣返。[②] 双方还同意精简遣返收到最终递解令的中国公民的流程。美国移民海关执法局将与中

---

① 中国共产党新闻网：《习近平同特朗普举行中美元首第二场正式会晤》，2017 年 4 月 9 日，http://cpc.people.com.cn/n1/2017/0409/c64094-29197394.html.

② 人民网：《中华人民共和国公安部与美利坚合众国国土安全部第一次部级会晤成果声明》，2015 年 4 月 10 日，http://politics.people.com.cn/n/2015/0410/c1001-26828233.html.

国公安部密切合作，核实申请旅行证件的中国公民身份，同时确保安排定期包机计划，促进遣返工作。① 2017 年 10 月，中美执法及网络安全对话决定确定重点案件，开展追逃合作。

合作机制方面，中美执法合作联合联络小组（JLG）是中美执法合作的主渠道，中美 JLG 反腐败工作组是中美反腐败合作的主渠道。根据 1997 年 10 月中美双方发表的联合声明，两国于 1998 年 5 月成立执法合作联合联络小组，旨在促进和加强中美双方在执法领域特别是在打击刑事犯罪方面开展合作。在此机制下，中方由外交部牵头，公安部、司法部、监察部、最高人民法院、最高人民检察院和海关总署等有关部门为成员单位；美方由国务院牵头，司法部、国土安全部、联邦调查局、财政部等有关部门为成员单位。2005 年，中美双方一致同意把中美反腐败合作纳入中美执法合作机制，成立 JLG 反腐败工作组。反腐败工作组中方由监察部牵头，最高人民检察院、外交部、公安部、司法部、中国人民银行等单位共同参与；美方由国务院和司法部牵头，国土安全部、财政部、商务部等部门参与。反腐败工作组旨在通过加强两国反腐败职能部门之间的交流与对话，促进相互了解和互信，建立和完善中美境外追逃追赃合作机制，推动个案合作，取得更多实质性成果。②

在多边层面，中美双方在联合国、二十国集团（G20）、亚太经合组织（APEC）、亚太经合组织反腐败执法合作网络、二十国集团拒绝腐败分子入境机制等多边框架下积极开展合作。2014 年，中国与美国等亚太经合组织（APEC）经济体反腐败机构共同倡导、推动通过《北京反腐败宣言》，成立亚太经合组织反腐败执法合作网络，加强以追逃

---

① 中国日报：《美国精简程序将定期包机遣返中国贪官》，2015 年 4 月 13 日，http://www.chinadaily.com.cn/interface/toutiao/1138561/2015－4－13/cd_20423101.html.

② 中央纪委监察部网站：《中美 JLG 反腐败工作组成立 10 年更多逃美贪官将被缉拿回国》，2015 年 10 月 28 日，http://www.ccdi.gov.cn/xwtt/201510/t20151028_64111.html.

追赃为重点的个案合作、经验分享和能力建设。2016 年，中美共同推动通过《二十国集团反腐败追逃追赃高级原则》，推动在华设立二十国集团反腐败追逃追赃研究中心。①

个案合作方面，美国国务院多次表示，在没有签署引渡条约情况下，美国可通过移民程序等遣返中国逃犯。2014 年 12 月，中美 JLG 第 12 次会议确定 5 起反腐败追逃追赃重点案件，双方指定专人，逐案制定路线图和工作方案，集中力量推进。截至 2017 年 5 月，5 起重点案件中，王国强、黄玉荣、杨秀珠已归案，许超凡、许国俊分别被美国法院判处 25 年、22 年监禁，乔建军被中美双方联合缉捕。②

二、美国对口合作部门

美国执法部门组织结构高度分散，全国共有超过 2 万个各类执法单位，在行政区划上隶属于联邦、州、地方三级政府，从职责任务上可划分为不同执法领域。2003 年，美国政府组建由国务院、司法部、国土安全部、移民海关执法局等部门参与的特别行动小组，在国家层面推动反腐败国际合作。

（一）国务院

美国国务院于 1789 年 9 月由美国外交部改组而成，在政府各部中居首席地位，其行政负责人为国务卿，2015 财年预算为 474 亿美元。国务院系美国外交主管机构，主要就双边执法合作中涉及两国政治关系

① 外交部网站：《第八轮中美战略与经济对话框架下战略对话具体成果清单（全文）》，2016 年 6 月 8 日，http://www.fmprc.gov.cn/web/zyxw/t1370469.shtml.

② 中央纪委监察部网站：《杨秀珠、王国强、黄玉荣等从美归案 中美反腐败合作重点个案不断实现突破》，2016 年 11 月 16 日，http://www.ccdi.gov.cn/yw/201611/t20161116_89655.html.

及战略规划的反腐败合作事务进行协调沟通。

美国国务院外交安全局主要负责美驻外使领馆人员安全保卫、外国访美的正部级以下官员在美安全保卫、护照及签证欺诈案的调查、外国驻美使领馆安全协助及活动管理等。美驻华使馆地区安全办公室作为该局的派驻机构，承担美联邦各执法部门驻华联络机构的牵头协调工作。

美国国务院将反腐败合作作为外交政策重要目标，从全球战略角度关注反腐败问题，力图在国际反腐合作方面发挥引领作用。

（二）司法部（在华有联络官）

美国司法部成立于1870年，是中美刑事司法协助的美方中央机关，主要负责涉及洗钱、跨国商业贿赂、资产没收、恐怖活动、贩毒、洗钱等重大案件侦诉工作，制定、实施刑事执法政策，并向各级执法机构提供指导和协助，为行政、立法和执法部门提供法律咨询，并牵头协调国际执法合作等。司法部拥有丰富的法律专家资源，为打击跨国犯罪的联合行动等提供专业法律支持。美国司法部直接雇佣的雇员有约11万多人，其中有探员2.38万人。

司法部刑事司国际事务办公室（OIA）是依法接收外国引渡和刑事司法协助请求的美方中央机关，也是全美联邦与地方检察官依约向外国提出引渡、刑事司法协助请求的总协调机关。国际事务办公室下辖五个组：亚太组、北美组、拉丁美洲组、欧洲组和非洲组，有上百名从事司法协助的专业人员。

美国有94个联邦司法管辖区，每区设一个联邦检察官办公室，由一名联邦检察长和若干名助理检察官组成。在一般案件中，他们自行决定侦查和起诉，但要遵守联邦总检察长（司法部长）制定的方针政策。在某些特殊案件中，如涉及国家安全的案件和重大的政府官员腐败案件，联邦检察官办公室往往会寻求司法部的支持和帮助。

（三）联邦调查局（在华有联络官）

美国联邦调查局（简称 FBI）成立于 1908 年，隶属于司法部，是美国司法部的主要调查部门，主要负责反恐怖、反间谍、反腐败、打击各类有组织犯罪和严重刑事犯罪以及协调各级执法部门开展国际警务合作。联邦调查局在全美设有 56 个分局和 381 个常设办公室，并有 78 个海外办事处。2017 年，FBI 有雇员 33533 人，包括 12484 名探员、2950 名情报分析人员以及 18099 名支援人员。

2008 年以来，美国联邦调查局陆续成立国际反腐败调查处和行动大队，协调国内执法部门与国外反腐败相关机构开展合作。国际反腐败调查处设有联合行动中心，负责统一协调行动和实时分享情报信息，每年调查海外涉腐案件约 300 件，年均办结国外司法协助请求超过 100 件。①

（四）国土安全部

美国国土安全部成立于“9·11”事件后，是二战以来美国最大的一次政府重组。国土安全部负责防范恐怖主义、管理保护本国边境、执行本国移民法律、保卫网络空间安全以及救灾减灾，主要是在政策层面协调指导下辖机构开展工作。美国国土安全部拥有 24 万余名雇员，下辖 22 个联邦政府部门，包括联邦应急管理局、海关边境保护局、移民海关执法局、公民和移民局（简称移民局）、海岸警卫队、特勤局等。

（五）移民海关执法局（在华有联络官）

美国移民海关执法局成立于 2003 年，隶属于国土安全部，主要负责执行联邦移民法、海关法和航空安全法，防范和打击危害国家安全活动，制止、封锁和调查出入美国境的非法人员和货物流动，保卫境内联

---

① *FBI Establishes International Corruption Squads*, March 30, 2015, https://www.fbi.gov/news/stories/fbi-establishes-international-corruption-squads.

邦政府机构。移民海关执法局在美国和其他 47 个国家拥有约 2 万名职员，年预算约为 57 亿美元。目前，在美查找、缉捕、遣返在美逃犯很多是通过非法移民遣返渠道进行，因此移民海关执法局是推进遣返在美逃犯的重要合作伙伴。

移民海关执法局于 2003 年启动国家追逃行动项目（NFOP），主要是指导遣返部门查找、逮捕和遣返外国逃犯，为 24 个地区遣返办公室、129 支追逃行动队提供资金支持和调查支援，迄今已逮捕超过 35 万名待遣返的外国人。①

（六）海关边境保护局（在华有联络官）

美国海关边境保护局隶属于国土安全部，主要负责美国的人员货物出入境检查、边境保卫、征收关税等。作为美国唯一的海关和边检部门，海关边境保护局在美各个出入境口岸均有派驻机构和人员。海关边境保护局负责拘留并驱逐外来犯罪分子和其他美国认为应当驱逐的外国人，打击恐怖融资、反洗钱、打击非法武器买卖、打击移民诈骗和贩卖人口等。海关边境保护局利用旅客信息系统、美国访客及移民身份显示技术以及学生和交换学者系统，对所有从空中入境美国的旅客进行评估。根据美国法律规定，对于那些向海关官员提供虚假信息的人员，对违反进口规定的行为最高可判处 2 年监禁，或 5000 元的罚款，或两者并罚。②

（七）国税局刑事调查部（在中国香港有联络官）

美国国税局刑事调查部主要负责涉税犯罪和洗钱犯罪的刑事调查。国税局刑事调查部在调查嫌疑人银行账户及资产方面具有专业优势，在核查、冻结、追缴中方重点逃美犯罪嫌疑人转移至美的犯罪所得方面可

① 参见美国移民海关执法局网站https://www.ice.gov/fugitive-operations.

② 中国边防警察杂志：《美国海关与边境保护局》2012 年第 9 期，http://www.chinagabf.com/bfjczz/zzwz/68832.html.

发挥独特作用。

第三节 与加拿大开展反腐败追逃合作

加拿大是我国职务犯罪嫌疑人外逃的重要目的地国之一，公开曝光的“百名红通人员”中有26人藏匿在加拿大。近年来，中加两国在执法合作机制、资产返还、个案合作等方面取得重要成果，追逃合作成效显著。

一、中加追逃追赃合作概况

政治共识方面，加拿大政府多次表示无意收留逃犯，承诺在法律允许范围内为追逃追赃工作提供协助。加方多次明确作出“加拿大不是避罪天堂”的表态，双方合作成功案例逐步增多。

合作依据方面，加拿大虽然奉行条约前置主义，但可依据基于个案达成的“特别协定”开展引渡合作。中加签署了《刑事司法协助条约》（1995年7月1日生效），双方都是《联合国反腐败公约》和《联合国打击跨国有组织犯罪公约》缔约国。2016年9月，中加签署《关于分享和返还被追缴资产的协定》，这是我国与外国签订的首个被追缴资产分享协定。2016年，中国公安部与加拿大皇家骑警签署了《关于打击犯罪的合作谅解备忘录》。①

合作机制方面，2008年12月，中加两国有关司法和执法部门首次举行中加司法和执法合作磋商机制第一轮磋商，之后，由两国每年轮流

① 新华社：《中华人民共和国和加拿大联合声明（全文）》，2016年9月24日，http://news.xinhuanet.com/world/2016-09/24/c_1119617435.htm.

举行。2014年9月，双方一致同意建立司法协助工作组和遣返逃犯及其他非法入境工作组。[①] 此外，2000年，中加建立执法合作工作组会晤机制，议题包括加强执法合作与信息共享、追捕逃犯等。

个案合作方面，中加个案合作成效显著。2009年以来，加方向中国遣返了潜逃12年的赖昌星，遣返了合同诈骗犯曾汉林，为李东虎、李东哲回国自首提供了协助。[②]

二、加拿大对口合作部门

（一）加拿大公共安全部

加拿大公共安全部，全称为公共安全与应急事务部，成立于2003年12月，工作任务是保护加拿大安全，使其免受自然灾害、犯罪活动及恐怖主义的危害。作为加公共安全的领导部门，公共安全部归口管理边境管理局（CBSA）、安全情报局（CSIS）、监狱矫正局、国家假释局和皇家骑警（RCMP）等5个执法机构，以及公众投诉皇家骑警委员会（Commission for Public Complaints against the RCMP）、矫正调查署（Office of the Correctional Investigator）和皇家骑警处理公共投诉委员会（The RCMP External Review Committee）等3个审查机构。上述机构职员总数逾5.2万人。

（二）皇家骑警（在华有联络官）

加拿大皇家骑警（RCMP）是加拿大的国家警察力量，隶属于公共

---

① 中国法学会：《中国法治建设年度报告（2014年）》，2015年7月16日，https://www.chinalaw.org.cn/Column/Column_View.aspx?ColumnID=922&InfoID=15727.

② 中国新闻网：《中加合作追逃追赃协议商谈顺利并取得很大进展》，2014年12月16日，http://www.chinanews.com/gn/2014/12-16/6879272.shtml.

安全部，为加拿大3个区和8个省（安大略省和魁北克省除外）提供警察服务。皇家骑警下设负责侦办腐败和经济犯罪的专门机构，包括国际反腐败调查处、犯罪收益局、商业犯罪调查科，负责对逃犯在加藏匿期间涉嫌洗钱、诈骗等犯罪行为开展刑事调查，并为边境管理局推进非法移民遣返工作提供情报支持。加拿大皇家骑警同公安部签署了《关于打击犯罪的合作谅解备忘录》，双方同意就打击金融及其他经济犯罪、贪污贿赂犯罪以及洗钱、非法移民等加强合作，相互提供协助。

加拿大皇家骑警成立了国际反腐败调查处，主要调查加拿大人贿赂外国官员、外国人贿赂加拿大官员以及外国官员在加洗钱犯罪。国际反腐败调查处还与加司法部国际协助处合作，优先处理涉腐类的司法协助请求，协助外国执法机构开展资产追缴和引渡等工作。2013年5月，加拿大皇家骑警与美国联邦调查局、英国伦敦市警察厅、澳大利亚联邦警署签署谅解备忘录，共同组建反海外贿赂特别工作组，加强反腐败执法合作。

（三）边境管理局（在华有联络官）

加拿大边境管理局历史上隶属于移民部。“9·11”事件后，为强化维护本土安全的能力，加拿大将涉及边境安全的机构整合为新的边境管理局，并将整合后的边境管理局划归公共安全部领导。目前，边境管理局的职责包括管理出入加拿大边境的人员、货物和动植物，对非法移民进行调查、逮捕和拘留以及遣返，阻截出入境的非法物品以及进行反倾销调查等。该局现有职员13000余人，分布在加拿大境内的1200多个工作点，39个海外工作站。

（四）司法部

加拿大司法部作为联邦政府司法部门，主要行使检察机关职能，对涉及贪腐等各类刑事案件提起公诉，向各政府部门提供法律咨询和诉讼服务。司法部是加拿大同外国开展引渡、追赃等方面刑事司法协助的中央机关。司法部设部长兼总检察长 1 名（为执政党联邦议员），副部长 1 名，在全国设 9 个地区办公室，共有 5000 多名雇员，其中近一半是律师。

（五）移民部

加拿大移民部，全称为移民与公民部，是联邦政府负责处理移民和公民事务的部门。移民部提供从移民到公民的一系列服务，其职责包括制定移民计划，处理移民申请、移民入籍申请以及各类签证申请。移民部在非法移民遣返方面的主要职责是负责进行遣返前风险评估。

近年来，加拿大移民部着力进行改革。2011 年，加拿大移民部联合加警方、边检人员和海外领事部门对 11000 例移民申请进行调查。其中，3100 名已入籍人员被确定存在欺诈行为，被剥夺加拿大公民资格。

（六）移民与难民委员会

加拿大《移民与难民保护法》规定，移民与难民委员会由移民庭、移民上诉庭、难民保护庭和难民上诉庭组成，但实际上目前该委员会常设的只有移民庭、移民上诉庭和难民保护庭。其中，移民庭负责对非法移民进行准入聆讯（Admissibility Hearing），审理该人是否属于禁止入境人员；对依据《移民与难民保护法》被拘留的人员进行拘留原因审查。移民上诉庭负责审理非法移民案件当事人或移民部部长（代表加拿大政府）对移民庭准入聆讯裁定的上诉、永久居民对于移民官员裁定其未遵守居住义务的上诉，以及保荐人对移民部驳回其保荐家庭成员申请的上诉。难民保护庭负责审理难民申请。难民上诉庭根据需要随时组成，负责审理对难民保护庭裁定的上诉。

（七）联邦法院

加拿大联邦法院系统包括联邦法院、联邦上诉法院和最高法院。在非法移民遣返程序中，被调查的当事人或移民部部长可以作为案件一方就移民与难民委员会的最终裁定向联邦法院申请司法审查（Judicial Review)，当事人也可以就移民部的遣返前风险评估结论向联邦法院申请司法审查。对于联邦法院进行司法审查的结论，当事人或移民部部长均可以在法律许可的情况下向联邦上诉法院提出上诉，直至上诉至加拿大最高法院。

第四节　与澳大利亚开展反腐败追逃合作

澳大利亚是我国职务犯罪嫌疑人外逃的重要目的地国之一，公开曝光的“百名红通人员”中有10人藏匿在澳大利亚。中澳追逃合作法律基础较好，个案合作稳步推进。

一、中澳追逃追赃合作概况

政治共识方面，习近平主席同澳大利亚领导人就反腐败和追逃追赃合作交换意见，达成重要共识。澳大利亚多次承诺不做腐败分子及其非法资产的“避罪天堂”。

法律依据方面，中澳已签署生效《刑事司法协助条约》《关于移管被判刑人条约》等双边法律条约，《中华人民共和国和澳大利亚引渡条约》已签署但尚未生效，两国司法执法合作具备一定的法律和实践基础。中澳可以依据《联合国反腐败公约》《联合国打击跨国有组织犯罪公约》开展引渡合作，具体程序与依据双边条约开展引渡相同。中澳还签署了《关于打击犯罪的合作谅解备忘录》《关于获取金融交易报告信息的议定书》《关于打击跨国犯罪和开展警务合作的议定书》等合作文件。[①]

---

① 人民网：《中澳双边关系》，2009年3月18日，http://politics.people.com.cn/GB/8198/149310/149311/8985961.html.

合作机制和个案合作方面，中澳执法合作工作组会晤机制成立于2005年，双方追逃个案合作成效显著。2011年，通过双方合作，李继祥被澳大利亚昆士兰州最高法院判处26年监禁。此外，2007年，澳方向我国返还了经济犯罪嫌疑人闫永明的涉案赃款337.4万澳元，这是中澳警方合作追赃的首个成功案例。

二、澳大利亚对口合作部门

澳大利亚联邦执法机构集中于司法部、联邦警署（AFP）、移民部、财政部、税务署等部门。州执法机构主要有州警察、惩教署等。澳大利亚共有新南威尔士州、维多利亚州、昆士兰州、南澳州、西澳州、塔斯马尼亚州6个州以及北方领土地区和首都地区2个地区①，不同州执法机构的名称和职能略有差别。

（一）内政部和总检察长部

2017年12月，澳大利亚宣布对司法部门进行重组。新成立的内政部成为澳核心执法部门，下辖联邦警署、边境管理局、刑事情报委员会、澳大利亚交易报告与反洗钱中心等部门，负责联邦执法、刑事司法、执法情报、移民、边境安全、网络安全、交通安全、危机管理等事务，是澳大利亚版的“国土安全部”。其中，内政部的国家安全、执法和应急管理职能原属于总检察长部，交通安全职能原属于基础设施和地区发展部。总检察长部保留，依然是澳大利亚司法协助中央机关，主要开展起诉、司法协助、引渡、被判刑人移管等工作。

（二）联邦警署（在华有联络官）

澳大利亚联邦警署成立于1979年10月19日，负责侦查涉及联邦

---

① 外交部网站http://www.fmprc.gov.cn/web/gjhdq_676201/gj_676203/dyz_681240/1206_681242/1206x0_681244/.

利益或违反联邦法律的犯罪行为，包括维护联邦国土安全、预防和打击重大犯罪、情报交流等。联邦警署隶属于司法部，但是具有独立性。联邦警署重视开展国际执法合作，设有国际联络部，通过驻国外联络处与当地司法执法机构开展合作。目前，澳联邦警署已在北京、广州派驻4名联络官，并于2009年将首席联络官外交职衔提为公使衔参赞。2013年9月，为强化联邦层面反腐力度，澳大利亚专门成立了由联邦警署牵头的跨部门“惩治欺诈和反腐败中心”。

（三）移民部（在华有联络官）

澳大利亚移民与边境保护部（简称“移民部”）成立于1945年，是通过非法移民渠道遣返逃犯的主要合作对象。移民部的主要执法依据为《移民法》和《移民条例》，具体职能包括：移民和短期入境、难民和人道主义入境居留、出入境管理和边境控制、入籍等。移民部在61个国家设有66个海外办事处。

（四）联邦检察署

澳大利亚联邦检察署（CDPP）是澳大利亚议会批准设立的独立检控部门，总检察长有权对联邦检察署下达指示，但指示下达之前需与检察署长商量。联邦检察署主要负责对违反联邦法律的罪行进行起诉，并负责追缴犯罪资产和收益。澳大利亚联邦检察署不是侦查机关，它只能在澳大利亚联邦警署或其他侦查机构介入侦查活动以后才能开展工作。不过，检察署经常对侦查活动特别是对一些大案要案的侦查活动提供法律建议和其他协助。澳大利亚联邦和各州（领地）的检察机关没有隶属关系，澳大利亚各州和领地的检察署由本地区议会批准设立，负责起诉违反本地区法律的罪行。

第五节 与新西兰开展反腐败追逃合作

新西兰是我国职务犯罪嫌疑人外逃的重要目的地国之一，公开曝光的“百名红通人员”中有9人藏匿在新西兰。中新追逃合作成效显著，闫永明、云健等重要逃犯先后归案。

一、中新追逃追赃合作概况

政治共识方面，2013年以来，习近平主席同新方领导人多次谈及追逃追赃合作，达成重要政治共识。新方明确表示不愿为腐败分子及其非法资产提供“避风港”，愿与中方就引渡和遣返腐败犯罪嫌疑人开展合作。

法律依据方面，中新已签署生效《刑事司法协助条约》。双方虽未签署引渡条约，但可以依据《联合国反腐败公约》开展引渡合作。此外，两国政府还签署了《关于打击犯罪的合作安排书》。2015年6月，中新签署《关于反洗钱反恐怖融资金融情报合作协议》。2015年11月，新西兰《有组织犯罪和反腐败立法修正案》通过并正式生效，规定新西兰境内银行有义务将经手的1000新元以上电汇转账和1万新元以上现金转移业务报告警察总署金融情报机构，指控洗钱罪时不必特别说明“隐藏意图”。修改后的新西兰《警察法》授权警察总署与其他国家警方共享情报，强化对外国公民贿赂犯罪的指控。

个案合作方面，中新执法合作工作组会晤机制始创于2005年，双方合作渠道比较畅通。2016年7月9日，海南省海口市地方税务局龙华分局原副局长云健被从新西兰劝返回国投案。2016年11月12日，经中国和新西兰两国执法部门密切合作，潜逃海外15年之久的闫永明回国投案自首。应新方请求，闫永明被判刑后，被中国警方移送给新西兰继续接受法律审判。2017 年 5 月，新西兰地方法院以洗钱罪判处闫永明居家监禁 5 个月，外加 6 个月缓刑监管，追缴赃款 4000 多万新元。

二、新西兰对口合作部门

（一）司法部

新西兰司法部是中新刑事司法协助的新方中央机关，主要职能是为政府各部和议会各委员会提供法律咨询，代表政府参与诉讼，负责起草有关法律、法规及法令，主管司法行政并提供有关政策咨询。司法部主要管理司法行政、监狱、法律改革、缓刑等工作。司法部长是内阁成员，对总理负责。部内工作由秘书长具体主持，有若干名副秘书长辅助（没有“副部长”一职）。司法部内设法院司（负责法院行政工作）、监狱司、缓刑司（负责对判处缓刑人员的考察监督）、法律改革司、商业事务司、行政管理司、土地契约司及专利司等。其中，法律改革司负责对宪法、行政法、合同法、商法、刑法、婚姻法、财产法和侵权法等 160 多部法律提供改革意见，向立法机关提供法律草案。

（二）警署总署（有驻华联络官）

新西兰警察总计约有 10500 名，其中，制服警察约 7800 名，占警察总数的 75%，主要负责刑事案件侦查和交通安全等执法工作。新西兰政府内阁中，警察事务由警察部长负责。警察最高执行长官是警察总监，由总督任命，向警察部长报告工作。新西兰警察实行垂直管理体制，全国共划分为 12 个警务管理区和 484 个警务工作站。每个警务管理区设一名警监（地区指挥官），对警察总监负责。

（三）新西兰反严重欺诈办公室

新西兰反严重欺诈办公室规模不大，但高度专业，主要职责是就重大和复杂金融犯罪开展调查和起诉工作，一定程度上在新西兰反腐败领域发挥牵头作用。反严重欺诈办公室主任向警察部长报告工作，但在具体行动中具有独立性。

（四）皇家律检所

新西兰皇家律检所是新西兰专门的政府法律顾问机构，是政府的一个内设部门，拥有许多高级律师，其最高负责人首席司法官是政府的法律顾问，在法律事务方面代表政府。

第二章　国际追逃工作的基本原则和流程

国际追逃是我国执法机关依据国内国外法律，在境外执法部门协助下，将外逃人员缉捕或劝返归案的执法活动。友好的外交关系有助于推进国际追逃工作，但不能取代对方国家或地区的法律要求。

第一节　国际追逃工作的基本原则

国际追逃是一项国际执法合作活动，需要遵循普遍的国际准则和工作原则，在国内国际法律范围内进行。

一、尊重国家主权和司法主权

尊重国家主权是国家间交往的基本原则。司法管辖权作为国家主权的重要组成部分，具有绝对的排他性。国内办案人员赴境外从事追逃等执法活动时，自身不具有任何执法权。跨国执法活动须层层上报中央主管机关，由中央主管机关通知外方有关机构，取得外方执法部门的授权、支持或许可。在未经对方国家允许的情况下，严禁擅自派员到他国单方面任意开展谈话、侦查、取证、逮捕等执法活动。

在瑞士，《瑞士刑法典》第 271 条“代表外国开展非法活动”第 1 款规定，无合法授权在瑞士境内代表外国开展有关活动（此类活动在瑞士属于公共当局或公职人员的职责）的任何人，为外国政党或组织开展此类活动的任何人，以及鼓励此类活动的任何人，可判处 3 年以下监禁，或处以罚金，情节严重的，判处 1 年以上监禁；第 2 款规定，利用暴力、诈骗或威胁绑架另一人或将该人带往国外，目的是将其交给外国当局、政党或其他组织，或使该人面临生命危险的任何人，应判处 1 年以上监禁；第 3 款规定，准备实施此类绑架行为的任何人应被判处监禁，或处以罚金。

在加拿大，外国执法人员可以赴加拿大与加执法部门直接开展非正式的信息交流或联合调查（通知加联邦机构即可），或通过国际刑警组织进行协调，或相互提供司法协助。除此以外，外国调查人员赴加开展执法工作，必须遵守《加拿大有关外国刑事调查人员的议定书》。[①] 具体步骤如下：

第一步，受理申请。外国警察、执法人员、检察官或外国委托人如果拟赴加拿大询问证人、犯罪嫌疑人或被告，可向本国主管部门提交赴加开展刑事调查的申请（含调查人员姓名、单位、拟抵离日期、开展调查活动的地址、调查活动性质、证人和嫌疑人身份）。外国主管部门在调查人员赴加 2 周前通过外交渠道向加拿大外交和国际贸易部提出申请。加拿大外交和国际贸易部转交加拿大皇家骑警进行评估。

第二步，警方评估。加拿大皇家骑警评估后，协调有关警察部门，并通知外交和国际贸易部。

第三步，外交评估。加拿大外交和国际贸易部进行外交政策评估

---

① 加拿大皇家骑警网站 Protocol on foreign criminal investigators in Canada，2017－07－31，http://www.rcmp.gc.ca/en/ protocol－foreign－criminal－investigators－canada.

后，将作出是否同意赴加调查的最终决定，并通知相关外国使馆。整个过程约耗时 2 周。

第四步，刑事调查。外国刑事调查人员在加拿大不拥有执法权，所以入境加拿大后，需依靠加拿大当地警方提供调查方面的支持。

二、平等互惠、尊重差异

平等互惠原则是国家主权原则的必然结果。各主权国在国际法律面前理应得到充分平等尊重，权利义务对等，任何国家的执法行动不得以损害其他国家的利益来满足自己的需要。在国际执法合作中，应本着平等互惠原则，尊重差异、求同存异，在互谅互让的基础上协商解决。如果某一个国家拒不履行刑事司法协助义务，其他国家可以采取相应的反制措施。

在追逃合作中，要坚持国家不论大小强弱一律平等的原则，尊重外方执法人员和司法程序，尊重当地风俗习惯，不胡乱评价他国执法水平、警务技术和人员素质，甚至颐指气使，不注重事先协调，造成对方反感。在外宣工作中，要信守与合作国事先达成的保密等方面的协议，根据具体情况把握分寸。

特别是要尊重对方国家法律制度和程序规则，不能照搬国内调查取证方式和证据规则。正如联合国毒品和犯罪问题办公室在《司法协助与引渡手册》中所说，请求国必须牢记，在被请求国不能被采纳的证据相当于没有任何证据。① 中国、德国等大陆法系国家和美国、英国等英美普通法系国家在司法制度、办案程序、取证要求、证据标准等方面存在很大差异。为此，办案机关要深入了解本国和对象国法律制度，掌

---

① 联合国毒品和犯罪问题办公室编：《司法协助与引渡手册》，2012 年版，第 16 页。

握在不同司法体系下开展合作的有效方法，相互为对方提供最大程度的便利。

我国一直本着互惠互利原则开展国际追逃合作，积极协助他国缉捕在华逃犯。2014 年 1 月，协助印尼反贪污委员会在深圳将潜逃 6 年的世纪银行案通缉犯翁祖奋（Anggoro Widjojo）抓捕回国，2014 年 7 月翁祖奋被判处 5 年监禁。①

2015 年 11 月 16 日，我国将韩国逃犯姜泰镕遣返回韩国。据韩方透露，姜泰镕于 2008 年 11 月逃往中国，是韩国“有进集团”诈骗团伙中掌管财务的二号人物，该团伙从事非法集资，涉案金额高达 15000 亿韩元。应韩国执法部门请求，公安部立即部署有关地方公安机关开展查找和抓捕工作。在两国执法部门的密切配合下，2015 年 10 月 10 日，姜泰镕在江苏省无锡市被成功抓获。中国公安机关完成相应调查工作后，决定依法将其遣返并移交韩方。

三、依法依规、信守承诺

开展国际追逃工作，要严格遵守有关国际公约、双边条约和国际惯例，完全在党纪国法的规定范围内进行，决不随意开口子、决不降低标准、决不委曲求全、决不顾此失彼。办案人员出境开展执法合作时，要严格遵守我国外事纪律、工作纪律和保密纪律，一般不携带暂不宜对外公开的案件书面材料和电子存储介质，随身携带的电脑、手机和 U 盘

---

① The Jakarta Post, KPK arrests Anggoro Widjojo in China, January 30, 2014, http://www.thejakartapost.com/news/2014/01/30/kpk-arrests-anggoro-widjojo-china.html; The Jakarta Post, Businessman Anggoro gets maximum sentence for bribery, July 3, 2014, http://www.thejakartapost.com/news/2014/07/03/businessman-anggoro-gets-maximum-sentence-bribery.html.

等电子产品不得存储内部资料和不宜公开的材料。

在任何国家和地区，未经授权的执法类活动都受到最严格限制，我国也不例外。2014 年 8 月，受葛兰素史克（中国）投资有限公司委托，非法在华开展调查的英国人彼特·威廉·汉弗莱（中文名韩飞龙）、美国人虞英曾因非法获取公民个人信息罪，分别被上海市第一中级人民法院判处有期徒刑 2 年零 6 个月并处罚金人民币 20 万元及驱逐出境、有期徒刑 2 年并处罚金人民币 15 万元。根据公诉机关当庭出示的证据，2009 年 4 月至 2013 年 7 月，汉弗莱夫妇利用在上海注册成立的摄连公司，接受境内外客户委托，对多家公司或个人进行“背景调查”。两人按每条信息人民币 800 元至 2000 元不等的价格，先后向他人购买中国公民的户籍、出入境记录、通话记录等信息资料累计达 256 条，并在制作“调查报告”后卖给委托客户。两人除了非法向他人购买，还使用五花八门的非法手段，包括跟踪、监控等手段，或冒充公司员工、客户、投资者甚至快递员的身份秘密走访、偷拍。汉弗莱、虞英曾供述，其客户主要为 16 个国家在华大型跨国公司，其中包括葛兰素史克中国公司。2013 年 4 月，汉弗莱受葛兰素史克中国公司业务总经理马克锐、法务部总监赵虹燕委托，对所谓葛兰素史克中国公司商业贿赂问题“举报者”进行非法调查。随后，汉弗莱以“蝎子计划”为代号展开了为期近两月的非法调查。汉弗莱承认，在完成这项调查过程中，他使用了非法购买、跟踪、偷拍等手段，获取多名调查对象的公民个人信息。①

此外，在对外合作中，要遵守禁止反言原则，维护双方执法部门的良好互信和善意信赖。特别是在开展追逃工作时，如依法作出承诺，应

---

① 人民网：《葛兰素史克中国公司行贿事件：中国不是法外之地》，2014 年 9 月 19 日，http://legal.people.com.cn/n/2014/0919/c188502-25697515.html.

根据相应程序予以兑现。2011 年，应中方请求，韩国将中海集团韩国釜山公司原财务经理李克江抓获。李克江归案后，办案机关查明其贪污 5.2 亿元人民币用于赌博，涉案金额特别巨大，情节特别严重。根据国际惯例和有关部门作出的承诺，2014 年 7 月，李克江被以贪污罪和挪用公款罪，判处无期徒刑，剥夺政治权利终身。①

四、保障人权、文明执法

刑法兼具惩治犯罪和保障人权功能。《中华人民共和国宪法》第 33 条规定，“国家尊重和保障人权”，《中华人民共和国刑事诉讼法》第 2 条规定，“正确应用法律，惩罚犯罪分子，保障无罪的人不受刑事追究……尊重和保障人权，保护公民的人身权利、财产权利、民主权利和其他权利，保障社会主义建设事业的顺利进行”。在国际追逃工作中，要坚持打击犯罪与保障人权并重、惩罚与教育并重原则，严守法律面前人人平等、以事实为根据、以法律为准绳、罪刑法定、罪刑相适应、疑罪从无等司法理念，公正文明执法，展现执法队伍的良好素养。

犯罪嫌疑人在境外逃亡时，由于负案在身往往居无定所，难以融入当地生活圈，甚至被当地不法分子敲诈勒索，其权利无法得到主张和保障，因此对国内办案机关的执法方式十分敏感。犯罪嫌疑人朱某、孔某挪用 1.5 亿银行存款后外逃，二人花费百万美元在南非购置了别墅，却遭到一伙持枪歹徒入室洗劫，归案时身上只剩下万余元。在劝返过程中，二人看到办案人员的文明执法和坚决维护其合法权益，主动回国

---

① 东方网：《中海财务经理为赌博贪污 5.2 亿元　被判处无期徒刑》”，2014 年 7 月 12 日，http://sh.eastday.com/m/20140712/u1a8214003.html.

投案。①

外逃人员付耀波在被从加勒比海地区押解回国途中，行程近 2 万公里，亲身感受到了国内执法人员的文明办案。他在忏悔录中写道："在随后被押解回国的途中，工作人员给予我人道主义关怀，并耐心细致做我的思想工作，使我更加坚定了自己的选择，我放下了包袱，主动交代情况。……下飞机后医生给我做了检查并给我服用了降压药，种种细节让我感受到了文明执法，看到了祖国法治的进步。"②

"百名红通人员"杨秀珠左眼患有白内障，右眼存在黄斑病变，几近失明，但在美国被羁押期间一直未得到治疗。2016 年 11 月杨回国后，办案机关的第一件事就是联系医院为她进行眼科手术。经过治疗，她的双眼视力均恢复到 300 度左右，已经可以正常视物。③

犯罪嫌疑人王某外逃后，办案机关依法文明办案，其女儿、女婿、父亲、前夫、亲家等亲属都主动做王某的思想工作。2016 年 12 月，王某在国外突发疾病后住院手术。办案机关主动嘘寒问暖，劝导其亲属鼓励王某战胜病情、早日投案、早日解脱。该国当地侨团主动为其联系更好的医院，在病情上给予最大关照。王某内心深受感动，内心的"天平"彻底向回国倾斜。后来，她在《忏悔录》中写道："出院以后，我的心情发生了很大的转变，我决定回国接受法律的判决，我对自己、对家人、对国家的未来充满希望。"

---

① 山西新闻网：《山西完成全国首个贪腐犯罪分子劝返案例》，2014 年 11 月 13 日，转引自环球网http://china.huanqiu.com/article/2014－11/5201312.html.

② 中央纪委监察部网站：《天涯海角的煎熬——"百名红通人员"付耀波、张清曌忏悔录》，2016 年 7 月 10 日，http://www.ccdi.gov.cn/xwtt/201607/t20160710_83393.html.

③ 霍思伊：《红色通报头号嫌疑人杨秀珠归案》，载《中国新闻周刊》2017 年 1 月 25 日，转引自http://www.jiemian.com/article/1087868.html.

五、创新方法、一追到底

国际追逃是一项全新的工作任务，境外情况错综复杂、条件瞬息万变，没有固定的模式可循。遇到障碍时，办案人员要开拓思路，努力尝试在现有法律框架内灵活运用各种手段，善于在司法实践中创造新模式，利用有利条件集中力量打好“歼灭战”，达到追逃的实际效果。犯罪嫌疑人朱某数案在身，潜逃境外十几年，自恃根基深厚、亲属和利益相关方众多，一度以为国内办案机关鞭长莫及，甚至曾将其与某国前领导人合影寄回国内办案机关示威，叫嚣：“你们有本事来抓我呀！”办案机关锲而不舍，在深入研究其藏匿地国引渡、移民遣返、逮捕条件等法律规定后，制定综合性的境外缉捕方案，协调该国警方快速将其抓捕。该国警方和中方工作组联合抓捕朱某后，为防止夜长梦多，租用单螺旋桨、单飞行员、最大载客 9 人的小飞机，飞行 4 个多小时后将其带到羁押场所，并迅速办结向中方移交的法律手续，实现了快速抓捕、快速移交和快速遣返。

考虑到国际追逃工作的长期性和艰巨性，必须坚持“人逃案在、长期作战”思想，有打持久战的心理准备，与外逃人员比耐心、拼定力。只要不泄气、不松劲，持续不断地推进工作，人迟早能追回来。事实上，即使在美国，境外追逃也依然是一项长期复杂的任务。2012 年，美国耗时 8 年才从英国成功引渡重量级恐怖主义嫌疑人阿布 · 哈姆扎，期间该引渡官司在欧洲人权法院打了数年，哈姆扎最终被美国法院判处终身监禁。①

---

① 中新网：《英国重量级恐怖嫌疑人被引渡至美国并出庭受审》，2012 年 10 月 7 日，http://www. chinanews. com/gj/ 2012/10 – 07/4228164. shtml.

河北某市物资局原会计穆某挪用公款 65 万元，隐姓埋名潜逃 20 年，因为怕酒后吐真言，潜逃期间从不敢喝酒，每天担惊受怕，20 年后以为风平浪静，并且思乡心切，忍不住通过一个关系人用短信和家人取得了联系。但他不知道，20 年来办案机关从来没有放松过对他的追捕。正是这一平常的短信，让办案机关捕捉到“狐狸”的一丝信息，最终将其缉捕归案。

追逃不仅需要耐心和毅力，还考量胆识和智谋。据“猎狐 2015”专项行动办公室主任、公安部经侦局副局长刘冬回忆①，某犯罪嫌疑人藏匿在某国反政府武装控制的区域，在该国警方协助下，中方工作组将嫌疑人押上警车之后，嫌疑人还很有信心地说“你们带不走我”，因为他和当地反政府武装的一些头头关系很好。果然，在返回政府控制区的途中，后面不停地有“追兵”尾随。虽然最终成功摆脱，但如果被追上，“后果不堪设想”。

第二节　国际追逃工作的主要流程

办案部门获悉外逃线索后，要第一时间部署边控或阻止涉案人出境，冻结涉案资产，防止涉案人出境外逃，并在确认其外逃后采取综合性的追逃措施。

一、核查外逃线索并报告

收到有涉案人失踪或外逃线索后，办案机关要立即通过出入境、航

① 申孟哲:《“天网”怎么织“狸”怎么猎》，载《人民日报海外版》2015 年 6 月 20 日第 8 版，转引自中国青年网 http://news.youth.cn/gn/201506/t20150620_6772705.htm.

班记录、主要亲属去向、资金转移情况等核实涉案人是否出境，并在初核后将该情况逐级上报。一是如果最新的出入境记录显示对象已出境，可以根据出境目的地和获取签证的国家和地区确定其具体潜逃地。考虑到有的犯罪嫌疑人为金蝉脱壳，往往通过中转地逃往第三国，要及时查询航班订票记录或向中转地进行核实。实践中，也有的犯罪嫌疑人持化名证件出境，甚至偷渡出境。二是通过查控犯罪嫌疑人境内主要亲属和重要关系人，如果逃犯在境外向境内拨打电话、发送邮件，主要亲属提前赴境外生活，该犯罪嫌疑人一般都已经外逃。三是通过调查犯罪嫌疑人及主要亲属境外信用卡消费记录或是否向境外转移大额资金。如果失联后有境外消费记录的，一般都已经潜逃境外；如果近亲属或重要关系人向境外转移大额资金，该失踪人员很可能已经外逃。四是请外国执法部门和移民部门协助核查入境记录和居住地。

向上级部门报告外逃情况时，报告内容一般要包括姓名、性别、国籍、出生年月、身份证号码、出入境证件号码（含外国护照）和有效期、涉案罪名、出逃方式、出逃方向、出逃时间、立案单位和已采取的法律措施、工作进展等。

犯罪嫌疑人王某以身体不适、需住院治疗为由向单位请假，后畏罪潜逃。此后，王某一直失踪，下落不明。潜逃后，王某对外放风其已逃往加拿大等地，但经多方摸排，办案机关并未发现王某夫妇的出入境记录和境外落脚点。综合梳理和排查后，办案机关虽不能完全排除王某夫妇逃往国（境）外的可能性，但经研判认为其藏匿于国内的可能性较大，主要理由包括：一是未立案前没有发现王某夫妇使用真、假名护照出境；二是王某夫妇潜逃时走得比较匆忙，资金准备不足；三是未发现王某夫妇在国（境）外有落脚点。因此，办案机关明确先立足国内对王某夫妇开展追逃工作，最终将其缉捕归案。

二、采取堵截和边控、技侦、注销护照等措施

办案机关发现涉嫌违纪违法人员失踪后，要第一时间对该人及其配偶等相关涉案人采取边控或阻出措施。如人在境内，要尽快组织抓捕并阻止其出境。如已潜逃境外，要全力查找其下落。根据我国《护照法》第15条、第17条规定，可在调查逃犯获取护照情况后，通过宣布其中国护照作废并通报相关国家，使逃犯失去合法身份，难以在国外继续申请他国合法居留证件。

2003年，犯罪嫌疑人鲁某外逃前安排司机持其手机驾车从沈阳开往长春、哈尔滨老家方向，迷惑办案人员北上实施追捕。同时，鲁某南下深圳，在深圳罗湖口岸出境后转机逃到国外。由于本应按正常侦查方案实施的边控手段迟滞，导致战机被贻误，鲁某金蝉脱壳得以逃脱。

2004年，犯罪嫌疑人邢某案发后不知去向，其家属反映邢某已到日本定居，但没有任何线索能证明其已经出国，办案机关随即在全国范围内发出协查通报。2004年12月，邢某在沈阳桃仙机场准备乘机赴日本定居时被抓获。

2012年，犯罪嫌疑人李某骗取银行等金融机构资金3.5亿元后，逃往新加坡。2013年4月，公安机关注销其护照并通报有关国家。2013年6月，李某从马来西亚出境时被马移民部门抓获并移交给中方。①

云南省昆明市原副市长胡星于2007年1月19日乘车赴广东，此后

---

① 中国政府网：《公安部通报：两名重大经济逃犯被缉捕押解回国》，2013年6月15日，http://www.gov.cn/jrzg/2013-06/15/content_2426487.htm. 何春中：《两名重大经济逃犯被押解回国》，载《中国青年报》2013年6月15日第2版，http://zqb.cyol.com/html/2013-06/15/nw.D110000zgqnb_20130615_7-02.htm.

下落不明。胡星失踪后，云南办案机关立即查询所有边防出境记录，然而一无所获，胡星的护照和港澳通行证都按规定存放在云南省外办。1月25日，云南办案机关核查了广州市所有的宾馆饭店住宿登记，但不见胡星的名字。考虑到胡星平时周末经常飞到深圳，云南办案机关赶赴深圳，查到胡星的情妇刘某某，进而查到胡星曾化名“李力”，多次往返港深两地，且已于2005年办理了澳门投资移民。通过请我国澳门、香港地区实施边控和地毯式排查，办案机关查明“李力”于1月22日从深圳进入香港，后又前往澳门，此后便下落不明。云南办案机关后经多次实地查证发现，持“李力”港澳通行证到香港的是胡星的弟弟胡波，并不是胡星。办案机关又再次调取广州花园酒店监控录像，发现胡星入住酒店时使用其弟弟胡波化名为“Hu Staney B”的瑙鲁护照登记入住，随后从广州白云机场前往香港，再乘航班飞往英国伦敦。2月1日，胡星因为没有事先办理入境预约，且未出示返程机票，被英国移民部门判定有移民倾向而拒绝入境，递解回港。胡星由于未能合理解释自己的行为，香港入境事务处也拒绝他再次入港。无可奈何的胡星只好狼狈地再次飞往新加坡。查明胡星下落后，办案机关迅速准备遣返胡星的有关资料，把胡星的犯罪事实、通缉令、逮捕令等相关资料翻译成英文，又委托云南省司法厅涉外公证处进行了公证，请新加坡对其实施边控并阻止其出境。经做工作，2007年2月18日，外逃仅1个月的胡星被劝返回国。①

三、摸清外逃去向

摸清外逃去向，是开展境外追逃工作的前提条件。查明外逃去向

---

① 中国共产党新闻：《外逃高官胡星归案记》，2007年4月28日，http://cpc.peopl.com.cn/GB/64093/67507/5679413.html.

后，如果外逃分子乘坐的航班已离境但尚未抵达目的地，可以紧急通报对方国家出入境部门，阻止其入境并尽快将其直接遣返回国（详细内容请参见本章第三节）。

墨西哥北部奇瓦瓦州前州长哈维尔·杜阿尔特外逃后，一直远离公众视线、过着低调的隐居生活。2016 年 10 月，墨西哥警方以涉嫌贪污和有组织犯罪对其颁发逮捕令，2017 年年初申请发布国际刑警组织红色通报，全面启动海外追逃行动。墨方调查发现，杜阿尔特的逃亡得到了政府内部人士的通风报信和帮助。经排查，杜阿尔特的继任者、奇瓦瓦州临时州长弗拉维亚诺·里奥斯承认，他提供了政府专用直升机，以方便杜阿尔特出逃。直升机七次改变路线，然后把杜阿尔特送到一辆提前准备好的汽车上，帮他逃到了边境地区恰帕斯州，他再伺机逃到危地马拉。然后，杜阿尔特通过当地的私人飞机在不同地点转移。杜阿尔特案的转折点是 2017 年 4 月 14 日，即他落网前一天。当时，杜阿尔特的小姨子带着丈夫、孩子登上一架飞往危地马拉的航班，同行的还有杜阿尔特的孩子和岳母。为了顺藤摸瓜，墨西哥当局故意放行。2017 年 4 月 15 日，危地马拉执法部门、国际刑警组织、墨西哥执法部门协调行动，在危地马拉一个乡间小镇的酒店里把杜阿尔特抓获。国际刑警组织危地马拉中心局负责人曼努埃尔·诺列加称，杜阿尔特被捕时正与妻子在一家酒店，当被要求离开客房后，杜阿尔特来到大堂，整个逮捕过程没有发生冲突。①

---

① 中国日报网：《墨西哥上演现实版〈人民的名义〉巨贪州长海外落网涉案金额惊人》，2017 年 4 月 28 日，http://world. chinadaily. com. cn/2017 - 04/28/content_29126515. htm. 南美侨报网：《墨西哥身背 4 罪在逃前州长意大利落网》，2017 年 4 月 10 日，http://www. br - cn. com/news/nm_news/20170410/83814. html. 信息时报：《墨西哥最贪州长落网　杜阿尔特油滑微笑遮掩肮脏》，2017 年 4 月 30 日，http://world. northnews. cn/2017/0430/2482313. shtml.

四、尽快查清犯罪事实和资金流向，准备案件材料

国内调查取证工作是国际追逃合作的基础。如果能证明该外逃人员在国内犯有严重的贪污贿赂等刑事犯罪，以欺诈手段获取外国签证或护照，甚至涉嫌跨境洗钱和转移赃款，就可以据此提请外方注销其签证或护照，并对其移民欺诈行为和洗钱犯罪行为开展刑事调查，查封扣押冻结其境外资产，迫使其不得不回国接受调查。

外逃案件发生后，办案机关要抓紧开展国内调查工作，尽快调取和固定证据，如符合逮捕条件，要争取第一时间由检察机关批准逮捕或决定逮捕，因为逮捕手续是申请发布国际刑警组织红色通报和提请许多境外执法部门协助缉捕的前提条件。

准备案件材料时，可以根据不同国家和地区、对口合作部门以及追逃对象的居留身份，有针对性地选择追逃手段和准备案件有关材料。一般而言，引渡比遣返和一般执法合作的证据标准和要求高，西方国家比东南亚、非洲等国的证据标准和要求高（具体内容可参见第四章）。

在案件侦查过程中，外逃人员的亲属朋友和关系人如为其外逃提供协助，可能会构成窝藏、包庇罪，掩饰、隐瞒犯罪所得、犯罪所得收益罪，提供伪造、变造的出入境证件罪，非法处置查封、扣押、冻结的财产罪等刑事犯罪。例如，如果有人故意为外逃人员通风报信、提供藏匿地或外逃资金、协助外逃、提供虚假证明掩护外逃等，在符合犯罪构成要件情况下，办案机关可以“窝藏、包庇罪”立案查处，主要法律依据是我国《刑法》第310条。该条规定：“明知是犯罪的人而为其提供隐藏处所、财物，帮助其逃匿或者作假证明包庇的，处三年以下有期徒刑、拘役或者管制；情节严重的，处三年以上十年以下有期徒刑。犯前款罪，事前通谋的，以共同犯罪论处。”

如果有人协助外逃人员转移赃款、打理境内房产等涉案资产或帮助掩饰、隐瞒赃款，在符合犯罪构成要件情况下，办案机关可以“掩饰、隐瞒犯罪所得、犯罪所得收益罪”立案查处，主要法律依据是我国《刑法》第312条。该条规定：“明知是犯罪所得及其产生的收益而予以窝藏、转移、收购、代为销售或者以其他方法掩饰、隐瞒的，处三年以下有期徒刑、拘役或者管制，并处或者单处罚金；情节严重的，处三年以上七年以下有期徒刑，并处罚金。单位犯前款罪的，对单位判处罚金，并对其直接负责的主管人员和其他直接责任人员，依照前款的规定处罚。”

2015年《最高人民法院关于审理掩饰、隐瞒犯罪所得、犯罪所得收益刑事案件适用法律若干问题的解释》对掩饰、隐瞒犯罪所得、犯罪所得收益罪作出了具体规定：

第一条第一款　明知是犯罪所得及其产生的收益而予以窝藏、转移、收购、代为销售或者以其他方法掩饰、隐瞒，具有下列情形之一的，应当依照刑法第三百一十二条第一款的规定，以掩饰、隐瞒犯罪所得、犯罪所得收益罪定罪处罚：

（一）掩饰、隐瞒犯罪所得及其产生的收益价值三千元至一万元以上的；

……

（四）掩饰、隐瞒行为致使上游犯罪无法及时查处，并造成公私财物损失无法挽回的；

（五）实施其他掩饰、隐瞒犯罪所得及其产生的收益行为，妨害司法机关对上游犯罪进行追究的。

第三条第一款　掩饰、隐瞒犯罪所得及其产生的收益，具有下列情形之一的，应当认定为刑法第三百一十二条第一款规定的“情节严重”：

（一）掩饰、隐瞒犯罪所得及其产生的收益价值总额达到十万元以上的；

（二）掩饰、隐瞒犯罪所得及其产生的收益十次以上，或者三次以上且价值总额达到五万元以上的；

……

（四）掩饰、隐瞒行为致使上游犯罪无法及时查处，并造成公私财物重大损失无法挽回或其他严重后果的；

（五）实施其他掩饰、隐瞒犯罪所得及其产生的收益行为，严重妨害司法机关对上游犯罪予以追究的。

五、申请发布国际刑警组织红色通报，冻结国内外涉案资产

红色通报，俗称“红色通缉令”，是国际刑警组织最著名的国际通报。通常情况下，红色通报包括两部分内容：一是身份描述，如照片、姓名、国籍、外貌特征，有的还标明了指纹、护照或身份证件号码等；二是司法内容，主要说明犯罪嫌疑人的犯罪事实及通缉的法律根据，包括案情摘要、同案犯、罪名、引用法律条款、刑期、时效和逮捕证、判决书等。①

红色通报的签发主体是国际刑警组织。在中国，办案机关可以通过有关部门向国际刑警组织中国中心局（公安部国际合作局）提出签发申请，提出申请的前提是司法机关已对该外逃人员刑事立案并批准逮捕。

---

① 陈国庆、石献智：《国际刑警组织及其合作程序》，2005 年 6 月 3 日，http://www.jcrb.com/n1/jcrb830/ca379840.htm.

红色通报的有效期是5年。期满之后没有抓到犯罪嫌疑人，可以申请再续5年，直到抓住为止。国际刑警组织190个成员国中心局一般会在内部网络上输入这些通缉信息，然后将其导入内部执法网络，有的则将信息归入口岸管理部门。一旦嫌疑人在这些口岸出现，执法部门的信息系统就会发出警报。

红色通报可以作为国际刑警组织成员国逮捕被通缉人的法律依据。目前，法国、西班牙、奥地利、巴西、泰国、马来西亚等许多国家都可以根据国际刑警组织红色通报对犯罪嫌疑人予以临时逮捕和羁押。犯罪嫌疑人冯某于2014年3月潜逃出境，后偷渡至法国。2014年8月，国际刑警组织对其发布红色通报。2015年6月，法国警方依据红色通报将冯某临时逮捕；同年7月，中方向法国提出引渡请求。冯某被法方裁定同意引渡后，2016年12月26日，中方派出工作组赴法国将其押解回国。

冻结涉案资产的主要目的是为了切断外逃分子负隅顽抗的资金来源，追缴犯罪资产。发生外逃案件后，为防止转移赃款，办案机关要第一时间冻结涉案资产。一是要全面搜查外逃人员办公室和所有房产，力争发现有效证据线索和涉案物品。二是要冻结银行、基金、股票等金融账户。办案人员可组成多个冻结组，分头到各个银行网点迅速冻结涉案存款，同时在银行布控，随时发现有关银行账户的大额取现情况。三是要冻结房产等不动产，防止其变卖变现。

六、作出党纪政纪处理

实践中，有的党员干部外逃多年后，竟还保留党员身份，甚至照常领取工资和退休金。办案机关侦办外逃案件时，要严格落实有关规章制度，请有关部门对外逃人员及时进行党纪政纪处理。

（一）党纪处分

对于中共党员，2015 年修订的《中国共产党纪律处分条例》对外逃、出走、失联党员作出了明确规定。其中，第 59 条规定，在国（境）外、外国驻华使（领）馆申请政治避难，或者违纪后逃往国（境）外、外国驻华使（领）馆的，给予开除党籍处分。在国（境）外公开发表反对党和政府的文章、演说、宣言、声明等的，依照前款规定处理。故意为上述行为提供方便条件的，给予留党察看或者开除党籍处分。

第 76 条规定，违反有关规定取得外国国籍或者获取国（境）外永久居留资格、长期居留许可的，给予撤销党内职务、留党察看或者开除党籍处分。

第 77 条规定，违反有关规定办理因私出国（境）证件、前往港澳通行证，或者未经批准出入国（边）境，情节较轻的，给予警告或者严重警告处分；情节较重的，给予撤销党内职务处分；情节严重的，给予留党察看处分。

第 78 条规定，驻外机构或者临时出国（境）团（组）中的党员擅自脱离组织，或者从事外事、机要、军事等工作的党员违反有关规定同国（境）外机构、人员联系和交往的，给予警告、严重警告或者撤销党内职务处分。

第 79 条规定，驻外机构或者临时出国（境）团（组）中的党员，脱离组织出走时间不满六个月又自动回归的，给予撤销党内职务或者留党察看处分；脱离组织出走时间超过六个月的，按照自行脱党处理，党内予以除名。故意为他人脱离组织出走提供方便条件的，给予警告、严重警告或者撤销党内职务处分。

第 116 条规定，因工作不负责任致使所管理的人员叛逃的，对直接责任者和领导责任者，给予警告或者严重警告处分；情节严重的，给予撤销党内职务处分。因工作不负责任致使所管理的人员出走，对直接责任者和领导责任者，情节较重的，给予警告或者严重警告处分；情节严重的，给予撤销党内职务处分。

第123条规定，临时出国（境）团（组）或者人员中的党员，擅自延长在国（境）外期限，或者擅自变更路线的，对直接责任者和领导责任者，给予警告或者严重警告处分；情节严重的，给予撤销党内职务处分。

（二）政纪处理

2005年《中华人民共和国公务员法》第83条规定，公务员有下列情形之一的，予以辞退：……（五）旷工或者因公外出、请假期满无正当理由逾期不归连续超过十五天，或者一年内累计超过三十天的。

2012年修正的《中华人民共和国劳动合同法》第39条规定，劳动者有下列情形之一的，用人单位可以解除劳动合同：（一）在试用期间被证明不符合录用条件的；（二）严重违反用人单位的规章制度的；（三）严重失职，营私舞弊，给用人单位造成重大损害的；……（六）被依法追究刑事责任的。

2010年中组部、人社部、监察部、国家公务员局《关于公务员被采取强制措施和受行政刑事处罚工资待遇处理有关问题的通知》规定，公务员被刑事拘留在逃或批准逮捕在逃的，停发工资待遇。公务员退休后被刑事拘留在逃或批准逮捕在逃的，停发退休费待遇。

事业单位、国有企业工作人员外逃后可以根据有关规定参照办理。

七、对外开展追逃合作

办案机关追逃前，要组织力量对逃犯所在地国或地区法律制度和追逃实践进行研究，或咨询中央主管部门。同时，要及时层层上报中央主管部门与逃犯所在地国联系，确认其出入境情况和藏匿地，了解该国法律程序，阻止逃犯提出永居申请或加入外籍。

一是如果逃犯所在地国或地区可以依法采取非法移民简易遣返程序、缉捕——移交程序、简易引渡程序等便捷追逃方式的，办案机关要尽快提出相应请求，提请该国（地）协助抓捕，并适时组团出境开展追逃工作。提出该请求时，至少应包括下列内容：（1）逃犯身份信息：性别、出生日期、照片、护照号码；（2）简要案情；（3）法律手续：立案决定书、拘留证、逮捕证、国际红通。如果逃犯所在地国或地区要求通过复杂程序引渡或遣返的，也要提出相应请求，提供详细的案情报告及充分证据。二是对于逃往西方发达国家的逃犯，要重点查清其跨境洗钱犯罪和移民欺诈情况，以便推动外方开展反洗钱和移民欺诈等刑事调查。

广东省某村原村支书吴权深外逃期间小心翼翼，从不住大宾馆、大酒店。在“百名红通人员”公布之前，其家属还不时到我国澳门地区秘密与其会面，但在公布之后，吴权深立即更换住所，切断与亲属的直接联系，改用“信使”传递口信和信函，不轻易与陌生人接触，一有风吹草动迅即隐匿。广东省办案机关通过国际刑警组织渠道，向澳门警方通报了有关情况，并将吴权深的红色通报、犯罪证据以及同案嫌疑人的刑事判决书、检察机关的批准逮捕决定书等法律文书及时提交给澳门相关方面。澳门方面按照法律规定履行相关程序后，取消了吴权深的临时居留申请。由于吴权深没有了留在澳门的正当性，澳门警方按照法律规定将其驱逐出境。2015 年 7 月 23 日凌晨，在澳门非法滞留的吴权深被驱逐出境后，被广东省公安机关抓获归案。①

---

① 中央纪委监察部网站：《小官巨贪涉千万　东躲西藏终归案》，2017 年 6 月 25 日，http://www.ccdi.gov.cn/xwtt/201706/t20170608_100781.html.

犯罪嫌疑人何某案发后逃往某战乱地区，分包某中资企业在当地的一个基建工程项目。2015 年 5 月，经协调，该国同意中方提供经认证的中国拘留证和英文翻译件后，据此签发逮捕令。该地区形势复杂，安全状况不容乐观。在缉捕时，何某怂恿不明真相的工人围攻办案人员，现场气氛一度非常紧张，一触即发。误解消除后，当地警方派 10 余名警察和 2 辆警车全程护送中方工作组连夜赶回该国首都。当夜，山路狭仄崎岖，不少路段一侧是峭壁山体，一侧是凌空悬崖，一路上缺少路灯照明，路况很差，经过近 7 个小时颠簸，终于有惊无险地抵达该国羁押场所。两天后，中方工作组将何某押解回国。

八、遣返和押解回国

根据联合国毒品和犯罪问题办公室编制的手册①，押解逃犯时，要提前规划好押解路线。如可能，最好乘坐直航航班或选择其他直达路线回国。如果无法实现直航，要防止逃犯在中转国提出避难或其他非法申请。这种情况下，要提前向该第三国通报，争取其协助和支持。此外，如果逃犯拥有某国国籍，押解回国途中要尽量避免途经该国。

根据我国 2012 年《押解犯罪嫌疑人乘坐民航班机程序规定》，执行押解犯罪嫌疑人任务实行“谁审批、谁负责；谁押解、谁负责”的原则。执行押解应当预先审批，然后持《押解犯罪嫌疑人乘坐飞机审批表》原件办理押解手续。临时执行押解任务的，可以使用传真件或者复印件。押解警力（正式在职民警）至少应当 3 倍于犯罪嫌疑人，在押解过程中应当保持对犯罪嫌疑人的全程控制，不允许犯罪嫌疑人单

---

① 联合国毒品和犯罪问题办公室编：《司法协助和引渡手册》，2012 年版，第 60—61 页。

独行动。同机押解的犯罪嫌疑人总数不得超过3名，押解女性犯罪嫌疑人应当至少有一名女性民警。押解犯罪嫌疑人不得与重要旅客同机，不得乘坐头等舱。押解人员不得携带武器，可以使用手铐等必要的械具约束犯罪嫌疑人，但械具不宜外露。执行押解任务应当内紧外松，早上机，晚下机，避免对同机旅客造成不便。押解犯罪嫌疑人乘坐中国民航班机出入境的，应当经民航局公安局批准，机场公安机关负责备案并协助办理押解人员进出机场控制区的相关手续。押解单位应当自行办理出入境手续。

2014年8月28日，外逃哥伦比亚的犯罪嫌疑人吴某被哥伦比亚抓捕后，哥方要求中国警方必须在48小时内赶到当地接人。中方押解人员连机场大门都没出，直接在机场进行了交接。整个押解工作耗时6天5夜，途经巴西、西班牙，再到北京，仅上下飞机就有六次。在此期间，4名押解人员没有吃一餐像样的饭，没有睡过一个安稳的觉，由于中间没有机会在旅馆休息，押解人员随身带的行李箱一次都没打开过。①

2016年，犯罪嫌疑人钱某被当地移民局抓捕后，该国立即通知中方派员押解，因为该国移民局羁押钱某不能超过24小时，否则只能释放或将其提交法庭审讯。经做工作，该国签署“遣返令”，在24小时内将钱某驱逐出境。之后，在中方工作组协助下，该国押解警员将钱某控制，带至登机口，但钱某竟然佯装突发疾病，拒绝登机。当班机长行使现场处置权，以安全为由拒绝押解小组带钱某登机，导致航班延误1小时后才起飞。由于钱某拒绝登机，押解工作面临三个选择：一是乘坐当日晚K国航空同一航班飞赴广州；二是乘车走陆路，尽快从周边国

---

① 浙江在线：《转机飞行近50小时　逃到哥伦比亚的这家伙终于抓回来了》，2014年9月3日，http://zjnews.zjol.com.cn/system/2014/09/03/020235542.shtml.

家转机回国；三是寻找其他航班，重新规划回国路线。经反复研究比较，中方工作组连夜联系购买机票，办理相关手续，并协调 A 国机场、A 航等部门优先安排押解小组登机。当晚，押解小组带钱某搭乘 A 航航班飞赴 A 国，再转机回国。最终，押解小组安全、顺利地将钱某押解至上海浦东机场。

浙江某银行客户经理沈磊涉嫌诈骗 1 亿元人民币，2009 年 3 月外逃阿尔巴尼亚。2009 年 6 月，沈磊在亲属规劝下准备乘航班回国投案自首时，被阿尔巴尼亚警方根据国际刑警组织红色通报抓获，他随后被移交给阿检察机关，案件进入司法程序。2009 年 9 月 1 日，阿尔巴尼亚法院判决同意将沈磊递解回中国。从阿尔巴尼亚没有直飞中国的航班，回国要过境意大利，转机前须征求意大利的同意方可放行。我国随即通过外交途径照会意大利外交部，提出在阿尔巴尼亚同意引渡中国公民沈磊回国的情况下，请求过境意大利。意大利对沈磊过境引渡审查采取简易引渡程序，不由意大利法院进行司法审查，直接由司法部长作出同意过境引渡的决定。2009 年 10 月 7 日，意大利司法部部长安杰利诺·阿尔法诺签署行政令，根据《意大利刑事诉讼法》第 712 条第 3 款规定，准许中国公民沈磊过境意大利，以便将其从阿尔巴尼亚引渡回中华人民共和国。同时，意大利警方提出需要有沈磊本人签署的同意过境声明书，而且签署时须有阿尔巴尼亚司法当局在场见证签字。声明书一式三份，分别用中文、阿尔巴尼亚文和英文书写。2009 年 10 月 14 日，中阿警方进行交接，包括移交沈磊的体检报告和私人物品。交接手续完成后，沈磊在两国警方押解下乘车直达飞机悬梯，搭乘意大利航空公司航班转机意大利回国。①

---

① 晓科：《金融诈骗嫌疑人引渡始末》，载《民主与法制》2010 年第 4 期。

第三节　查找逃犯下落

办案机关在国内调查基础上，可以通过外交、移民、警务等渠道查询外逃人员在途经地和藏匿地的出入境记录，包括抵离时间、目的地、航班号（车次）、所持证件等情况。如外逃人员在该国（地）境内，要商请对方协助对上述人员实施边控并查找其具体下落。如该国（地）主管机关一时无法查明具体下落，在不违反当地法律前提下，要通过其他方式查找逃犯具体下落。一旦发现外逃人员，可以立即商请该国（地）主管机关拘捕逃犯，并以适当方式移交给中方。

一、查持化名身份证和护照情况

犯罪嫌疑人范某外逃后，办案单位围绕范某及其关系人进行了大量循线侦查和摸排比对工作，发现一名叫 FAN HENRY JIANHUA 的外籍男子与范某身份信息极为相似。在上海、江苏警方协助下，2015 年 12 月 20 日，侦查人员在苏州将潜逃 10 年且已漂白身份的公安部 A 级逃犯范某成功抓获归案。①

犯罪嫌疑人赵某于 1994 年骗取某公司货款后潜逃，并在日本嫁人生子、“漂白”身份。多年来，办案民警换了几拨，但上海警方始终没有放弃对赵某的追逃。潜逃在外的赵某非常嚣张，竟然主动打越洋电话给上海闸北警方：“有本事你们到日本来抓我！”上海公安机关下定决心，哪怕花再多时间、再多精力，也要将其抓获。2014 年 4 月，一名

---

① 人民网：《“猎狐 2015 行动”抓获外逃人员 857 名　典型案例公布》，2016 年 1 月 28 日，http://fj.people.com.cn/n2/2016/0128/c350394-27643418.html.

叫浅仓的日本男孩曾在赵某的父母家住过一段时间，这条信息引起了民警的注意。从这个男孩着手调查，很快发现了他的母亲是一个名叫浅仓某某的女子。通过比对照片，民警确认浅仓某某正是潜逃海外 21 年的犯罪嫌疑人赵某。2015 年 5 月 11 日，浅仓某某搭乘飞机从日本回上海参加其父亲逝世一周年祭奠时，被在机场守候的上海闸北经侦支队民警抓获归案。①

二、查出逃前后的联系人

犯罪嫌疑人周某外逃 11 年不知去向。办案机关通过对周某出逃前后 11 年来的通话数据进行追溯性分析，对其本地和外地多层关系人进行全面架网布控，连续作战 7 天 7 夜，筛选数据 520 万条、用坏电脑 2 台。最后，仅用 11 天时间就完成了对周某的精确抓捕。

犯罪嫌疑人刘某于 2006 年 3 月外逃后，办案机关把侦查视线集中到与其关系密切的人员，发现其结拜朋友字某筹借到 15000 元后邮寄到中缅边境地区。通过侦查发现，刘某逃到缅甸后以伐木为生，用 2000 元人民币购置了一支五四式手枪和 30 发子弹，下山购买物品时有 2 名荷枪实弹的木场老板保镖随行。由于木场地处大山深处，白天手机无信号，刘某每晚 10 点打电话给字某打听办案机关动向。经解释法律政策，字某为戴罪立功，主动将刘某约到中缅边境的中方一侧，办案机关一举将刘某抓获。

2004 年 12 月，犯罪嫌疑人孙某案发后潜逃至俄罗斯海参崴。孙某在银行从事多年保卫工作，异常狡猾。孙某外逃后一个月内更换了 5 个

---

① 新华网：《女嫌犯潜逃日本 21 年　曾致电警方“有本事来抓我”》，2015 年 5 月 22 日，http://news.xinhuanet.com/world/2015 05/22/c_127829002.htm.

藏匿地点，并切断同外界的联系。最后，侦控发现孙某每周三晚 18 时至 19 时打开手机，等待与他保持单线联系的盖某的消息。办案机关充分利用黑龙江省公安机关与俄罗斯远东地区执法机关建立的打击跨国犯罪协作机制，取得俄罗斯远东地区有关执法机关的鼎力相助，最终将犯罪嫌疑人孙某一举抓获。

犯罪嫌疑人汪某于 2004 年外逃后，办案人员根据其出逃前比较仓促，急于寻找关系人接应的情况，派人昼夜分析其出逃前的联络情况，而后结合汪某的出入境情况，分析确定其国外的主要关系人。同时，通过菲律宾移民局发布悬赏通告。不久，当地就有人举报汪某躲藏在菲律宾马尼拉一出租房内，生活较为拮据。

三、大数据分析

2013 年 9 月，中国移动某分公司网络部原主任刘某因涉嫌受贿出逃。刘某在职期间，经常配合公安机关办案工作，对办案手段、方式以及通信知识相当熟悉，曾故意制造拥有多个身份、前往不同地方的假象，造成前期追逃工作很不顺利。2015 年，办案机关加大工作力度，冻结其全部涉案资金，调取其亲友圈、生意圈、工作圈、朋友圈上百名关系人的电话单 500 余页、银行流水 2000 余页，多次往返北京、天津、秦皇岛、乌鲁木齐、吐鲁番、锦州等地开展调查。经努力，2016 年 5 月，办案机关将刘某抓获。

四、人像比对

犯罪嫌疑人谢仁良 1997 年携款外逃，令当时的上海市财政局下属证券公司损失 9000 余万元人民币，一时震惊上海。公安机关辗转获得线索，得知他已移民澳大利亚，但根据身份信息展开调查，仍然杳无音信。谢仁良的母亲及子女居住在浙江，警方推测他极有可能以新身份入境探亲。2015 年 1 月，上海边检部门在由澳大利亚入境的人员中，通过人像比对技术发现一名叫“张健平”的男子与谢仁良长相神似。公安民警立即赶来辨认，经人脸识别和大数据分析，确认这张脸与消失长达 18 年的谢仁良极为相似。民警随后立即赶赴杭州，在一家宾馆找到了“张健平”。“张健平”自称失忆，但通过核查其随身物品、DNA 生物物证比对等，侦查员确认此人就是潜逃 18 年之久的谢仁良。原来，谢仁良生意失败后，和妻子离婚。妻子和一澳大利亚籍朋友结婚后移民。谢仁良外逃后，在 2002 年再以“张健平”的身份与前妻结婚，获得澳大利亚国籍。而“张健平”的身份则是谢仁良花钱找到了安徽当地一户居民，以假称自己是其走失多年的亲戚取得的身份。①

犯罪嫌疑人席某于 2004 年潜逃出境后，办案单位从未放弃追逃工作。通过对席某及其近亲属的人像比对，发现席某的妻子陈某变换身份化名为“陈某萍”“林某”。再通过分析席某妻子两个身份的活动轨迹，进而发现席某变换身份化名为“叶某”“陈某”，在中国香港地区、加拿大等地活动。2016 年 11 月，席某持化名“陈某”的中国普通护照从加拿大经中国香港地区，由深圳皇岗口岸入境时，被边检部门扣留并移交办案单位。席某自以为凭其化名护照，无随行人员，无其他身份证件，家庭成员均已变更身份，断定警方无法查实其真实身份，一开始坚决否认其为犯罪嫌疑人席某，还叫嚣“公安机关抓错人，要立即赔礼道歉”。对此，办案单位出示其家人及席某本人变换身份的证据，席某

---

① 解放日报：《凭空消失 18 载　人像比对破伪装》，2015 年 5 月 28 日，http://newspaper. jfdaily. com/jfrb/html/2015 - 05/28/content_98817. htm. 新闻晨报：《外逃“老虎”整容　被抓时称：我失忆了之前的事情记不起来》，2015 年 5 月 28 日，转引自 http://www. sinovision. net/politics/201505/00341760. htm.

最终对其身份变更及犯罪事实供认不讳。①

五、顺着资金流向查找

犯罪嫌疑人张某于 2005 年 9 月出境外逃法国，但此后一直下落不明。2014 年，办案机关从基础工作做起，利用公安机关信息平台搜索，通过向张某前夫韩某以及与张某共同潜逃到法国的同案犯了解，均未获知张某任何消息。办案人员通过查询张某重要关系人境外收、汇款记录，发现其姐张某美夫妇和前夫韩某近 2 年已累计 20 余次接受从意大利的汇款 2 万多欧元，但无法核实汇款的详细地址和汇款人等情况。考虑到张某美和韩某无其他海外关系，办案人员据此推断，汇款人可能是张某，其目前很可能躲藏在意大利，并且有了合法身份和稳定的收入，与境内人员都有联系。办案人员利用这些信息进行大数据分析，发现了张某的国外联系方式。办案人员随即通过警务合作渠道通报给意大利警方。2014 年 10 月，意大利警方将张某抓获。最终，在意大利警方协助下，张某被引渡回国。

六、请外方协助查询

犯罪嫌疑人周某于 1999 年骗取他人 200 余万元后潜逃，10 多年来一直下落不明。根据缜密侦查，公安机关向委内瑞拉、苏里南两国发函协查，及时获取周某以欺诈手段在委内瑞拉取得国籍、变换身份的重要线索，经进一步核查比对，进而发现周某持委内瑞拉护照藏匿于秘鲁。

---

① 法制日报：《公安部 B 级通缉犯外逃　12 年改名异姓终落网》，2016 年 12 月 29 日，http://www.legaldaily.com.cn/legal_case/content/2016-12/29/content_6935952.htm?winzoom=1.

2016年3月，根据中央追逃办部署，上海市追逃办与公安机关成立联合工作组，赴秘鲁开展追逃工作。在中国驻秘鲁使馆大力支持和秘鲁警方的积极配合下，工作组获悉周某即将持委内瑞拉护照回国的线索。2016年5月17日，上海公安机关在广州白云机场将入境的周某抓获。①

第四节 制定境外追逃方案

境外追逃时，要充分考虑对方国家法律对逮捕、羁押、引渡、遣返等措施的法律规定和操作惯例，选择最稳妥、最快速、最有利的追逃方案。

一、倪某遣返案

犯罪嫌疑人倪某外逃后，国际刑警组织A国中心局根据我国提供的倪某的电话、公司名称、地址等重要线索，很快锁定倪某的位置，并拍摄其影像资料。在锁定行踪后，将其抓捕回国有两种选择。一是引渡。中方可根据国际刑警组织红色通报正式向A国提出逮捕请求，在倪某被逮捕后40天内正式提出引渡请求，A国司法法院批准引渡后，须再提请总统审批后进行移交。二是遣返。可通过注销倪某以中国国籍取得的A国投资移民身份，作为非法居留人员交移民部门实施遣返。但警方注销其居留身份，时间需要一个半月左右。期间倪某有可能察觉，并再次逃脱。

此外，A国警方在调查倪某的A国国籍时发现，倪某是通过伪造

---

① 中国警察网：《公安部公布2016年“猎狐行动”典型案例》，2016年8月18日，http://news.cpd.com.cn/ n3559/c34461719/content.html.

文件取得的A国国籍，因非法获得A国国籍可能会被A国司法机关判处在A国服刑5年以上。最终，通过做A国工作，双方确定了最终方案。一是中方根据国际刑警组织红色通报先向A国司法法院提交引渡申请，司法法院将根据中方请求迅速对倪某发出逮捕令（最长羁押40天），将其收押，防止其逃脱。二是在倪某被关押期间，中方做A国警方工作，促其停止调查倪某非法取得国籍事，同时在40天内取缔倪某国籍以便实施遣返。三是在倪某关押期间，中方放弃引渡申请，A国警方以非法居留为由启动遣返程序。四是为快速遣返，中方工作组做倪某的思想工作，促其打掉幻想，自愿回国，确保可以顺利实施遣返。

2016年6月，A国警方对倪某实施了抓捕。在A国警方协助下，中方派员告知倪某如配合相关司法程序，愿意主动回国将有可能得到从宽从轻处理，但如执意反抗，坚持自己是A国人，则会因身份造假遭到A国司法机关起诉，并将被判刑5年以上，服刑后将依然被遣返回中国。倪某经过一番思想斗争后，最终同意自愿接受遣返，回国配合调查。倪某主动在“自愿回国申请书”上签字，并呈交给A国司法机关。同年7月21日，在倪某关押期满当日，A国安排了遣返倪某的庭审，庭审持续到晚上7点，法官破例于当晚签发遣返令。2016年7月22日，倪某在庭审次日即被中、A国警方顺利押解回国。

二、张某劝返案

张某1999年入境B国后，与B国公民结婚并加入B国国籍。2003年，张某的入籍申请获批。在收到国际刑警组织中国中心局提供的张某红色通报后，经认真调查比对，B国警方确认B国公民DE ROMERO系中方通缉的犯罪嫌疑人张某。为尽快实施抓捕，中方在其红色通报上加注其B国姓名DE ROMERO。

由于张某已加入B国国籍，对其不能遣返或驱逐。但张某此前系中国公民，且其犯罪事实均在中国境内发生，中方可依据与B国的引渡条约向B国正式提出引渡请求。根据该引渡条约，中方可通过国际刑警组织等渠道请求B国抓捕并临时羁押张某，逮捕后60天内向B国提出正式引渡请求，必要时可再延长30天。引渡请求书主要包括请求机关名称、被请求引渡人的基本身份信息、案情概述或被请求引渡人的犯罪事实、有关该项犯罪的刑事管辖权、定罪和刑罚的法律规定、有关追诉时效或执行判决期限的法律规定等。

据此，中方工作组全力做张某的劝返工作，阐明法规政策和利害关系。一方面，中方积极做好引渡的准备工作，把司法文件翻译成B国语言并办理公证和双认证；二是中方在相关司法文书中加入引渡后有关承诺，这样可避免张某申请人身保护令，以拖延引渡程序。另一方面，在B国执法部门协助下，向张某正面施压，告其警方已掌握其全部信息，向其施加巨大压力。同时，国内做其儿女工作，通过其亲属和关系人将国内对张某的政策适度向其传达，阐明其回国对各方均有利的信息。在未正式启动引渡程序前，张某同意回国，并签署了两种语言的《自愿回国书》，主动回国投案自首。

三、郑尤拉引渡案

郑尤拉是韩国前总统朴槿惠“亲信干政”事件核心人物崔顺实的女儿，郑涉嫌通过走后门入读梨花女子大学一事引发学生和街头抗议，最后牵连朴槿惠接受刑事调查。韩国负责调查该案的独立检察组在多次传唤不到的情况下，把郑尤拉列为第一个追逃核心目标，韩国外交部、法务部、大检察厅和驻丹麦使馆等积极提供协助。

一是协调外方提供协助。2016年12月21日，韩国检察机关宣布郑尤拉因涉嫌妨碍公务已被签发逮捕令。由于怀疑郑尤拉藏匿在德国，韩国检方向德国检方提出协查请求，协查内容包括确认郑尤拉下落、调取银行交易记录和通话记录、冻结在德财产等。同时，提请欧洲其他有关国家提供协助。

二是宣布郑尤拉韩国护照作废。2016 年 12 月 22 日，韩国外交部应调查部门请求，宣布将郑尤拉的韩国护照作废。郑尤拉护照被宣布作废后，郑的身份变为非法滞留人员，可以依法被遣返。①

三是动员媒体等协助开展追逃。韩国中央东洋放送株式会社（JTBC）电视台自 2016 年 10 月 24 日以来，一直独家追踪报道朴槿惠闺蜜干政事件，并提供多份确凿证据，旗下《News Room》被评为韩国最值得信任的新闻节目。郑尤拉在欧期间，JTBC 电视台派记者全方位追踪郑的下落，并在发现其住址后通知丹麦警方将其逮捕。由于准备充分，郑尤拉被捕当天，JTBC 电视台《News Room》节目就详细公开了抓捕郑尤拉惊心动魄的前后过程，引发韩国举国关注。②

四是协调丹麦以非法滞留名义实施抓捕并羁押。2017 年 1 月 1 日凌晨，丹麦警方根据 JTBC 电视台举报，以非法滞留名义逮捕郑尤拉等 4 人，通常情况下非法移民只能被当地警察局关押 72 小时。鉴此，韩国政府依据双边引渡条约，紧急向丹麦政府提出临时逮捕请求。1 月 2 日，丹麦法院决定延长对郑尤拉的拘押期限至 1 月 30 日晚间 9 点，在单独拘押设施中对其进行调查，为实施引渡赢得了时间。③

---

① 中新网：《崔顺实女儿在丹麦被捕　韩国驻丹麦大使勒令其上缴护照》，2017 年 1 月 3 日，转引自 http://www.oushinet.com/europe/other/20170103/251295.html.

② Chung Yoo ra Arrested In Denmark After Tip from Korean Journalist, January 3, 2017, http://www.rokdrop.net/2017/01/chung-yoo-ra-arrested-in-denmark-after-tip-from-korean-journalist/.

③ 王海纳：《丹麦警方延长拘禁郑尤拉期限　遣返时间恐推迟》，2017 年 1 月 3 日，http://china.ajunews.com/view/20170103092423837.

五是第一时间启动引渡程序。1 月 6 日，韩方通过电子邮件向丹麦检方提交长达 200 页的引渡请求书。同时，韩国驻丹麦大使崔在哲约见丹麦检方高层，强调郑案的重要性，请丹麦迅速处理此事。

六是抓紧开展劝返工作。郑尤拉的儿子仅有 19 个月，需人照顾，因此她有回国投案意愿，郑尤拉曾公开宣称："只要能保证对我进行不拘留调查，并且允许我和儿子在一起，我可以立即回韩国。"当时，韩国已完成政权交接，新政府对其穷追不舍，而且郑尤拉在丹麦的羁押时间并不能折抵国内刑期，在国外打诉讼持久战、拖延回国时间事实上对她并不利。据此，一方面韩国检方调查人员驳斥郑尤拉的"主张十分荒唐，犯罪嫌疑人哪有资格谈条件"，另一方面韩国驻丹麦使馆按照韩国外交部的指令，派领事馆官员会见郑尤拉，当面做其工作。①

3 月 17 日，丹麦公共检察署批准把郑尤拉引渡回韩国。随后，郑尤拉向丹麦奥尔堡地方法院提起诉讼。4 月，丹麦奥尔堡地方法院驳回郑尤拉上诉，判决同意引渡。此后，郑尤拉再次向丹麦高等法院上诉，但 5 月 24 日主动撤诉，自愿回国投案。2017 年 5 月 31 日，郑尤拉乘坐大韩航空 KE926 航班回国投案。郑尤拉回国后称，其撤诉回国是因为"儿子眼下留在丹麦由保姆照顾，没有家人陪伴，我返回韩国，觉得这样能更快地表达立场、澄清误会，尽快解决问题"。②

---

① 王海纳：《韩政府作废郑尤拉护照 丹麦检方启动对其引渡调查》，2017 年 1 月 10 日，http://china.ajunews.com/view/20170110080528917. 王海纳：《丹麦警方延长拘禁郑尤拉期限 遣返时间恐推迟》，2017 年 1 月 34 日，http://china.ajunews.com/view/20170103092423837.

② 中新网：《崔顺实女儿遭"强制遣返" 抵达韩国后将被立即拘留》，2017 年 5 月 31 日，转引自 http://news.k618.cn/society/201705/t20170531_11540092.html；新浪网：《韩国驻丹麦大使勒令崔顺实女儿限期上缴护照》，2017 年 1 月 3 日，http://news.sina.com.cn/o/2017-01-03/doc-ifxzcvfp5786632.shtml.

第三章　国际刑事司法协助

国际刑事司法协助是指不同国家之间，根据本国缔结或者参加的国际条约，或者按照互惠原则，相互提供便利以使相关刑事诉讼行为得以进行的一项制度。刑事司法协助分为广义的刑事司法协助和狭义的刑事司法协助。广义的刑事司法协助除包含狭义的刑事司法协助以外，还包括引渡、被判刑人移管、刑事诉讼移管等。为提高效率，提出刑事司法协助请求前，可以先通过非正式协助渠道获取情报信息，以便开展国内调查。在此基础上，如果需要获取用于诉讼的证据，或者外方明确指出只有通过刑事司法协助才能提供有关证据时，再提出正式的刑事司法协助请求。

第一节　国际刑事司法协助概述

国际刑事司法协助可分为正式协助和非正式协助。正式协助通常是依据条约、公约以及互惠原则开展的，其特点是合作范围较广、所获得的材料通常可以直接作为证据用于诉讼，缺点是耗时较长，效率相对较低。

非正式协助是指反腐败、检务、警务、反洗钱、海关等执法机构之间，依据机构间签署的合作协议或基于互惠原则开展的合作。非正式协助的特点是合作范围通常限于情报和信息交换，合作效率较高。很多国家规定通过非正式协助获得的信息和材料不能作为证据直接用于法庭。

一、依据条约或国内法开展国际刑事司法协助

（一）国内法依据

1. 2012 年修正的《中华人民共和国刑事诉讼法》第 17 条规定，根据中华人民共和国缔结或者参加的国际条约，或者按照互惠原则，我国司法机关和外国司法机关可以相互请求刑事司法协助。

2. 2006 年《中华人民共和国反洗钱法》第 5 章单列“反洗钱国际合作”，其中第 27 条规定，中华人民共和国根据缔结或者参加的国际条约，或者按照平等互惠原则，开展反洗钱国际合作。第 29 条规定，涉及追究洗钱犯罪的司法协助，由司法机关依照有关法律的规定办理。

3. 2007 年《中华人民共和国禁毒法》第 5 章单列“禁毒国际合作”，其中第 57 条规定，通过禁毒国际合作破获毒品犯罪案件的，中华人民共和国政府可以与有关国家分享查获的非法所得、由非法所得获得的收益以及供毒品犯罪使用的财物或者财物变卖所得的款项。这是我国法律第一次对犯罪资产分享作出规定。

4. 2012 年《最高人民法院关于适用〈中华人民共和国刑事诉讼法〉的解释》[①] 第十八章“涉外刑事案件的审理和司法协助”中，第 408 条至第 413 条规定了人民法院开展刑事司法协助的法律依据、司法协助请求书及其所附文件的文字文本问题等。

5. 2012 年修订的《人民检察院刑事诉讼规则（试行）》第 16 章

---

① G20 反腐败追逃追赃研究中心编：《中华人民共和国反腐败追逃追赃条约法规汇编》，中国政法大学出版社 2017 年版，第 775—785 页。

“刑事司法协助”第676条至第703条规定了人民检察院开展司法协助的法律依据、基本原则、协助范围、主管机关、边境地区人民检察院与邻国司法机关相互进行司法合作的有关要求以及人民检察院提供司法协助的程序、请求书要求、办理期限等，人民检察院向外国提出司法协助请求的程序、请求书要求、赴境外调查取证要求等，以及司法协助期限和费用。

6. 2012年《公安机关办理刑事案件程序规定》① 第13章“刑事司法协助和警务合作”第364条至第373条规定了公安机关开展司法协助和警务合作的法律依据、合作范围，各级公安机关在开展刑事司法协助工作中的职责，边境地区公安机关与相邻国家开展警务合作的有关要求，公安机关提供司法协助和警务合作的程序、办理期限等有关要求，请求外国警方提供刑事司法协助或者警务合作、通过国际刑警组织予以协助的办理程序和有关要求。

7. 我国正在制定《国际刑事司法协助法》。根据2016年11月全国人大外事委员会提交的报告，我国《国际刑事司法协助法》已经被列入十二届全国人大常委会立法规划的一类项目，由司法部起草，全国人大外事委员会提请审议。

（二）双边条约

截至2017年12月，我国已经与50个国家签署了双边引渡条约，与60个国家签署了双边刑事司法协助类条约，与14个国家签署了被判刑人移管条约。

1. 引渡条约。截至2017年12月，我国共与50个国家签订了引渡条约，包括：泰国、白俄罗斯、俄罗斯、保加利亚、罗马尼亚、哈萨克

---

① G20反腐败追逃追赃研究中心编：《中华人民共和国反腐败追逃追赃条约法规汇编》，中国政法大学出版社2017年版，第794—797页。

斯坦、蒙古、吉尔吉斯斯坦、乌克兰、柬埔寨、乌兹别克斯坦、韩国、菲律宾、秘鲁、突尼斯、南非、老挝、阿联酋、立陶宛、巴基斯坦、莱索托、巴西、阿塞拜疆、西班牙、纳米比亚、安哥拉、阿尔及利亚、葡萄牙、法国、澳大利亚（尚未生效）、墨西哥、印尼（尚未生效）、意大利、伊朗（尚未生效）、波黑、阿根廷（尚未生效）、阿富汗（尚未生效）、埃塞俄比亚（尚未生效）、塔吉克斯坦（尚未生效）、越南（尚未生效）、智利（尚未生效）、巴巴多斯（尚未生效）、格林纳达（尚未生效）、斯里兰卡（尚未生效）、摩洛哥（尚未生效）、刚果（布）（尚未生效）、比利时（尚未生效）、厄瓜多尔（尚未生效）、土耳其（尚未生效）、肯尼亚（尚未生效）等。

2. 刑事司法协助条约。截至 2017 年 12 月，我国与 41 个国家签订了刑事司法协助条约，与 19 个国家签订了民商刑事司法协助条约，两者合计 60 项。签署刑事司法协助条约的国家包括：加拿大、保加利亚、韩国、哥伦比亚、突尼斯、美国、印尼、菲律宾、爱沙尼亚、南非、泰国、拉脱维亚、巴西、墨西哥、秘鲁、法国、西班牙、葡萄牙、澳大利亚、新西兰、纳米比亚、阿尔及利亚、巴基斯坦、日本、阿联酋、委内瑞拉、马耳他、意大利、阿根廷、波黑、英国、比利时、斯里兰卡（尚未生效）、亚美尼亚（尚未生效）、马来西亚、伊朗（尚未生效）、巴巴多斯（尚未生效）、格林纳达（尚未生效）、摩洛哥（尚未生效）、刚果（布）（尚未生效）、肯尼亚（尚未生效）等。签署民商刑事司法协助条约的国家包括：波兰、蒙古、罗马尼亚、俄罗斯、土耳其、乌克兰、古巴、白俄罗斯、哈萨克斯坦、埃及、希腊、塞浦路斯、吉尔吉斯斯坦、塔吉克斯坦、乌兹别克斯坦、越南、老挝、立陶宛、朝鲜等。

3. 被判刑人移管条约。截至 2017 年 12 月，我国共与 14 个国家签订了移管被判刑人条约，包括乌克兰、俄罗斯、西班牙、葡萄牙、韩国、澳大利亚、泰国、吉尔吉斯斯坦、蒙古、哈萨克斯坦、伊朗、塔吉克斯坦、阿塞拜疆（尚未生效）、比利时（尚未生效）等。

二、依据国际公约开展国际刑事司法协助

只有当追逃国和藏匿地国都是《联合国反腐败公约》《联合国打击跨国有组织犯罪公约》等公约的缔约国时，才有可能使用两个公约作为司法协助的依据。依据国际公约提出司法协助请求前，应查看联合国条约库网站，看两国是否同为缔约国。如果不是，两国仍应采用其他方法引渡。

（一）《联合国打击跨国有组织犯罪公约》

阿联酋向荷兰请求引渡一名涉嫌参与 2007 年 4 月武装抢劫一家珠宝店的塞尔维亚公民时，由于当时双方并无引渡条约，荷兰拒绝了这一请求，称如果阿联酋是《联合国打击跨国有组织犯罪公约》的缔约国，该公约可成为引渡的法律依据。阿联酋于 2007 年 5 月 7 日批准《联合国打击跨国有组织犯罪公约》，并再次请求引渡该塞尔维亚国民。荷兰高等法院将《联合国打击跨国有组织犯罪公约》用作该引渡的法律依据，准予了引渡请求。该嫌疑人于 2009 年 2 月被引渡到阿联酋。

2008 年 1 月，英国执法机关就一起巨额增值税欺诈和洗钱案开展调查。由于案件涉及中国广东的一家公司，英方依据《联合国打击跨国有组织犯罪公约》向中国司法部提出刑事司法协助请求，希望派员来华取证。中国对英方的请求进行审查，确认英方请求符合《联合国打击跨国有组织犯罪公约》的形式要件后，将英方请求转至中国海关总署研究。中英双方随后就取证的时间、方式，证人作证的形式、费用，询问方式和范围等问题举行多次磋商。2008 年 4 月 15 日，在国际刑警组织中国中心局的主持下，证人顺利向英方提供证词和相关证明材料。在整个案件办理过程中，中方的有关部门做了大量的工作，确保取

证工作顺利完成。

（二）《联合国反腐败公约》

欧文龙案是英国依据《联合国反腐败公约》首次向我国返还腐败案件涉案资产。2012 年 5 月，中国澳门特区政府运输工务司前司长欧文龙因受贿、清洗黑钱及滥用职权等数项罪名，被澳门终审法院判处 29 年监禁。2010 年，中国澳门特区政府依据《联合国反腐败公约》，通过外交渠道向英国提出返还欧文龙案有关资产的请求。2015 年 11 月，英国政府在法院作出判决后，在中国澳门特区政府总部举行返还非法财产签字仪式。中国澳门特区政府行政法务司司长陈海帆、英国驻港总领事吴若兰分别代表中国澳门特区政府和英国政府共同签署相关文件。英国依据《联合国反腐败公约》，向澳门返还涉案非法资产约 2871 万英镑，约合 3.5 亿澳门元。陈海帆表示，《联合国反腐败公约》作为全球性反腐败法律文书，其资产追回与返还机制为欧案非法资产顺利返还奠定了法律基础。英方向澳门返还欧案被法院宣布没收的非法资产，是依据《联合国反腐败公约》追回资产的一个良好范例。①

三、无条约情况下依据互惠原则开展国际刑事司法协助

长期以来，互惠原则一直是国际法和外交方面处理国家关系的基本原则。如果没有条约作为合作依据，我国仍然可以在承诺互惠的基础上，依据被请求国国内法，通过外交渠道提出司法协助请求。《联合国反腐败公约》第 46 条第 1 款规定了互惠原则，要求所有缔约国都遵守该原则。有些国家将其国内法作为引渡的法律基础，明文要求把互惠原

① 新华网：《欧文龙在海外非法资产绝大部分获追回》，2015 年 11 月 3 日，http://news.xinhuanet.com/gangao/2015 11/03/c_1117030351.htm.

则作为考虑向另一个国家引渡逃犯的先决条件。实践中，互惠原则是未缔结相关条约情况下一项非常有用的工具，是相互提供司法协助的一项独立承诺。通常情况下，互惠承诺都能兑现，正如瑞士日内瓦调查法官伯纳德所说："在国际合作方面，与任何商业合作一样，兑现已作出的承诺符合各方利益。"

四、国际刑事司法协助的范围

刑事司法协助的范围有广义和狭义之分。狭义的刑事司法协助仅仅指代为送达刑事诉讼文书，包括与刑事诉讼有关的司法文书以及诉讼文件和其他文字资料等司法外文书；委托调查取证，包括询问证人、被害人、鉴定人和其他诉讼参与人；讯问当事人、嫌疑人、罪犯；调查核实有关人员的身份及履历情况，进行勘验、检查、鉴定；调取物证、书证、视听资料；委托搜查和查封财产等。广义的刑事司法协助还包括移交赃款赃物或者扣押品、引渡、诉讼移转管辖、对外国生效判决的承认和执行、有条件判刑或有条件释放罪犯的转移监管等。

2012 年《公安机关办理刑事案件程序规定》第 365 条规定，公安机关进行刑事司法协助和警务合作的范围，主要包括犯罪情报信息的交流与合作，调查取证，送达刑事诉讼文书，移交物证、书证、视听资料或者电子数据等证据材料，引渡、缉捕和递解犯罪嫌疑人、被告人或者罪犯以及国际条约、协议规定的其他刑事司法协助和警务合作事宜；第 366 条规定，在不违背有关国际条约、协议和我国法律的前提下，我国边境地区设区的市一级公安机关和县级公安机关与相邻国家的警察机关，可以按照惯例相互开展执法会晤、人员往来、边境管控、情报信息交流等警务合作，但应当报省级公安机关批准，并报公安部备案。2012 年修订的《人民检察院刑事诉讼规则（试行）》第

679 条规定，人民检察院司法协助的范围主要包括刑事方面的调查取证，送达刑事诉讼文书，通报刑事诉讼结果，移交物证、书证和视听资料，扣押、移交赃款、赃物以及法律和国际条约规定的其他司法协助事宜。

具体而言，在国际追逃工作中，根据案件进展情况和个案需要，可以有针对性地提出刑事司法协助事项。在侦查阶段，主要是查找逃犯下落、调查取证、查封扣押冻结财产、出国办案、传唤证人来华配合调查、获取有关人员的证言或者陈述、提供文件记录或证据物品、获取和提供鉴定意见、查找和辨认人员、进行勘验或者检查、交流法律资料等。在公诉阶段，主要是就追逃追赃提出司法协助补充请求、送达刑事诉讼文书、安排有关人员作证或者协助调查、临时移送在押人员以便作证或者协助调查等。在审判阶段，主要是为查明事实，调查取证、传唤证人到庭质证、通过视频手段调查取证、接受质证等。在执行阶段，主要是财产判决的承认执行、返还、分享，通报刑事诉讼结果和提供犯罪记录等。

我国刑事司法协助条约界定的司法协助内容

国家	刑事司法协助范围
美国	第一条　适用范围 一、根据本协定，双方应在与刑事案件有关的侦查、起诉和诉讼方面相互提供协助。 二、协助应包括： （一）送达文书； （二）获取人员的证言或陈述； （三）提供文件、记录或证据物品的原件、经证明的副本或影印件； （四）获取并提供鉴定结论； （五）安排人员作证或协助调查； （六）查找或辨别人员； （七）执行查询、搜查、冻结和扣押证据的请求； （八）在没收程序中提供协助；

（续表）

国家	刑事司法协助范围
美国	（九）移送在押人员以便作证或协助调查； （十）不违背被请求方境内法律的任何其他形式的协助。 三、本协定仅适用于双方之间的相互司法协助。本协定的规定，不给予任何私人当事方以取得、隐瞒或排除任何证据或妨碍执行请求的权利。
加拿大	第一条 刑事司法协助 一、双方应根据本条约的规定，相互提供刑事司法协助。 二、司法协助系指被请求方为在请求方进行的刑事调查取证或诉讼所提供的任何协助，无论该协助是由法院或其他机关寻求或提供。 三、第一款所述“刑事”，在中华人民共和国方面系指全国人民代表大会及其常务委员会制定和颁布的法律所规定的与犯罪有关的调查取证或诉讼；在加拿大方面系指联邦议会法律所规定的与犯罪有关的调查取证或诉讼。 第二条 司法协助的范围 协助应包括： （一）刑事诉讼文书的送达； （二）调查取证和获取有关人员的陈述； （三）搜查和扣押； （四）获取和提供鉴定人鉴定； （五）移交物证； （六）提供犯罪记录和法庭记录； （七）提供书证； （八）准许或协助包括在押人员在内的有关人员赴请求方作证或协助调查取证； （九）涉及赃款赃物和归还被害人财物的措施。
澳大利亚	第一条 适用范围 一、双方应当根据本条约，在刑事侦查、起诉和诉讼方面相互提供最广泛的合作。 二、“刑事”亦包括与触犯涉及税收、关税以及其他财税方面法律的犯罪有关的事项。 三、此类协助应当包括： （一）调取证据或者获取人员的陈述； （二）提供文件、记录和证据物品； （三）查找和辨认人员； （四）执行搜查和扣押请求；

（续表）

国家	刑事司法协助范围
澳大利亚	（五）查找、限制和没收犯罪工具和犯罪所得的措施； （六）征询有关人员同意到请求方作证或者协助刑事侦查，并为此作出安排；如果此类人员在押，安排将其临时移交给请求方； （七）送达刑事方面的文书； （八）获取和提供鉴定结论； （九）在不违背被请求方法律的范围内对场所或者物品进行勘验或者检查； （十）通报刑事诉讼结果和提供犯罪记录； （十一）交换法律资料； （十二）与本条约目的相符且不违背被请求方法律的其他形式的协助。 四、协助不包括： （一）对人员的引渡； （二）在被请求方执行请求方作出的刑事判决、裁定或者决定，但是被请求方法律和本条约许可的除外； （三）移交被判刑人以便服刑； （四）刑事诉讼的转移。
新西兰	第一条　适用范围 一、双方应当根据本条约的规定，在刑事调查、起诉或者其他诉讼方面相互提供协助。 二、第一款所述“刑事”，在中华人民共和国方面系指全国人民代表大会及其常务委员会制定和颁布的法律所规定的与犯罪有关的调查、起诉或者其他诉讼；在新西兰方面系指国会制定的法律所规定的与犯罪有关的调查、起诉或者其他诉讼。 三、协助应当包括： （一）向人员调取证据或者获取人员的陈述； （二）提供信息、文件、记录和证据物品； （三）查找或者辨认人员或者物品； （四）送达刑事方面的文书； （五）执行搜查和扣押请求； （六）安排有关人员在请求方作证或者协助调查； （七）查找、冻结、扣押和没收犯罪所得和犯罪工具； （八）交换法律资料； （九）与本条约宗旨相符且不违背被请求方法律的其他协助。 四、本条约不适用于：

（续表）

国家	刑事司法协助范围
新西兰	（一）对人员的引渡； （二）执行请求方所做出的刑事判决及裁定，但是被请求方法律和本条约许可的除外； （三）移交被判刑人以便服刑； （四）刑事诉讼的转移。
英国	第一条　适用范围 一、双方应当根据本条约的规定，在刑事侦查、起诉和审判程序中相互提供最广泛的司法协助，包括限制、冻结、扣押和没收犯罪所得和犯罪工具。 二、协助应当包括： （一）送达刑事诉讼文书； （二）获取有关人员的证言或者陈述； （三）提供文件、记录和证据物品； （四）获取和提供鉴定结论； （五）查找和辨认人员； （六）进行勘验或者检查； （七）安排有关人员作证或者协助调查； （八）进行查询、搜查、冻结和扣押； （九）获取银行资料； （十）涉及犯罪所得和犯罪工具的协助； （十一）通报刑事诉讼结果和提供犯罪记录； （十二）交流法律资料； （十三）不违背被请求方法律的其他形式的协助。 三、本条约仅适用于双方之间的相互司法协助。本条约的规定，不赋予任何个人以取得、排除任何证据的权利或者妨碍执行请求的权利。
法国	第一条　适用范围 一、双方应当根据本协定的规定，就请求方法律规定的刑事犯罪的侦查、起诉以及相关诉讼程序，相互提供最广泛的司法协助。 二、协助应当包括符合本协定目的并且与被请求方法律不相抵触的所有形式，特别是： （一）辨认和查找人员； （二）送达司法文书； （三）提供、出借或者移交证据、物品或者文件； （四）执行搜查和扣押的请求； （五）询问证人和鉴定人，讯问被指控犯罪的人；

（续表）

国家	刑事司法协助范围
法国	（六）临时移送在押人员以便出庭作证； （七）提供有关人员的犯罪记录； （八）查找、冻结和没收犯罪所得和工具。 三、双方可以根据本协定，就违反税收、关税、外汇管制或其他税务法律的刑事犯罪提供协助。 四、本协定不适用于执行逮捕决定和判决。此项规定不妨碍双方就没收事宜开展合作。
菲律宾	第一条　协助范围 一、双方应当根据本条约的规定，在刑事犯罪的侦查、起诉及其他刑事诉讼程序中相互提供协助。 二、协助应当包括： （一）送达文书； （二）辨认或者查找人员； （三）获取证据、物品或者文件； （四）获取人员的证言或者陈述； （五）执行搜查和扣押的请求； （六）便利人员作证； （七）暂时移交在押人员以便作证； （八）获取司法或者官方记录的原件或者副本； （九）追查、限制、追缴和没收犯罪活动收益和工具，包括限制处分或者冻结被指称与刑事事项有关的财产； （十）提供和交换法律资料、文件和记录； （十一）借出证物； （十二）获取和提供鉴定结论； （十三）进行司法勘验或者检查场所或者物品； （十四）通报刑事诉讼结果和提供犯罪记录； （十五）符合本条约宗旨且不违反被请求方法律的其他形式的协助。 三、本条约不适用于： （一）对人员的引渡； （二）执行请求方所作出的刑事判决、裁定或者决定，但被请求方法律和本条约许可的除外。

五、刑事司法协助中央机关

刑事司法协助中央机关是指在国际刑事司法协助合作中负责对外联系、接收、审查、转递司法协助请求的机关。中央机关在司法协助国际合作中居于中枢地位。设置中央机关主要是便于请求方提出请求时明确向被请求方的哪个机关提出。同时，由请求方中央机关提出的请求，通常不再需要进行公证和认证。中央机关之间直接进行联系，减少中间环节，有助于提高合作的效率。

中央机关负责对请求书进行初步审查，对于不符合要求的请求书，退回请求方请其补充完善；符合要求的，根据国内法转国内主管机关执行。

我国刑事司法协助条约和公约中央机关设置情况如下：

（一）双边刑事、民刑事司法协助条约——以司法部为主，在有的条约中最高人民检察院、公安部与司法部同时被规定为中央机关。

（二）双边引渡条约——外交部（联系机关）。

（三）双边被判刑人移管条约——司法部。

（四）国际公约

《联合国反腐败公约》——最高人民检察院。

《联合国打击跨国有组织犯罪公约》——司法部和公安部。

第二节 如何对外提出刑事司法协助请求

开展国际刑事司法协助是国家的司法主权行为。不同国家的刑事司法协助程序不同、要求各异，提出司法协助请求前应向国内主管机关进行咨询，了解被请求国的法律要求和操作流程。根据我国《刑事诉讼法》《公安机关办理刑事案件程序规定》《人民检察院刑事诉讼规则（试行）》《通过外交途径办理刑事司法协助案件的若干程序》以及双边刑事司法协助条约，我国对外提出刑事司法协助请求时，一般遵循以下程序和要求。

一、刑事司法协助请求书的内容

（一）刑事司法协助请求书通常应当包括：

1. 请求的机关：负责侦查、起诉或者审判的办理机关的名称；对外提出请求的中央机关。

2. 请求的依据：双边条约、国际公约或者互惠原则。

3. 请求所涉及的案件性质的说明。

4. 案情概述（含案件来源、与被请求国有关的案件事实，且案情和请求部分有紧密的关联性）。

5. 案件适用的国内法律规定（完整引用刑法、刑诉法有关条文，如涉及死刑问题需上报）。

6. 请求协助的事项（查人、取证、控赃、承认执行判决等）、协助的目的以及其该事项与案件关联性的说明。

7. 希望完成所提协助事项的期限。

（二）在必要和可能的范围内，请求书还应当包括：

1. 案件所涉人员的身份信息、地址或者下落、国籍以及该人与诉讼的关系。

2. 关于需要勘验或者检查对象的说明。

3. 关于查询、搜查、冻结或者扣押对象的说明。

4. 希望在执行请求时遵循的特别程序及其理由的说明。

5. 保密及其理由的说明。

6. 询问证人的问题清单。

7. 关于被邀请前往请求方作证或者协助调查的人员的津贴和费用

的说明。

8. 有助于执行请求的其他材料，例如国际刑警组织红色通报。

二、撰写刑事司法协助请求书的注意事项

1. 案件事实描述尽量清楚、直白，逻辑清晰、叙事完整，不要高度凝练概括，也不要逻辑不清，避免让人看后不知所云。

2. 要注重请求事项与案件关联性的描述，即需要外方提供的协助与我国目前正在进行的调查是如何关联的。

3. 涉及资金账户的调查，要描述清楚资金转移的链条，尽量逐个提供准确的账户信息，特别是这些账户与犯罪之间的关联性。要逐一列出海外银行账户的账户号、开户人、银行地址、交易（如有）等信息，请求协助提供某人名下的所有资产信息的请求，通常是难以执行的。

4. 请求事项要分项罗列清楚，尽量详细，避免笼统；如请求获取证人证言，要尽量说明证人的身份，并写明详细的询问问题清单。

三、刑事司法协助请求书的文字要求

1. 请求书及所附材料应当附有被请求方官方文字的译文。

2. 有的条约规定可以附上双方官方文字之外的第三种语言，例如英语译文。

3. 在可以选择的情况下，尽量附上对被请求方而言易于理解的文字，以便于请求的执行。

四、刑事司法协助请求的执行

对于国际司法协助请求，外国中央机关并不会无条件地执行。外方对请求书审查后，根据不同的情况，大致有四种处理结果：接受请求、退回补充材料、推迟协助和拒绝协助。

1. 接受请求。外国中央机关经审查后如接受司法协助请求，就会说明执行协助请求的日期、地点和方式。

2. 退回补充材料。外国中央机关如果认为请求书不符合格式要求或者所记载的内容及所附资料不全，影响执行请求的，可能退回请求书并要求更正和补充相关内容，办案机关需要补充提供有关材料后再次提交。

3. 推迟协助。外国中央机关如果审查后认为执行请求将妨碍被请求方正在进行的侦查、起诉或者审判程序，可以推迟提供协助。

4. 拒绝协助。外国中央机关经审查后如果认为执行该请求有损于本国主权、安全或公共秩序等，可以拒绝执行请求，但应当将拒绝的理由通知请求国。可能拒绝的理由包括：

（1）执行请求将损害本国主权、安全、公共秩序或者其他重大公共利益，或者违背本国法律基本原则。

（2）请求涉及的犯罪是政治性质的犯罪。

（3）请求涉及的犯罪仅构成军事犯罪。

（4）请求的目的是基于某人的种族、性别、宗教、国籍或者政治见解而对该人进行侦查、起诉、处罚或者其他诉讼程序，或该人可能由于上述任何原因受到损害。

（5）请求所涉及的犯罪在被请求方不构成犯罪（双重犯罪原则）。

（6）请求事项与请求协助的案件缺乏实质联系。

（7）被请求方正在对请求所涉及的同一犯罪嫌疑人或者同一被告

人就同一犯罪进行刑事诉讼，或者已经终止刑事诉讼或者已经作出生效判决（一事不再罚原则）。

五、死刑承诺

对于我国法律规定有可能判处死刑的案件，外方在收到中方司法协助请求书后，可能要求承诺对有关犯罪嫌疑人或者被告人承诺不判处死刑。死刑承诺包括不判处死刑和不判处死缓的承诺。必要和情况紧急时，可以在提出请求时即明确承诺对有关人员不判处死刑。其中，对于不判处或不执行死刑的承诺，国际上有以下三种承诺形式。

一是保证不判处死刑。2003 年《美国和英国引渡条约》第 7 条规定，如果请求国有关法律规定对据以提出引渡请求的犯罪可判处死刑，而被请求方的法律对该类似犯罪未规定适用死刑，被请求方可以拒绝引渡，除非请求方向被请求方作出不判处死刑，或即使判处死刑也不予执行的保证。需要注意的是，承诺不判处死刑并非意味着可以对被引渡人判处死缓。

二是保证不执行死刑。“在判处死刑情况下不执行死刑”并非意味着可以对被引渡人判处死缓。2003 年 6 月，《欧盟与美国引渡协议》第 13 条规定，如果该人被判处死刑，则在死刑不被执行的条件下才同意引渡。如果请求国根据本条款规定的条件接受引渡，则必须遵守该条件。如果请求国不接受该条件，则引渡的请求可能被拒绝。

三是判处无期徒刑。1933 年 12 月 26 日签署的《泛美引渡条约》第 17 条规定，在同意引渡的情况下，依据请求国的法律不适用死刑时，对被引渡者适用仅次于死刑的刑罚。①

第三节 外国刑事司法协助指南

根据有关国家司法部门提供的刑事司法协助要求，联合国毒品和犯罪问题办公室、二十国集团和亚太经合组织分别对刑事司法协助指南进行了汇编。根据国际追逃工作需要，下文重点说明向美国、加拿大、澳大利亚和英国提出刑事司法协助请求的程序和要求。②

一、向美国提出司法协助请求的程序和要求

（一）美国受理条件③

在为刑事调查搜集证据、起诉及其他刑事程序中，美国司法部刑事司国际事务办公室（OIA）是美国受理司法协助请求的中央机关。通常情况下，美国不要求司法协助请求需要满足双重犯罪标准，但如要获得美国境内的搜查令或其他强制手段，需要满足双重犯罪标准；如果基于某些司法协助条约请求冻结、没收涉案资产，可能也需要满足双重犯罪标准。

美国将刑事司法协助请求分为三类：

---

① 吴瑞、张晓菲：《国际侦查合作中的刑罚许容性原则》，载《犯罪研究》2009年第5期。

② 参见 G20 Mexico, *Requesting Mutual Legal Assistance in Criminal Matters from G20 Countries: A Step by Step Guide*, 2012. APEC, *Requesting Mutual Legal Assistance in Criminal Matters from APEC Economies: A Step by Step Guide*, Novermber 2014. 联合国毒品和犯罪问题办公室：《司法协助申请起草工具》（http://www. unodc. org/mla/index. html）和 http://www. unodc. org/unodc/en/legal – tools/international – cooperation – networks. html.

③ 参见 G20 Mexico, *Requesting Mutual Legal Assistance in Criminal Matters from G20 Countries: A Step by Step Guide*, 2012. APEC, *Requesting Mutual Legal Assistance in Criminal Matters from APEC Economies: A Step by Step Guide*, Novermber 2014. 联合国毒品和犯罪问题办公室：《司法协助申请起草工具》（http://www. unodc. org/mla/index. html）和 http://www. unodc. org/unodc/en/legal – tools/international – cooperation – networks. html.

一是基于国际公约或双边条约提出的协助请求。依据双边司法协助条约提出的司法协助请求，通常会被转交给 94 个美国联邦检察官办公室中的其中一家办理，该办公室的助理联邦检察官可向美国地方法院提交申请，由法院任命其担任执行该外国请求的专员，该专员依法有权发送传票强制证人提供证词或出示文件，并将相关证据提交给司法部国际事务办公室，由国际事务办公室依据双边条约提供给外国机构。一般情况下，依据国际公约提供协助的程序类似。

二是外国法院出具的调查委托书。如果与美国尚无双边刑事司法协助条约或可适用的国际公约，外国法院可以出具调查委托书，美国法律规定可酌情执行此类请求。大多数情况下，美方都会提供合作，包括使用强制程序（传唤或法庭命令）获取证据。在诉讼程序的调查阶段，可以协助获取政府文件或法人文件的副本、询问证人以及获取笔迹样本等。

三是非条约性的请求函。与调查委托书类似，在缺乏双边司法协助条约或可适用的国际公约情况下，外国也可以提出司法协助请求。根据美国法律，此类申请可以酌情予以执行。通常情况下，美方都会提供协助。

（二）向美国提出司法协助请求的程序

1. 提出司法协助请求前咨询美国中央机关

对于任何复杂、有特殊要求或重大案件，最好事先与美国司法部刑事司国际事务办公室沟通，确保所提请求满足美国法律要求。

2. 提出司法协助请求的法律依据

法律依据包括双边刑事司法条约以及《联合国反腐败公约》《联合国打击跨国有组织犯罪公约》等国际公约。

3. 明确办案机关或公诉机关

明确该案件由什么机关负责调查和/或起诉。

4. 案情概述

详细描述所办理的案件情况，包括有关证据的摘要以及下列内容：

（1）如果请求获取证言证词，请求书还应包括：证人姓名和住址；证人与案件的关系（可能的嫌疑人、被告人或事实证人），解释该证人证言为什么与案件相关、对调查/起诉工作有什么帮助。

（2）如果请求获取书证，请求书还应包括：明确所需的具体书证，包括名称、位置以及其他特定信息（注：如李四持有的美国××银行×××银行账号2015年1月至今的银行账单，银行地址为美国加州洛杉矶某大街111号），以及解释该书证如何与案件相关、对调查/起诉工作有什么帮助。

（3）如果请求获取搜查令，请求书还应包括：最新的案件事实，解释为何有合理理由确信该搜查令有助于获取更多犯罪证据；精确地指出要搜查的地点；明确需要查封没收的具体物品或物品种类；解释该搜查为什么非常必要、所要查封没收的证据如何与案件相关以及该搜查对调查/起诉工作有什么帮助。

（4）如果请求查封和/或没收犯罪所得，请求书还应包括：明确需要查封的具体资产（如银行账号或其他特定信息）；解释需查封的美国境内具体资产与该犯罪行为之间的关联性；解释犯罪人员与持有涉案资产的公司之间有什么关联性；提供请求国法院作出的财产冻结令/限制令，以及请求国法院作出查封或罚没的任何最终判决书和这些判决的程序性记录。

5. 明确所涉犯罪适用的法律条款

逐字完整地列出所调查起诉案件适用的请求国法律规定，包括适用的刑罚。

6. 明确协助事项

清晰明了地列出向美方提出的请求协助事项，以及需要对证据进行认证等所有特殊要求。此外，根据协助事项的不同，还需要提供以下信息。

（1）证人证言。司法协助请求书应提供证人在美国境内的具体地址和联系信息，说明案件调查人员/公诉人是否会赴美调取证言，提出所需证人证言的具体议题，最好能列出可能向证人提出的问题，说明是否需要证人就证言宣誓等具体要求。如果该证人为犯罪嫌疑人或被指控人，司法协助请求需明确该证人依据请求国法律所享有的且取证前应被告知的任何权利（例如，保持沉默或聘用律师的权利）。

（2）书证。司法协助请求书应当列出所需的具体书证，以便美方能够便捷地提取，以及说明请求国需要对这些书证进行何种方式的认证。

（3）搜查和没收。根据美国法律，只能依据双边条约或国际公约提出请求事项时，才能颁发搜查令。颁发搜查令和没收令的前提是具有“合理依据”，即正常谨慎的人能够有正当的理由去相信所述地点很可能包含犯罪活动相关的证据或信息。司法协助请求书中应包含使人确信所搜查的证据能证明该刑事犯罪或找到犯罪所得或是非法财产的“合理依据”，以及能使人确信所搜寻的证据位于特定地点的合理证据。同时，请求书还应附上待没收物品的详细说明，提供待提取的特定时间段内通话记录或特定个人涉案财产的线索信息。除确保美方执法行动的正当性之外，还应当保证请求书中所含信息是准确、及时的。

（4）执行外国财产限制令。根据《美国法典》第28编第2467条，对于依据司法协助条约或《1988年维也纳公约》《联合国反腐败公约》《联合国打击跨国有组织犯罪公约》等特定国际公约提出的司法协助请求，美国可以执行外方作出的财产限制令。如要冻结在美财产，司法协助请求须依据双方司法协助条约或国际公约提出，并附有法院作出的限制令副本，限制令要明确列出需在美国境内限制的特定财产或限制被告人所有在美资产。如果司法协助请求书中所涉犯罪发生在美国境内，限制和没收涉案财产必须是基于依据美国法律适用没收财产处罚的罪行。

（5）执行外国没收令。根据《美国法典》第28编第2467条，对于依据双边司法协助条约或《1988年维也纳公约》《联合国反腐败公约》《联合国打击跨国有组织犯罪公约》等特定国际公约提出的司法协助请求，美国可以执行外方作出的没收令。如要罚没在美资产，司法协助请求须依据双边司法协助条约或国际公约提出，附有法院作出的没收资产终审判决书（不会再上诉）的一份认证副本、案情概述以及证明请求国已执行必要程序的一份宣誓书。宣誓书中所述程序包括向该财产所有利益相关人告知全部诉讼程序，并使其有足够时间主张对该财产的任何权利。在某些特定案例中，美国可能根据在美犯罪情况，对美国境内的物品进行罚没。

7. 标明任何特殊的保密要求

在美国，除另有要求外，所有法庭卷宗均属于公开档案。如果请求国特别要求保密并在请求书中说明原因，该司法协助请求可被列为保密事项。如未在请求书中说明，则不当做保密事项处理。值得注意的是，在美国，采取强制措施等特定情况下，即使请求国提出保密的要求，也可能必须在特定范围内予以公开。

8. 明确时间限制

如所提请求需要美方在一定时间内办理，请明确说明办理该请求的时限要求（确切日期），以及规定这些时限的原因（如法庭程序要求或调查时限要求等）。

9. 提供联系方式

在司法协助请求书中，列明熟悉案情的主要执法机构或公诉机关名称和联系电话。请求书可以列出一份清单，列明请求国国内熟悉该案件情况的关键执法部门/公诉机关名称及联系电话，以及提出请求书的中央机关名称和联系方式，以便进一步沟通情况。

10. 翻译

在美国，所有对美提出的刑事司法协助请求书都要求使用美国官方语言——英语。

11. 用途限制

如果美方是根据司法协助条约提供的信息，该信息的使用应符合该条约相关条款。如果美方不是根据条约提供的信息，美方提供的任何证据仅可用于请求书中所声明的特定用途。若需要将证据用于其他用途，请求国必须事先征得美方的同意。

二、向加拿大提出司法协助请求的程序和要求

（一）加拿大受理条件①

除双边条约要求外，通常情况下，加拿大不要求司法协助请求必须满足双重犯罪标准。但根据加拿大法律，需要强制执行扣押令和没收令的司法协助请求必须满足双重犯罪标准。

1. 基于条约或公约的请求。根据加拿大《刑事司法协助法》，加拿大在刑事案件调查到上诉的所有阶段都可以为请求国提供司法协助，包括查找外国嫌疑人下落、协助搜集证据、执行扣押令和没收令等。大多数情况下，加拿大法院下令采取强制措施（例如搜查令、强制提供陈述或证词）前，请求国必须向加拿大提供足够和清晰的信息，证明该犯罪行为已经发生，以及外国的调查/起诉与所寻求的证据或协助之间有关联性。

---

① 参见 G20 Mexico, *Requesting Mutual Legal Assistance in Criminal Matters from G20 Countries: A Step by Step Guide*, 2012. APEC, *Requesting Mutual Legal Assistance in Criminal Matters from APEC Economities: A Step by Step Guide*, Novermber 2014. 联合国毒品和犯罪问题办公室：《司法协助申请起草工具》（http://www. unodc. org/mla/index. html）和 http://www. unodc. org/unodc/en/legal – tools/international – cooperation – networks. html.

2. 外国法院出具的调查委托书。如果与加拿大尚无双边刑事司法协助条约或可适用的国际公约，外国仍然可以向加拿大申请需法院下令采取强制措施的协助。根据《加拿大证据法》，应外国政府的请求，法院可以下令强制证人作证（包括通过视频通话）和提交记录。但这必须满足两个基本条件：（1）外国法官、法院或审裁处正审理该刑事案件；（2）该协助请求必须由外国法官、法院或审裁处在调查委托书中提出，并说明所寻求的证据如何与该国诉讼程序相关。

3. 非条约性的请求函。在可能的范围内，加拿大也接受非条约性的司法协助请求，以及《加拿大证据法》规定之外的请求（即调查委托书）。然而，依据非条约性的请求函，一般能获得的协助是自愿性质的，例如，提取个人的自愿证词，获取公开文件或送达文件等。

（二）向加拿大提出司法协助请求的程序

1. 提出协助请求前咨询加拿大中央机关

建议外国请求机关在提出司法协助请求前，与加拿大中央机关取得联系，涉及重大案件的司法协助更应提前联系，以确保所寻求的协助根据加拿大法律可以获得，并能满足加拿大司法要求。

2. 确保协助请求与所调查的罪行相称

加拿大执法机构和起诉机构资源有限，请求国需考虑是否有必要搜集和提供相关证据。如果根据加拿大法律，执行该协助请求需动用大量资源，但所调查的罪行非常轻微，那么该请求可能不会被优先考虑。

3. 列明提出协助请求的法律依据

起草请求书时，首先要明确请求书所援引的条约、公约（《联合国反腐败公约》《联合国打击跨国有组织犯罪公约》《经合组织反贿赂公约》等）或其他合作依据。

4. 明确办案部门或公诉机关

明确该案件由什么机关负责调查和/或起诉。

5. 案情概述

详细说明正在调查或起诉的案件，包括所有支持该调查/起诉的证据情况。此外，还要提供以下内容：

（1）证人证言。如果需要获取证人陈述或证词，司法协助请求书应包括：证人的姓名、国籍和处所；证人在案件中的身份（嫌疑人/被告人或仅仅是证人）；明确解释需证人提供的信息如何与案件相关，以及证人是否会自愿提供陈述或证词（如知悉）。

（2）书证。如果需要书证，要列出书证的性质、位置以及与案件有关联性的原因，例如，如果需要获得银行记录或财务记录，要指出该记录的性质、有关金融机构的名称和地址、相关账号，以及这些记录如何能协助开展案件调查工作。

（3）搜查。如果需要获得搜查令，应解释为何有必要进行搜查，以及所要搜查获得的物品如何与案件相关。

（4）扣押和没收。如果请求扣押/没收犯罪所得，应说明认定财物属于犯罪所得的依据。换言之，应确保刑事案件与位于加拿大的财产收益之间存在明显的关联性。需要注意的是，嫌疑人正处在刑事调查和起诉过程中，并不足以成为限制其所有账户的理由，必须表明其涉嫌罪行与其加拿大账户或资产之间具有明显的关联性。

6. 明确适用的法律条款

逐字完整地列出所调查和/或起诉案件适用的请求国法律规定，包括适用的刑罚。

7. 明确协助事项

清晰明了地列出向加拿大提出的请求协助事项，以及需要满足的特殊条件（例如认证/鉴定要求）。此外，根据协助事项的不同，还需要提供以下信息。

（1）证人陈述/证词。请求书要列出所需证词/陈述的主题，如可能，最好列出向证人提出的问题。如果要求证人作出陈述，应说明是否需要宣誓/确认。此外，要说明案件调查人员或公诉部门官员是否希望赴加拿大与证人面谈，以及为什么需要这样做。

（2）书证。请求书要列出需要的具体文件，例如，如果需要银行记录，需同时说明是否需要签字页、开户声明、账户分类账卡、账户持有人联系方式等。

（3）搜查和扣押。请求书要列出实施搜查的精确地点和需要扣押的物品。值得注意的是，只有基于条约或公约提出司法协助请求，加拿大才能提供搜查和扣押协助。

（4）执行外国扣押令。只有外国根据条约或公约提出请求，加拿大才能扣押该犯罪所得。同时，该待扣押财产必须在请求国受到指控，且满足双重犯罪标准。建议请求国在请加拿大协助执行扣押令之前先联系加拿大中央机关，确保该请求符合加拿大的司法要求。

（5）执行外国没收令。只有外国根据条约或公约提供本国刑事法庭出具的没收令，加拿大才能根据加拿大法律执行该没收令。同时，该待没收财产必须在请求国受到指控，且满足双重犯罪标准。建议请求国在请加拿大协助执行没收令之前先联系加拿大中央机关，确保该请求符合加拿大的司法要求。

8. 明确特定的保密要求

在加拿大，司法协助请求书属于保密内容。但有时可能必须公开部分内容，特别是为提供协助需要采取强制措施时更是如此。因此，如果案件特别敏感，请求书中应明确指出保密的必要性和理由。

9. 说明需紧急处理的司法协助请求

说明加拿大处理该请求的时间限制，以及提出这些时限的原因，例如，法庭诉讼正在进行或调查程序有时间要求。如果请求国有时限要求，应列出确切的日期。

10. 提供联系方式

请求书应附上联系方式，列出请求国熟悉该案件情况的主要执法/公诉机关名称和联系电话。其中，应包括请求国中央机关的名称以及联系方式，以便加拿大中央机关与其进一步联系。

11. 翻译

加拿大要求向加提出的司法协助请求书使用加拿大的两种官方语言——英语或法语。

12. 用途限制

加拿大根据司法协助请求提供的任何证据，都只可用于请求书所声明的特定用途。如需将证据用于其他用途，必须事先征得加拿大的同意。

13. 说明媒体关注情况

提供该案件所获得的媒体关注情况，或该案件是否在请求国受到高度关注。

三、向澳大利亚提出司法协助请求的程序和要求

任何国家无论与澳大利亚有无双边刑事司法协助条约或国际公约，都可以提出司法协助请求。澳大利亚对政府间的司法协助请求不作区分，不管请求是通过条约、非条约提出的，还是通过“调查委托书”提出的。如果案件不满足双重犯罪标准，澳大利亚总检察长将根据澳大利亚在国际公约（如《联合国反腐败公约》）中的义务决定是否提供司法协助。澳大利亚中央机关可以直接接收外国中央机关的书面或电子版请求书。[①]

---

① 参见 G20 Mexico, *Requesting Mutual Legal Assistance in Criminal Matters from G20 Countries: A Step by Step Guide*, 2012. APEC, *Requesting Mutual Legal Assistance in Criminal Matters from APEC Economities: A Step by Step Guide*, Novermber 2014. 联合国毒品和犯罪问题办公室：《司法协助申请起草工具》（http://www.unodc.org/mla/index.html）和 http://www.unodc.org/unodc/en/legal-tools/international-cooperation-networks.html.

（一）司法协助请求类型

1. 基于双边刑事司法协助条约和国际公约提出的请求。基于双边条约或国际公约提出的司法协助请求，将按照有关条约/公约条款，依照澳大利亚 1987 年《刑事协助法》的规定执行。澳大利亚可以执行搜查令，获取在澳证人提供的证据（包括视频作证），安排证人提供文件或其他物品，经征得正在服刑的证人的同意，安排其赴国外作证，执行外国限制和没收犯罪所得的令状，以及证人自愿作证或送达司法文书。

2. 非基于条约/公约的请求。在没有签署双边条约/国际公约的情况下，澳大利亚也可考虑外国政府的任何司法协助请求。根据澳大利亚 1987 年《刑事协助法》，澳大利亚有权执行搜查令，获取在澳证人提供的证据（包括视频作证），安排证人提供文件或其他物品，经征得正在服刑的证人的同意安排其赴国外作证，执行外国限制和没收犯罪所得的令状，以及证人自愿作证或送达司法文书。

（二）向澳大利亚提出司法协助请求的程序

1. 考虑是否可提前通过非正式渠道获取所需信息或证据

在提出正式的司法协助请求前，外国执法机构应考虑通过非正式渠道（如警方对警方等机构间合作渠道）获得协助，因为通过非正式渠道可以更迅速地获得信息。通过机构间合作渠道，澳大利亚能够提供的协助事项包括：获取自愿证人的陈述，与自愿证人进行面谈，通过视频通话获取自愿证人的证词；接待在澳大利亚开展调查的外国警察；共享情报，获取犯罪记录，获取公开资料等。

2. 提交请求前先咨询澳大利亚中央机关

澳大利亚中央机关鼓励外国中央机关在提出司法协助请求前先进行联系，对于重大紧急案件尤其如此，从而确保所寻求的协助根据澳大利亚法律可以提供，且符合澳大利亚法律要求。澳大利亚中央机关愿意通过电话或电子邮件与请求方讨论澳方的要求，也可以提前审阅请求书草稿。

3. 明确提出协助请求的法律依据

提出司法协助请求的法律依据包括：任何双边司法协助条约或国际公约（如《联合国反腐败公约》《联合国打击跨国有组织犯罪公约》等）。如果无条约/公约依据，应在请求书中说明如果澳大利亚在类似情况下向请求国提出协助请求，请求国能否给予互惠待遇。

4. 明确办案机关或公诉机关

明确该案件由什么机关负责调查和/或起诉。

5. 案情概述

说明刑事案件的性质并提供案情概述。该案情概述应能证明本国调查或起诉的案件与所寻求的协助请求之间有明显的关联性。

案情概述应包含足够的信息以使澳大利亚进行双重犯罪标准评估，并提供证明调查和/或公诉机关认为有关证据位于澳大利亚以及有助于辨识犯罪嫌疑人的相关信息。

6. 列明适用的法律条款

提供与调查和/或公诉该犯罪相关的定罪和刑罚条款全文，包括所适用的刑罚。

7. 明确需澳方协助的事项

以明确的语言列明向澳大利亚提出的协助内容，以及必须满足的任何特殊程序性要求，例如，对请求提供的证据是否有特定的认证要求，或者向证人取证时是否必须遵循某些程序。

此外，根据所请求的协助事项的性质，还应提供以下信息：

（1）证人证言

——提供一份可能向证人提问的问题清单；

——说明被告或原告律师是否要询问或盘问证人（包括通过视频通话）；

——说明所提供的证据是否需要经过宣誓/认证；

——提供证人的所有个人资料（包括姓名、性别、国籍、住所、护照信息等）；

——说明证人在案件中的身份（嫌疑人/被告人，或仅仅是证人）；

——明确解释请证人提供的信息为什么与案件相关；

——如果可能，请说明证人是否可能自愿提供陈述或证词，或者是否需要进行相关安排以强制证人作证（值得注意的是，虽然一般可强制要求证人作证，但澳大利亚《刑事协助法》规定在澳大利亚不得强制要求嫌疑人作证）。

（2）书面证据

——如果可能的话，列出所需提供的具体文件；

——指出文件可能存放的地址；

——说明证据与案件具有关联性的理由；

——注明被告或原告律师是否希望询问或盘问提供文件的人（包括通过视频通话）。

（3）搜查和扣押

——具体说明需要扣押的证据；

——指明需要搜查的精确地点；

——指出需要采取搜查、扣押措施的理由；

——说明需要扣押的物品为什么与案件有关。

（4）执行外国限制令/没收令

以前，澳大利亚法律只允许执行加拿大、南非、英国、爱尔兰和美国的非定罪资产限制令或没收令。但根据澳大利亚《刑事协助法修正案》（2012 年 9 月 20 日生效），澳大利亚可以登记和执行任何国家发出的外国非定罪犯罪所得没收令，并能够代表任何国家寻求颁布基于非定罪裁定的临时限制令。

——提供一份官方认证的有关裁决的复印件；

——提供一份官方认证的涉案人判决书的复印件；

——列出与犯罪所得相关的法律条款（包括限制和没收财产的相关规定）；

——证明判决书和命令是终审裁定，不得再上诉；

——指出需要限制、冻结或执行令状所列资产地址和详细情况；

——提供将涉案人的罪行与其位于澳大利亚的资产关联起来的足够信息（包括资产转移证据或其他财务信息）；

——如果是罚金或债务方面令状，则应提供信息说明嫌疑人位于澳大利亚的资产是否处于嫌疑人的有效控制之下；

——说明任何第三方是否对嫌疑人在澳大利亚的资产拥有权益。

（5）提供已有的证据材料（即澳大利亚已在调查中依法获取的材料）

——指出寻求的具体证据材料；

——说明针对违反请求国法律的严重罪行（12 个月监禁以上）的诉讼程序是否已经开始，例如，犯罪嫌疑人是否已被起诉；

——指出该证据为什么与相关调查或起诉有关。

（注：澳大利亚中央机关鼓励外国执法机构提出正式请求之前，与澳大利亚联邦警署进行讨论，以获得相关材料。）

（6）组织联邦或州服刑人员赴国外为外国诉讼或调查作证

——说明对该刑事案件的诉讼是否已开始（例如，犯罪嫌疑人是否已被起诉），或者该案件是否仍然处于调查阶段；

——说明该服刑人员能够为请求国诉讼提供证据或为调查提供协助的理由；

——如掌握相关情况，说明该服刑人员是否同意为诉讼提供证据或为调查提供协助；

——指出为服刑人员提供安全通道的有关安排（请联系澳大利亚

中央机关商议合适的安排方式)。

(注：非服刑人员可自愿赴国外为外国调查或诉讼作证，并不需要提交司法协助请求。)

8. 标明任何特殊的保密要求

在澳大利亚，外国司法协助请求属于保密内容，但执行时可能需要在一定范围内公开。如果案件特别敏感，请求书中应明确列出保密的必要性和理由，例如，犯罪嫌疑人对司法协助相关的调查程序毫不知情。

9. 列明需要紧急处理的请求事项

请求书中应明确指出所寻求协助的时间限制，以及这些时间限制的原因，例如，法院诉讼即将开始或调查程序有时间限制。如果对该犯罪的起诉有法定期限，请提供具体日期。

10. 提供联系方式

请求书应附上一份清单，列出请求国的相关执法/公诉机关以及中央机关的名称和联系电话。澳大利亚中央机关倾向于用电子邮件与请求国沟通，以高效地推进各项工作。

11. 翻译

澳大利亚要求请求国最好提供英文的书面请求书。

12. 用途限制

澳大利亚根据司法协助请求书提供的任何证据仅可用于请求书中所声明的特定用途。如果请求国需要将证据用于其他用途，必须事先征得澳大利亚中央机关的同意。

四、向英国提出司法协助请求的程序和要求

英国在提供司法协助时，并不要求必须有双边条约或国际公约作为依据，也不要求必须满足互惠条件。一般情况下，英国对司法协助请求

不要求满足双重犯罪标准，但搜查、没收、扣押和罚没资产方面的请求须满足双重定罪标准。①

（一）英国中央机关

英国有三个司法协助中央机关：

1. 英国中央机构（UKCA）。英国中央机构负责处理向英格兰、威尔士和北爱尔兰地区提出涉及关税事务以外的其他一切请求，包括涉及走私物品的司法协助请求。向英国中央机构提交的请求书应通过邮政渠道寄送。

2. 苏格兰皇家检察院。皇家检察院处理所有向苏格兰提出的司法协助请求，向苏格兰皇家检察院提交的请求书可通过邮政渠道或电子邮件提供。

3. 英国税务海关总署（HMRC）。英国税务海关总署负责部分涉及关税的事务，包括英格兰、威尔士和北爱尔兰境内的间接税事务、烟酒走私和消费税欺诈等。向英国税务海关总署提交的请求书可通过邮政渠道或电子邮件提供。

（二）向英国提出司法协助请求的程序

1. 提交司法协助请求前可先获取警务情报

外国执法机构提出司法协助请求前，可通过警务合作渠道获取英国警方掌握的调查资料或有关情报，或利用其他情报共享网络获取情报，以提高司法协助请求的成效。

2. 确保请求协助事项与被调查罪行相称

英国警察部门独立运行，执行司法协助请求的资源有限，要确保请

① 参见 G20 Mexico, Requesting Mutual Legal Assistance in Criminal Matters from G20 Countries: A Step by Step Guide, 2012. 联合国毒品和犯罪问题办公室：《司法协助申请起草工具》(http://www.unodc.org/mla/index.html) 和 http://www.unodc.org/unodc/en/legal-tools/international-cooperation-networks.html.

求协助的事项与被调查罪行的严重程度成比例，并考虑请英国提供相关证据的必要性。例如，同样要求证人提供证言，如果一项涉及谋杀，一项涉及小型盗窃，谋杀案的协助请求将得到优先处理。

3. 列明请求书的联系单位和联系方式

司法协助请求书应使用提出方的专用信纸。信中应当含有提出方（司法协助中央机关）的详细信息，包括可供英方联络的人员姓名、电话号码、电子邮件（如有）。请求书必须由提出方签名确认。

4. 列明提出协助请求的法律依据

起草司法协助请求时，首先要明确据以提出请求的双边条约、国际公约(《联合国反腐败公约》《联合国打击跨国有组织犯罪公约》等）或其他合作依据。

5. 明确办案部门或公诉机关

明确该案件由什么机关负责调查和/或起诉。如有可能，请求书中应同时包含任何熟悉该调查的英国执法机构或官员的联系方式（也包括任何请求国所知晓的由英国开展相关行动的名称）。

6. 案情概述

对司法协助请求书中所涉案件事实进行概述，说明所调查或起诉的罪行。其中，要说明所请求的证据与请求书中所述案情的关联性，以及与英国的关联性。请求方不能简单地声称所需材料与案件相关，而是必须明确该司法协助为什么与案件相关，以及能否、如何推动案件调查起诉工作。

案情概述中需要的具体信息还包括：

（1）请求书中所提及人员（包括法人）的姓名（名称）、国籍、地址、出生日期/登记日期；

（2）需向其获取证据的公司或人员的地址；

（3）嫌疑人的姓名及所指控的罪名和刑罚；

（4）指明所需寻找人员的身份（证人或犯罪嫌疑人）。

7. 明确适用的法律条款

说明所调查或起诉的罪名以及相应的刑罚或判决。请求书应附有一份在请求国用于对该犯罪定罪量刑的法律条文，说明当事人在请求国所面临的刑罚和所享有的权利。

8. 列明需协助的具体事项

以明确的语言概述提请英国协助的事项内容以及认证等任何必须满足的要求。如果需要获取银行账单等证据，不能简单地列明需取得“银行账户记录”，需要列出所需银行记录的种类、日期等详细信息。

不同种类的司法协助所对应的要求各不相同，关于请求书的具体要求可参见英国中央机构的网站。英国可提供的部分协助事项目录如下：

（1）诉讼文件送达；

（2）无需进行宣誓的证人证言和嫌疑人供述；

（3）需要宣誓的证人证言；

（4）机密存储的第三方材料——电信通讯；

（5）机密存储的第三方材料——银行记录；

（6）以视频通话或电话为媒介的证据；

（7）资产限制与充公；

（8）搜查与没收；

（9）为调查案件、获取护照信息和移民状态等目的而暂时移送某位囚犯。

9. 标明任何特殊的保密要求

在英国，司法协助请求书本身属于机密。但在采取强制措施等特定情况下，必须公开某些内容。如果所提案件特别敏感，应在请求书中明确说明保密要求及原因。

10. 说明需紧急处理的司法协助请求

如果某请求非常紧急，请按以下原则处理：

（1）仅将真正紧急的请求标注为紧急请求；

（2）详细说明该请求为何具有紧急性。请求书比较紧急的可能原因包括：某人正处于被扣留羁押状态；某人即将获释；某些人面临直接威胁等；

（3）明确指出完成该请求的时限。

11. 说明媒体报道情况

提供该案件被媒体报道或关注的任何详细情况，或该案件在请求国获得广泛关注的理由。

12. 翻译

如果请求书原文未使用英语，必须提供一份英文版本，否则该申请会被退回。

对于以英语行文的请求书，必须提供一份经签署的打印稿以及一份副本。

对于未以英文行文的请求书，必须提供一份经签署的非英文打印原稿以及一份英语译稿。

13. 用途限制

英国根据司法协助请求书提供的任何证据仅可用于请求书中所声明的特定用途。若需要进一步使用相关证据，请求国必须首先获得英国的同意。

第四节　非正式（机构间）协助

在国际追逃工作中，非正式协助是指不同国家反腐败、警务、检务、金融情报、海关等执法机构之间，依据合作协议、谅解备忘录或以互惠为基础，相互提供执法信息或依法开展个案执法合作。这种合作简便易行、灵活多样、效率较高。例如，澳大利亚鼓励外国执法机构在提出刑事司法协助请求前，与联邦警署等澳执法部门联系。通过这种机构间合作渠道，外国执法机构在澳方协助下可以获取自愿证人证言、与自愿证人进行面谈或视频通话、共享情报、获取公开资料等。

一、非正式（机构间）协助的范围

（一）询问自愿作证的证人。如果证人同意作证，办案机关在境外执法部门协助下，可对该证人进行取证，或委托境外有关执法部门代为取证。一般情况下，取证后的证人证言需经过有关部门认证后才能用作法庭证据。

（二）接待外国执法部门来华或赴境外调查取证。2009 年，美国内华达联邦地区法院对中国银行广东开平支行案涉案人宣判，许超凡因犯有组织腐败犯罪、洗钱、跨州运输盗窃资金、护照欺诈、签证欺诈、婚姻欺诈等 6 项罪名，被判处有期徒刑 25 年；被告人许国俊以相同罪名，被判处有期徒刑 22 年；许超凡的妻子邝某因护照欺诈、签证欺诈、婚姻欺诈罪，被判处有期徒刑 8 年；许国俊的妻子余某因与邝某相同罪名，被判处有期徒刑 8 年。在该案办理过程中，中美双方频繁举行会议来协调行动并交换信息。美方派员来华取证时，中方司法、执法机关协助美方调取了该案的主要证据材料，包括提供长达 15 万页的证据材料，双方还首次开展中美远程视频作证。①

（三）调取出入境信息、居留（签证）信息、航班信息等案件信息。在不掌握外逃人员具体的外逃去向和境外身份信息时，可协调有关国家和地区执法或移民部门调取该外逃人员进出该国或地区时所持护照

---

① 法制日报:《中国外逃贪官首次在国外受审判重刑》, 2009 年 5 月 8 日, 转引自人民网http://politics.people.com.cn/GB/1026/9263621.html.

号、航班号、签证类型、是否入籍（获得永居）、居住地等信息。

（四）调取犯罪记录。国内外执法部门基本都拥有犯罪记录数据库。如果外逃人员曾涉嫌违法犯罪，可向有关国家和地区执法部门调取相关犯罪记录，了解外方调查、起诉进展情况。

（五）调取公共信息。在每个国家，公共信息的定义各不相同。办案机关可先了解和查询房产土地、保险、工商登记、法院判决书、起诉书、非法移民被羁押地和聆讯安排等是否属于公开信息，再向国外对口部门调取或通过其他合法途径获取。

（六）推动外方注销护照、签证。根据当地移民法律，如能证明外逃人员以欺诈手段或隐瞒境外严重犯罪事实，获得外国护照或签证，办案机关可提供有关证据和法律文书后推动外方予以注销。犯罪嫌疑人田某外逃加勒比海地区 A 国后，中方办案机关提供了其涉嫌国内犯罪及以欺诈手段获取该国护照的有关材料。2016 年 1 月，A 国签署行政命令，决定注销田某的 A 国护照，取消其国民身份，并将其列入不受欢迎人员名单。

（七）暂缓办理签证和拒绝入境。近年来，在二十国集团拒绝腐败分子入境机制下，一些国家主动向中方通报疑似涉嫌贪污贿赂犯罪人员办理签证、投资移民信息，请中方予以核实并暂停为其核发签证或办理移民。① 如外逃人员的中国护照已被依法注销，或涉嫌以虚假信息申请国外签证或护照，办案机关可请相关国家移民部门将该外逃人员列入禁止入境名单。

（八）边控。为防止外逃人员窜逃至第三国，可提请藏匿地国出入境部门将其列入边控范围。犯罪嫌疑人马某外逃中东地区 S 国后，中方

---

① 滕抒、曹雅丽：《加强国际合作　狠抓追逃追赃》，载《中国纪检监察》2016 年第 1 期。

协调S国警方将其列入边控黑名单，马某再次出境外逃时被成功抓获。

（九）金融情报交换。通过金融情报交换渠道，外国金融情报机构向我国提供了大量信息，有的是涉嫌通过赌博洗钱，有的是公职人员涉嫌转移贪污贿赂所得，有的是无法说明投资移民资金来源。例如，在对福建某房地产开发公司董事长黄某的追逃过程中，×国向我国移送了黄某在×国投资约750万元人民币并申请永久居留的情况。

二、反腐败、警务等执法调查部门之间的合作

（一）外国法律允许时，依据执法调查合作渠道直接缉捕和移交逃犯

1. 通过执法调查合作渠道向对方国家提出缉捕请求

在对方国家法律允许时，可由监察委员会、公安机关等执法调查部门通过机构间合作渠道，向对方提出缉捕和移交请求。提出请求时，要提前了解和满足对方有关要求，有针对性地提供法律文书和证据线索。下文是提交某国的请求书模板。

关于协助抓捕犯罪嫌疑人杨某的请求书

（虚构内容，仅供参考）

中华人民共和国××部向×国司法当局致意，现就缉捕中国在逃×国的涉嫌受贿、行贿案犯罪嫌疑人杨某向贵国提出协助请求。

一、犯罪嫌疑人杨某个人信息

犯罪嫌疑人杨某，男，中国公民，1970年1月1日出生于××省，护照号码：G11111111，现居住于×国×市。2005年5月5日，杨某因涉嫌受贿罪、行贿罪被中国××省××市人民检察院逮捕，同月24日因身体原因被取保候审。取保候审期间于2005年11

月 11 日逃往境外。2006 年 2 月 22 日××省××市人民检察院再次对其批准逮捕，并通过国际刑警组织对其发布红色通报，红通号码 A－2222/2－2006。

二、基本案情

据××省××市人民检察院 2006 年 2 月 11 日立案侦查，犯罪嫌疑人杨某在担任××企业集团负责人期间，于 2001 年 5 月利用职务之便收受贿赂 33333333 元人民币（约合 4864404 美元），向×单位负责人×行贿 555555.55 元人民币（约合 81073 美元），并将 22222222 元人民币（约合 3242936 美元）涉案资产转移到×国。杨某的行为触犯《中华人民共和国刑法》第三百八十五条、第三百八十六条、第三百八十八条、第三百八十九条之规定，涉嫌行贿、受贿罪。

三、适用法律

有关法律依据如下：

《中华人民共和国刑法》第八十七条　犯罪经过下列期限不再追诉：

（一）法定最高刑为不满五年有期徒刑的，经过五年；

（二）法定最高刑为五年以上不满十年有期徒刑的，经过十年；

（三）法定最高刑为十年以上有期徒刑的，经过十五年；

（四）法定最高刑为无期徒刑、死刑的，经过二十年。如果二十年以后认为必须追诉的，须报请最高人民检察院核准。

第八十八条　在人民检察院、公安机关、国家安全机关立案侦查或者在人民法院受理案件以后，逃避侦查或者审判的，不受追诉期限的限制。

被害人在追诉期限内提出控告，人民法院、人民检察院、公安机关应当立案而不立案的，不受追诉期限的限制。

第三百八十五条 国家工作人员利用职务上的便利，索取他人财物的，或者非法收受他人财物，为他人谋取利益的，是受贿罪。

国家工作人员在经济往来中，违反国家规定，收受各种名义的回扣、手续费，归个人所有的，以受贿论处。

第三百八十六条 对犯受贿罪的，根据受贿所得数额及情节，依照本法第三百八十三条的规定处罚。索贿的从重处罚。

第三百八十八条 国家工作人员利用本人职权或者地位形成的便利条件，通过其他国家工作人员职务上的行为，为请托人谋取不正当利益，索取请托人财物或者收受请托人财物的，以受贿论处。

第三百八十八条之一 国家工作人员的近亲属或者其他与该国家工作人员关系密切的人，通过该国家工作人员职务上的行为，或者利用该国家工作人员职权或者地位形成的便利条件，通过其他国家工作人员职务上的行为，为请托人谋取不正当利益，索取请托人财物或者收受请托人财物，数额较大或者有其他较重情节的，处三年以下有期徒刑或者拘役，并处罚金；数额巨大或者有其他严重情节的，处三年以上七年以下有期徒刑，并处罚金；数额特别巨大或者有其他特别严重情节的，处七年以上有期徒刑，并处罚金或者没收财产。

离职的国家工作人员或者其近亲属以及其他与其关系密切的人，利用该离职的国家工作人员原职权或者地位形成的便利条件实施前款行为的，依照前款的规定定罪处罚。

第三百八十九条 为谋取不正当利益，给予国家工作人员以财物的，是行贿罪。

在经济往来中，违反国家规定，给予国家工作人员以财物，数额较大的，或者违反国家规定，给予国家工作人员以各种名义的回扣、手续费的，以行贿论处。

因被勒索给予国家工作人员以财物，没有获得不正当利益的，不是行贿。

第三百九十条　对犯行贿罪的，处五年以下有期徒刑或者拘役，并处罚金；因行贿谋取不正当利益，情节严重的，或者使国家利益遭受重大损失的，处五年以上十年以下有期徒刑，并处罚金；情节特别严重的，或者使国家利益遭受特别重大损失的，处十年以上有期徒刑或者无期徒刑，并处罚金或者没收财产。

行贿人在被追诉前主动交待行贿行为的，可以从轻或者减轻处罚。其中，犯罪较轻的，对侦破重大案件起关键作用的，或者有重大立功表现的，可以减轻或者免除处罚。

四、犯罪嫌疑人杨某在×国的线索

根据已知线索，犯罪嫌疑人杨某在×国使用过的移动电话号码：00999 － 999999999、00999 － 0000000；邮箱：9999999 @gmail. com；居住地：×国×市×大街2号。

五、请求×国方面协助事项

1. 查明杨某当前是否在×国。如在×国，请尽快缉捕杨某并协助中方将其押解回中华人民共和国接受审判；

2. 协助查询杨某在×国购买房产、汽车等资产以及现金、存款、有价证券等财产情况。如有，请冻结（查封）并返还给中华人民共和国。

六、互惠承诺

中方承诺对贵国提出的类似请求依法给予互惠协助。

附件：1. 杨某照片

2. 杨某逮捕证

3. 国际刑警组织发布的杨某红色通报

中华人民共和国××部××局

2017年1月1日

2. 典型案例

江苏南通市地税局原副局长杨幸福于2015年4月退休。2016年12月2日，杨幸福得知检察机关正在调查其贪贿问题后，利用其办理的因私护照，出境滞留不归。在中央追逃办统一指挥下，江苏省检察院在获悉杨幸福藏匿于津巴布韦的线索后，迅速组成追逃工作组，飞赴津巴布韦。津巴布韦警方依法将杨幸福抓捕并移交给中方工作组押解回国，杨幸福外逃仅2个月即落网。①

山东鲁洁纺织厂负责人赵汝恒于2012年9月外逃加纳，2014年1月被批准逮捕。2014年12月，加纳警方收到中方协助请求后，同意对赵汝恒实施抓捕。2014年12月，加纳警方在加纳埃朱拉农业基地对赵汝恒实施第一次抓捕行动，但赵汝恒在加纳警方抵达半个小时前恰巧离开，此后赵如惊弓之鸟，去向不明。2015年5月，根据中方提供的位置线索，加纳警方对赵汝恒实施了第二次抓捕，但由于赵汝恒外貌变化太大，让他从眼皮底下溜走了。2015年6月初，中方派工作组抵达加纳，与加纳警方进行沟通交流，发现赵汝恒已经逃离加纳，去往邻国布基纳法索。2015年10月，侦查人员发现赵汝恒悄悄地从布基纳法索潜回加纳后，加纳警方收网出击，成功缉捕赵汝恒。②

---

① 江苏省追逃办：《南通地税局原副局长杨幸福近日被押解回国》，2017年3月26日，http://news.longhoo.net/2017/jsxw_0326/191462.html.

② 李鹍：《红通人员赵汝恒追逃纪实：3年逃亡路 青丝变白发》，2017年6月3日，中央纪委监察部网站http://www.ccdi.gov.cn/xwtt/201706/t20170602_100395.html.

（二）依据外国法律难以直接缉捕时，要通过执法调查合作渠道推动外方开展调查

1. 案发时请对方查询基本信息

对于刚发生的外逃案件，可以向外方提供简要信息，请有关国家查询外逃人员入境、居留、银行账户等信息，推动外方将其列入禁止入境范围。一般情况下，要尽可能第一时间向外方提供以下信息：

（1）个人信息，包括姓名（汉字和拼音）；出生日期；出生省份；曾用名、化名；所有护照号码和身份证号码；近亲属身份信息（含配偶和子女）；护照首页彩色复印件和其他照片；

（2）行程信息，包括出入境信息；

（3）案情概述；

（4）其他涉案人员信息；

（5）触犯了《中华人民共和国刑法》哪些条款；

（6）案件侦查机关（公安机关或检察机关等）；

（7）拘留证或逮捕证复印件；

（8）国际刑警组织红色通报复印件；

（9）在藏匿地国可能的资产总值；

（10）受害人的经济损失情况；

（11）嫌疑人联系方式（电话号码、电子邮箱、居住地址、所开办的公司等）；

（12）可能在藏匿地国的资产的具体信息，包括从中国汇往国外的银行记录，显示资金从中国转出的银行记录；

（13）中方对非法转移资金或跨境洗钱的调查情况。

2. 国内调查取得进展后向对方提供证据材料

对于已有一定调查基础的案件，可以通过非正式渠道向外方提供调查进展和证据情况，推动外方开展移民遣返、反洗钱调查、移民欺诈调

查等工作。

中方关于杨某案的证据目录

（模板）

第一部分　犯罪嫌疑人杨某身份信息

1. 护照信息
2. 照片
3. 指纹
4. DNA 信息

第二部分　相关法律文书

1. 立案决定书
2. 拘留证
3. 批准逮捕决定书
4. 逮捕证
5. 红色通报申请中英文对照件
6. 国际刑警组织红色通报

第三部分　相关法律条文

1. 刑法××条
2. 刑法××条

第四部分　案情报告（含中方调查进展）

第五部分　相关证据材料

1. 接报案笔录及报案单位报案书
2. ×××犯罪嫌疑人口供
3. ×××证人证言
4. 资金转账凭证

5. 账户及该账户盈亏情况

6. 现场勘查笔录

7. 鉴定报告

8. 其他证据材料

第六部分　杨某出逃出境记录

1. 2015 年 1 月 1 日前往×国出境记录

2. 2016 年 1 月 1 日前往×国记录

三、反洗钱机构之间的合作

截至 2017 年 6 月，我国已与韩国、俄罗斯、白俄罗斯、乌克兰、印度尼西亚、马来西亚、墨西哥、格鲁吉亚、吉尔吉斯斯坦、蒙古、中国香港、中国澳门、泰国、比利时、法国、哈萨克斯坦、尼泊尔、摩纳哥、马达加斯加、新西兰、波兰、荷兰、葡萄牙、南非、孟加拉国、阿根廷、美国、黎巴嫩、赞比亚、乌兹别克斯坦、柬埔寨、老挝、澳大利亚、以色列、阿富汗、意大利、芬兰等 46 个国家和地区签署了关于反洗钱反恐怖融资金融情报交流合作的谅解备忘录，双方可以基于互惠原则，在涉嫌洗钱及其他相关犯罪的信息收集、研判和相互协查方面开展实质性合作。

（一）美国金融犯罪执法局

美国金融犯罪执法局（Financial Crime Enforcement Network，FinCEN）成立于 1990 年，隶属于美国财政部，是美国的金融情报机构（FIU）。FinCEN 是一个连接起金融机构和执法机关的反洗钱情报网络，是行政型的金融情报机构。

根据美国《银行保密法》①《爱国者法案》② 等法律，FinCEN 通过接收和保存金融交易数据、分析并向执法部门移送相关数据以及与其他国家对口机构及国际组织建立全球合作关系来履行职责。

FinCEN 局长由美国财政部长委任并向主管恐怖主义及金融情报的财政部副部长报告工作。FinCEN 现有 300 多名员工，内设联络处、情报处、技术处、政策处、执行处和管理处。

FinCEN 的反洗钱情报是在整合金融领域、执法机关和工商业等信息基础上形成的。FinCEN 按照相互间签署的合作协议，访问美国各个执法机关所建立的执法数据库，获取执法信息；在市场上购买商业信息库，获得工商业活动信息；在接收金融机构等报告机构报告的基础上自行建立起金融交易数据库。为促进国内合作，FinCEN 的国内合作机构向 FinCEN 派驻有联络员，可根据授权及有关协议查询 FinCEN 数据库资料。

FinCEN 是埃格蒙特集团（Egmont Group Financial Intelligence Units of the World）的成员，同时也是该集团成员间信息交流安全平台——埃格蒙特集团安全网系统的运营和技术支持机构。FinCEN 加入了金融行动特别工作组（FATF）和亚太反洗钱组织（APG）。

（二）加拿大金融交易报告分析中心

加拿大金融交易报告分析中心（Financial Transaction and Reports analysis Center of Canada，简称 FinTRAC）成立于 2000 年，向财政部长报告工作，是加拿大的金融情报机构（FIU）。金融交易报告分析中心

---

① 《银行保密法》建立了现金交易报告制度，要求金融机构以特定形式进行现金交易报告。该法详细规定了 FinCEN 各种报告的细则。

② 《爱国者法案》主旨是全面反对和打击恐怖主义，并涉及金融反恐，即切断恐怖主义者的资金供给，主要内容是给金融机构赋予了额外的客户识别、业务禁止、情报收集和报告等义务。该法案还规定了 FinCEN 的职能定位以及权利、义务。

是典型的行政型金融情报机构，主要负责依法收集、分析、评估和披露信息以协助侦查和预防加拿大境内或者境外的洗钱和恐怖主义融资行为。

根据加拿大2001年《犯罪收益（洗钱）和恐怖融资法》（Proceeds of Crime（Money Laundering）and terrorist Financing Act），加拿大金融交易报告分析中心要接收下列主体的报告：

（1）金融机构；

（2）会计师；

（3）大不列颠哥伦比亚公证员；

（4）博彩业；

（5）贵金属交易商；

（6）保险业；

（7）货币服务业；

（8）房地产；

（9）证券业；

（10）加拿大边境管理局提交的跨境现金交易报告，执法部门以及公众提供的情报信息。

加拿大金融交易报告分析中心开展国际合作的前提是双方有条约或协议，以协议为基础可以同其他国家或国际组织对口部门开展情报合作，该协议可以由财政部长签署，也可以由中心自行签署。目前，加拿大金融交易报告分析中心已经与比利时、美国、英国、澳大利亚、墨西哥、意大利、巴巴多斯、荷兰、葡萄牙、韩国等国家和地区的近90家金融情报机构开展情报交流。加拿大金融交易报告分析中心已加入埃格蒙特集团，是金融行动特别工作组（FATF）成员。

（三）澳大利亚交易报告和分析中心

澳大利亚交易报告和分析中心（The Australian Transaction Reports

and Analysis Center，AUSTRAC）成立于1989年，既是澳大利亚反洗钱反恐怖融资的监管机构，又是金融情报机构（FIU），属于司法型的金融情报机构。

澳大利亚交易报告和分析中心承担反洗钱、反恐融资、反金融领域犯罪的职责，承担收集、保存、分析金融交易情报以及监测、甄别洗钱活动，协助执法、税收和国家安全机关履行职责，与相关执法、税收部门和国际对口机构开展金融信息交流合作。

澳大利亚交易报告和分析中心现有员工260多人，总部设在悉尼，在其他城市派设联络员。澳大利亚交易报告和分析中心除拥有自己的金融、法律、情报、计算机等方面的专家外，还有联邦警署、国家税务局等协作部门派驻的专业人员。

澳大利亚交易报告和分析中心与联邦警署、国家税务局、海关等国内相关机构共享一定程度的交易报告信息。目前，澳大利亚交易报告和分析中心与70多个国家和地区签署了金融情报交换协议，同时也参与埃格蒙特集团、反洗钱金融行动特别工作组（FATF）和亚太反洗钱组织（APG）等国际组织的多边活动。

（四）新西兰金融情报机构

新西兰金融情报机构的名称为“金融情报机构”（Financial Intelligence Unit，简称FIU），隶属于新西兰警察总署内的国家金融犯罪情报局，属于警务型FIU，主要职责是收集来自于银行和其他金融系统的可疑交易报告、跨境的大额现金交易报告和可疑财产报告。

新西兰1991年《犯罪收益法》是一部处理涉案资产的专门法律，主要内容包括没收在新西兰境内严重犯罪所得的收益，冻结和没收在新西兰境外犯罪所得的收益，以及根据他国协助请求，由总检察长批准将没收的资金全部或部分返还给请求国。2009年新西兰通过《反洗钱和反恐怖融资法案》，明确规定了金融情报机构的职责和权力。根据2009

年《反洗钱和反恐怖融资法案》，新西兰金融情报机构负责接收、分析并向执法部门提交跨境现金交易和财产报告。

新西兰金融情报机构下设战略分析和情报收集两个工作组。同时，为了加强国际情报交流，新西兰金融情报机构在华盛顿和伦敦派驻了高级警务官员。

新西兰金融情报机构工作人员不多，但由于它设置在警察局内部并由警监助理直接领导，能够方便地对全国警员进行调用。一方面，全国的警员均可访问计算机数据库，对可疑对象进行查询；另一方面，确定可疑对象之后，能够及时利用警力资源展开进一步的调查。这种警务型金融情报机构同时作为金融情报的管理者和使用者，实现了直接、高效的“无缝拼接”，保证了警务部门可以及时有效地利用金融交易信息。

新西兰金融情报机构根据接收的可疑交易、财产和跨境现金交易报告和其他辅助信息进行分析，并将分析后的结果移送给国内相关部门，主要包括各地方警署、新西兰海关、财产登记处、工商登记处、各监管部门、税务部门、警署联络办公室、国际刑警组织新西兰中心局以及其他政府机构。其中，新西兰金融情报机构和新西兰海关合作尤为紧密，共同监控大额跨境现金情况。

根据新西兰 1991 年《犯罪收益法》，新西兰警察总署内设了犯罪收益部门，专门从事财产调查等涉及金融犯罪的相关工作。新西兰金融情报机构通过向该部门提供情报协助其进行洗钱犯罪的调查工作。但新西兰法律规定，金融情报机构掌握的信息只作为情报使用，不可作为证据使用。

新西兰金融情报机构加入了埃格蒙特集团（Egmont Group）、反洗钱金融行动特别工作组（FATF）、亚太反洗钱小组（APG）。同时，它也通过国际刑警组织网络开展国际情报交流。

（五）埃格蒙特集团

埃格蒙特集团是全球反洗钱反恐融资领域的重要国际性组织。目前，埃格蒙特集团已拥有140多个金融情报机构成员，我国正在申请加入。

1995年6月9日，来自24个国家（地区）和8个国际组织的代表相聚在比利时布鲁塞尔的埃格蒙特商议建立反洗钱特别组织。美国金融犯罪执法局（FinCEN）与比利时、法国、荷兰及斯洛文尼亚等国（地区）金融情报机构（FIU）联合提议建立一个供各FIU通过互联网进行交流的安全网。经过法国、澳大利亚、荷兰及斯洛文尼亚等国FIU的成功测试，埃格蒙特安全网（ESW）在1996年美国旧金山全体会议上获得一致认可。1997年2月，美国、比利时、荷兰、英国及法国连通了埃格蒙特安全网。

埃格蒙特安全网（ESW）系统采用多重安保措施，以促进不同金融情报机构之间的反洗钱国际合作、交流与互助。埃格蒙特集团成员间达成一致，将埃格蒙特安全网（ESW）的使用限定在各金融情报机构成员之间，而且埃格蒙特安全网（ESW）的目的在于通过建立和巩固各成员间的全球交流网络来协调各FIU的境内和国际行动。

埃格蒙特安全网（ESW）自运行以来不断地更新和升级。埃格蒙特安全网（ESW）最初以英语、法语和西班牙语三种语言存储所有信息。随着埃格蒙特集团的迅速壮大及其文件记录数量的急剧增加，各成员同意埃格蒙特安全网（ESW）的修订版只提供英语版本。自从1996年ESW建立以来，FinCEN一直为埃格蒙特安全网提供大力支持和服务。

四、国际刑警组织框架下的合作

（一）国际刑警组织概况

国际刑警组织成立于1923年，现有190个成员国，是仅次于联合国的第二大政府间国际组织，也是全球最大的警察合作组织。作为世界上唯一的全球性警察组织，国际刑警组织在促进国际警务执法合作，打击跨国刑事犯罪，调查跨国恐怖活动、有组织犯罪、毒品、走私军火、偷渡、洗钱、计算机和网络犯罪以及贪污贿赂等案件中，尤其在协助各国开展跨国（境）追逃合作等方面发挥了重要作用，成为国际执法领域的主要合作平台之一。

国际刑警组织国家中心局是各成员国指定的负责国际刑警组织框架下国际执法合作事务的联系机构。通常国家中心局设置在各成员国警察总部，对外全权代表本国各执法机构参与国际刑警组织的活动。它既是各成员国的一个警察部门，依法承担本国的警察职能，又是国际刑警组织的法定机构，在国际范围内代表成员国履行联络和执法合作事务。我国的中心局设在公安部国际合作局。目前，国际刑警组织中国国家中心局已在北京、上海、广东、黑龙江、江苏、广西、吉林、湖北、四川等12 个省级公安机关设立地方联络机构，接通 I－24/7 通信系统。[①]

国际刑警组织开发和维护了一批关键数据库，涵盖了犯罪人员、指纹、照片、DNA、丢失和被盗旅行证件、通缉犯等多个领域，成员国可以快速、便捷查询大量犯罪信息。其中，犯罪人员数据库收录了 190 个成员国、各地区局及联合国科索沃特派使团（UNMIK）提供的 158194 条涉案人员信息。截至 2014 年，有效的“红通”对象为 73289 人。被盗和丢失旅行证件数据库共收录 169 个成员国、各地区局及联合国科索沃特派使团提供的数据。截至 2014 年，共有 45055039 条被盗遗失旅行证件信息，其中包括 21253117 条护照信息。

自 2003 年开始，国际刑警组织启用 I－24/7 通信系统。该系统是

① 四川法制报：《国际刑警组织中国国家中心局四川联络办挂牌成立》，2017 年 6 月 13 日，http://www.chengdu peace. gov. cn/system/20170613/000455254. html.

采用先进的加密技术，依托互联网建立的国际刑警组织专用网络，因其可以全天候、不间断地运行，因此被命名为I－24/7通信网络。其中，I代表国际刑警组织，24代表全天24小时，7代表一周7天。该系统具有广泛的服务功能，包括专业数据库的实时查询、国际通报的在线申请和查询、格式化信息服务、电子邮件服务、收集全球主要媒体有关国际执法合作和国际刑警组织的最新动态等。目前，国际刑警组织I－24/7全球通信网络已连接了全部190个成员国，保障各国进行24小时全天候通信和联络。

（二）国际刑警组织红色通报

国际刑警组织利用自身国际通报机制发布7种通报，向190个成员国警察部门共享重要警用信息，包括：红色通报（以逮捕证为依据，用于逮捕或临时性羁押以便引渡被通缉人员）、蓝色通报（用于定位或收集犯罪案件相关的人员身份或违法活动信息）、绿色通报（针对已实施犯罪行为并有可能在其他国家实施类似犯罪行为的人员，提供犯罪情报及犯罪预警信息）、黄色通报（帮助找寻失踪人员，特别是未成年人；帮助识别失去自我辨认能力的人员）、黑色通报（寻找无名尸体信息）、橙色通报（向警察部门、公共部门及其他国际组织发布可能威胁公共安全的危险物品、犯罪行为或事件的预警信息）、紫色通报（征集关于被通报人员作案手法、程序、犯罪对象、设备或躲藏地点等的信息）和国际刑警组织—联合国安理会特别通报（针对基地组织及塔利班组织、其人员或与其密切相关的组织、人员，协助联合国安理会1267委员会实施财产冻结、旅行禁令或武器禁运等强制措施）。

其中，红色通报（俗称“红色通缉令”）是国际刑警组织应其成员国请求发布的、唯一得到大多数国家认可、以引渡为目的的临时扣留嫌疑人的国际通报，也是国际刑警组织最著名的品牌。有关国家司法部门颁发的逮捕证或法庭命令是申请发布红色通报的法律基础。尽管由于社会制度和法律体系存在差异，各国对红色通报的法律地位规定不尽相同，但是红色通报已经成为引渡、驱逐境外逃犯的必备法律文书，其法律地位不断提高，成为普遍接受的一种认证文书和行动依据。我国许多逃犯在红通发布后被发现和缉捕。不少欧美国家难民申请的相关法律中已明确规定，凡是红通对象均不能申请难民。目前，在《关于引渡的欧洲公约》《西非国家经济共同体关于引渡的公约》《联合国关于引渡的条约范本》等相当数量的双边或多边引渡条约中，国际刑警组织都被视为传递临时羁押请求的官方渠道。这些法律文件都确认，国际刑警组织在紧急传送临时羁押令和引渡前的执法行动方面发挥着不可替代的作用。

（三）国际刑警组织框架下的国际执法合作

通过国际刑警组织渠道提出的国际合作请求可采取多种方式发出：

1. 国际刑警组织秘书处应一个成员国的请求发布国际刑警组织通知。在国际刑警组织能够发布的各类通知中，下列各项可能与引渡和司法协助请求密切相关：（1）红色通报，即旨在寻求锁定和逮捕一个人以便将其引渡的请求，并且这类请求在许多国际刑警组织成员国被视为引渡前临时拘留的合法依据；（2）蓝色通报，即旨在取得与涉嫌刑事侦查的人员相关的信息（比如，位置锁定、身份识别等）；

2. 通过直接由请求国向部分或全部国际刑警组织成员国发出并且在国际刑警组织数据库中记录的消息（可广泛散布的信息）；

3. 通过请求国与被请求国之间双边层次的信息交流发出请求。通过国际刑警组织 I-24/7 全球警用加密通信系统，可以与 190 个成员国开展案件交流合作。

1988 年，我国首次在国际刑警组织协助下，成功押解潜逃国外的犯罪嫌疑人回国。福建省外贸总公司驻多哥公司经理胡正光、副经理杨苑琛携 300 多万美元潜逃并在当地藏匿。经国际刑警中国中心局与多哥警方联系，多哥警方根据我国的逮捕令将胡、杨二人缉捕羁押并协助联络从法国转机事宜。多哥还派警官协助中方将二人顺利押解回到中国。这为我国与尚无引渡条约的国家警方合作追捕和押解在逃人员回国，提供了宝贵的经验。①

（四）关于红色通报的注意事项

1. 条件成熟时要尽早申请发布红色通报。犯罪嫌疑人韩某于2015年11月逃往加拿大。2016年6月15日，办案机关通过国际刑警组织中国中心局申请国际刑警组织对韩某发布红色通报。10月2日，韩某入境安提瓜和巴布达时，被当地警方依据红通抓获并派员将其押解回国。②

2. 要把红色通报等尽快通知对象国。犯罪嫌疑人彭某、倪某外逃后，2016年3月17日，国际刑警组织对其发布红色通报。公安部“猎狐”行动办立即请我驻外使馆、驻外警务联络处协调有关国家执法部门对彭某、倪某进行布控，同时指导办案单位密切掌握在逃嫌疑人动态信息。2016年3月23日，彭某、倪某在韩国被缉捕并遣返回国。③

3. 注意研究不同国家对红色通报的特殊要求。如，在法国，国际刑警组织红色通报的通缉对象不能自动进入法国执法部门的追逃人员名单，需要经过司法部门的审核。因此，通过国际刑警组织渠道进行的线索调查和涉及法国和欧洲的国际刑警红色通报，应当通报法方并跟进协调处理。法国对案件追诉有3年的时效规定，对于所有红色通报的对

---

① 孙杨：《解密国际通缉令里的中国贪官》，载《凤凰周刊》2014年第33期。中国新闻网：《习近平访美前夕　美国首次向中国遣返“红通人员”》，2015年9月18日，转引自http:news. ifeng. com/a/20150918/44686720_0. shtml.

② 新华网：《公安部公布2016年“猎狐行动”二十大经典案例》，2017年3月25日，http://news. xinhuanet. com/politics/2017 03/25/c_1120694646. htm.

③ 新华网：《公安部公布2016年“猎狐行动”二十大经典案例》，2017年3月25日，http://news. xinhuanet. com/politics/2017 03/25/c_1120694646. htm.

象，每 3 年需向法方提供一份案件仍在继续侦查的书面说明。

4. 妥善应对死刑问题。对于一些已废除死刑的国家，如果红色通报缉捕对象涉及死刑，在请求外方采取搜查和追捕行动前，中方很可能需要作出不判处死刑或不执行死刑的书面承诺。

第四章　国际追逃的证据要求

在跨境追逃尤其是从西方国家追逃过程中，证据是整个追逃工作的核心，是揭露犯罪、证实犯罪、惩罚犯罪的根本保证。跨境追逃时，要详细了解和遵循对方国家的证据要求，及时转变侦查重点，增强证据的合法性、可采性和证明力。

第一节　如何快速获取境外线索信息

由于逃犯人在境外，资产也在境外，在追逃工作中，及时快捷地获得案件线索信息十分关键。办案机关要善于利用多种渠道搜集公开信息，通过执法合作和情报交换渠道获取执法类信息。

一、境外公开信息

在国外尤其是欧美国家，信息公开方面的法律比较发达，利用公开渠道可以获得不少案件线索信息。

（一）查询房地产交易信息。在美国，通过 ZILLOW 等房产类商业网站可以查询房地产基本信息，如需详细信息可到各地政府网站上查询。例如，在纽约市政府的网站 www. nyc. gov 上，通过“城市自动登记信息系统”（ACRIS），可以查询1966年以来的纽约市全部五个区的房屋相关记录，在ACRIS查询选项里面，既有“按姓名查询”，也有“按地址查询”。但各地情况不同，有的地方房产信息只能“按地址查询”。

（二）查询公司登记信息。关于公司登记信息，既可以通过商业网站查询，也可以通过政府网站获得。例如，美国有的网站可以查询到全美国的公司基本信息，详细信息还可以到各州政府网站查询。中国香港地区、澳大利亚、新加坡、英属维尔京群岛等绝大部分国家和地区的公司登记信息都能通过网上查询获得。

（三）查询人员下落。在美国，通过移民海关执法局的被关押者定位系统①，可以查询到被羁押人员的具体位置。既可以根据外国人9位数（不足9位数在数字前面加0）编号和出生国家查询，也可以根据姓名、出生国家和出生日期查询。

（四）查询法律纠纷情况。在美国，除通过最主要的两大法律数据库LexisNexi和Westlaw查询外，法院电子记录公共访问系统数据库也包含美国联邦地方法院、上诉法院及破产法院已审理和待审理案件的相关信息。

（五）查询遣返进程。在美国、加拿大等国，移民法庭一般都会公布庭审安排。如果案件进入联邦法院程序，只要不涉及秘密和个人隐私，联邦法院均在其网站上公布每起案件每个阶段的案件性质、案件进展和裁定结果等情况。

（六）跟踪研判舆情。国外媒体产业比较发达，有的媒体对受关注案件进行深挖细查，广泛采访国外知情人员和执法官员。通过跟踪、分

---

① 美国移民海关执法局在押人员在线查询系统，网址https://locator.ice.gov/odls/homePage.do.

析和研判境外舆情，可以从中获取一些有价值的情报信息，为印证从其他渠道获取的情报信息、分析外逃人员的心态变化及了解外方调查进展等提供帮助。

二、商业途径查询

美国、加拿大等国商业网站和商业调查公司众多，可以依法提供大量的付费信息查询服务。

（一）查询个人信息。美国 INTELIUS、FamilyTreeNow、Spokeo、Intelius、Whitepages 等公司网站都提供关于个人信息的公开记录或其他信息。其中，INTELIUS 是一家专门提供个人背景信息的商业公司，提供商业背景调查和身份识别。FamilyTreeNow 除个人提供的信息和第三方数据外，还通过分析浏览器数据分析个人信息。Spokeo 整合了电话白页、公共记录和社交网络信息。此外，通过 Anywho、Addresses 等网站，也可以获得查询对象的电话、地址等信息。

（二）查询犯罪记录。在美国，InstantPeopleCheck 网站提供美国犯罪记录查询和背景查询服务，可以通过人名、电话等信息查询是否存在联邦犯罪记录。Casebreakers 网站提供背景查询、犯罪记录和公共记录查询。

（三）查询公共记录。公共记录一般都存放在政府部门或政府网站上，专业的商业公司经验丰富，查询效率更高。例如，在美国，房产土地信息一般以县为单位进行登记，专业的商业公司可以县为单位快速查清查询对象在某一个州的房产交易信息。

三、境外执法机构依职权调取

不同国家和地区执法机构之间开展合作时，如果双方签署了合作协议或谅解备忘录，或对方国家法律有授权，或双方正联合侦办案件，一般都可以分享案件线索情报。

（一）公开信息。外国执法机构一般可以随时提供可以公开获得的信息，如政府公开信息、网上公开信息或其他公开信息。

（二）执法信息。外国执法机构可以根据协议或基于互惠，提供犯罪嫌疑人的居住信息、出入境记录、当地身份状态、犯罪记录等执法部门内部掌握的信息。

（三）隐私保护信息。在有的国家，如调取银行账户、通信记录等隐私信息，需当地法官批准。如果需要调取这些隐私保护信息，或进行住所搜查、资产冻结、羁押等强制措施，需通过正式的司法协助渠道办理。

值得注意的是，利用执法合作渠道交换案件信息，是一种内部合作方式，对外界（包括其他政府部门）应严格保密。

四、举报信息

犯罪嫌疑人鲁某、翟某于 2003 年 3 月外逃。2006 年 5 月，有人举报鲁某、翟某使用购买的几内亚比绍假护照掩盖真实身份，藏匿于肯尼亚首都内罗毕，并以开设赌场为生。2007 年 2 月 7 日，根据其他举报信息，经协调泰国警方，鲁某、翟某乘坐航班前往泰国时被泰方逮捕。第二天，鲁某、翟某被押解回国。

2015 年我国公布“百名红通人员”名单后，国内外民众踊跃举报，有的涉及逃犯下落，有的涉及资产信息，有的涉及移民造假。截至2017年6月，中央纪委监察部网站收到涉及“百名红通人员”60多人的举报。中央追逃办有关负责人表示，很多举报线索具有很高的可查性，对深入开展追逃追赃工作意义重大。如在孙新、郭廖武、赵汝恒等“百名红通人员”案件中，相关举报线索就发挥了重要作用。①

五、“中间人”转述

此类中间人主要是外逃人员的亲属、朋友、生意伙伴、同事、邻居、老乡、重要关系人等。通过“中间人”，可以了解外逃人员的生活状态、心理状态和工作状态，传递政策信息。

六、境外金融账户信息查询

（一）金融情报交换。截至2017年6月，我国反洗钱监测分析中心已与美国、澳大利亚、新西兰、中国香港地区等46个国家和地区签署金融情报交换协议，可以相互开展反洗钱金融情报交换。

（二）通过警务等合作渠道查询。在签署合作协议情况下，外国执法部门可以代为查询涉案人银行账户信息。在联合调查案件时，双方执法机构往往可在不提出刑事司法协助请求的情况下，直接交换已掌握的涉案金融账户信息。

（三）通过刑事司法协助渠道查询。提出刑事司法协助查询请求，是比较正式的渠道。如需将该金融账户信息作为法庭证据，必须通过刑

---

① 王少伟：《海内外信访举报作用大 百名红通人员有60余人被举报》，载《中国纪检监察报》2017年6月29日。

事司法协助渠道提出。

七、税务信息交换

我国《国际税收情报交换工作规程》① 规定，我国享有从缔约国取得税收情报的权利，也负有向缔约国提供税收情报的义务。情报交换应在税收协定生效并执行以后进行，税收情报涉及的事项可以溯及税收协定生效并执行之前。情报交换的类型包括专项情报交换、自动情报交换、自发情报交换以及同期税务检查、授权代表访问和行业范围情报交换等。

2015 年 12 月 17 日，我国签署了《金融账户涉税信息自动交换的多边政府间协议》（Multilateral Competent Authority Agreement on Automatic Exchange of Financial Account Information，以下简称“《协议》”）。目前，欧盟全体成员国等 100 多个国家和地区已经承诺依据《协议》，自 2017 年 9 月和 2018 年起自动交换金融账户涉税信息。② 自动交换的税务信息包括：姓名、地址、出生日期和地点、账号、税务登记号码、账户所在的金融机构的名称、年末账户余额和价值等。③ 按照计划，2017 年 9 月起，英国、德国、法国、意大利、卢森堡、芬兰、葡萄牙、西班牙、塞浦路斯、希腊、比利时、英属维尔京群岛、开曼群岛等 54 个国家和地区，将把我国个人及其控制的公司在当地开设的银行账户信

---

① 转引自商务部网站http://www. fdi. gov. cn/1800000121_23_63039_0_7. html.

② 经合组织新闻稿 OECD launches facility to disclose CRS avoidance schemes; over 1800 relationships now in place to automatically exchange CRS information between tax authorities, May 5, 2017, http://www. oecd. org/tax/exchange - of - tax - information/crs - avoidance - schemes - disclosure - facility - over - 1800 - exchange - relationships. htm.

③ 经合组织网站http://www. oecd. org/ctp/exchange - of - tax - information/Automatic - Exchange - Financial - Account - Information - Common - Reporting - Standard. pdf.

息主动通报给我国税务机关。[①] 自 2018 年起，加拿大、澳大利亚、新西兰、瑞士、阿联酋、圣基茨和尼维斯、中国香港地区、中国澳门地区等 48 个国家和地区，将把我国个人及其控制的公司在当地开设的银行账户信息主动通报给我国税务机关。

第二节 国外证据规则

在外国，尤其是在英美法系国家，由于证据法比较发达，刑事证据规则较为完善。在大陆法系国家，证据法规范比较细致，操作性比较强。随着经济社会的发展，两大法系国家的证据法基本都遵循相似的证据规则。

一、不强迫自证其罪规则

目前，绝大多数国家在刑事诉讼立法中都规定了“不强迫自证其罪”规则。美国的不强迫自证其罪特权源于《美国联邦宪法修正案》第 5 条的规定，任何人在任何刑事案件中，不得被强迫为对己不利的证人。《日本宪法》第 38 条规定，不得强迫任何人做出对自己不利的供述。德国《刑事诉讼法》第 55 条规定，每个证人均可以拒绝回答有可能给自己、给第 52 条第一款所列的亲属成员中的一员造成因为犯罪行为、违反秩序行为而受到追诉危险的那些问题。不强迫自证其罪规则主要是赋予犯罪嫌疑人或被告人沉默权，在侦查阶段或法庭庭审阶段，犯

---

① CRS By Jurisdiction, OECD, https://www.oecd.org/tax/automatic-exchange/crs-implementation-and-assistance/crs-by-jurisdiction/#d.en.345489.

罪嫌疑人或被告人可以保持沉默，除非其愿意，他可以拒绝回答问题。[①]

但是，为了应对日益严峻的犯罪，不少国家的法律对不强迫自证其罪规则进行必要的限制，对沉默权作出例外性规定，目的是在打击犯罪与保障人权之间寻求平衡。如英国是沉默权的发源地，但英国于1988年颁布了专门适用于北爱尔兰地区的《刑事证据法令》，对犯罪嫌疑人和被告人的沉默权加以限制。[②] 英国《1994年刑事审判与公共秩序法》第35条第3款规定，法庭或陪审团在决定被告人是否犯有被指控的罪行时，可以从被告人未能作证或者无正当理由拒绝回答问题的情形得出适当推论。[③] 在美国，虽然米兰达规则的目的是为了防止警方侵害嫌疑人的不得强迫自证其罪特权，但在基于公共安全或者抢救被害人等情况下，警方可以不遵守米兰达规则，所获口供依然具有可采性。[④]

二、非法证据排除规则

非法证据排除规则是指通过非法手段和方法获取的证据不得作为证据使用，排除非法证据适用是法治国家的基本要求。在德国，非法证据排除是通过证据禁止的相关理论和法律规定实现的，证据禁止包括证据提出的禁止和证据使用的禁止，其中发挥证据排除功能的主要是证据使

---

① 李富成：《刑事证据规则的一般性规定与例外性规定》，载《中国刑事法杂志》2016年第5期；左卫民：《取向与框架：两大法系刑事证据法之比较》，载《中国法学》2001年第5期。

② 何家弘主编：《外国证据法》，法律出版社2003年版，第79页。

③ 何家弘、张卫平主编：《外国证据法选译》（增补卷），人民法院出版社2002年版，第302页。

④ 宋英辉、汤维建主编：《证据法学研究述评》，中国人民公安大学出版社2006年版，第255页。

用的禁止，它禁止法庭考虑某些特定的证据。在日本，1978 年之前，相关判例肯定了非法搜查、扣押的证据具有证据能力，但 1978 年之后，最高法院在判例中开始采用非法收集证据排除规则。①

目前，不少国家都对非法证据排除规则规定了一些例外情况。美国的非法证据排除规则通过判例创设了因果关系减弱的例外、必然发现或不可避免的例外、善意的例外、独立来源的例外。德国有如下几项例外：（1）若非法取证未影响被告人权利，则被告人不得主张排除证据；（2）如果根据情况，可能存在合法的取证手段，法庭就会采纳证据；（3）如果排除证据不会促进被违反的规则目的的实现，就不会排除证据；（4）排除证据不得与发现事实真相的最高利益冲突。日本的非法证据排除也存在如下例外：（1）不可避免发现的例外；（2）善意的例外；（3）非重大违法的例外。日本的法院判例认为，“重大违法”是指对犯罪嫌疑人人身自由使用有形力，下列情况不属于“重大违法”：违法程度轻微，特别是可以紧急羁押但侦查程序上有错误；侦查人员没有违法意图；没有使用强制力。②

三、传闻证据排除规则

在普通法系，传闻证据是指在审判或讯问时作证以外的人所表达或作出的陈述，包括当庭作证之证人以外的人所作的主张以及向法庭出示的书证中包含的书面证人证言、询问笔录等主张。在英美国家，除非法律另有规定，传闻证据通常不得采纳。英美国家的陪审制是排除传闻证据规则的现实基础，因为传闻证据无法使陪审团成员直接感知陈述人的

① ［日］田口守一著，刘迪等译：《刑事诉讼法》，法律出版社 2000 年版，第 242 页。

② 刘广三主编：《刑事证据法学》，中国人民大学出版社 2017 年版，第 93 页。

态度、表情、姿态等情况，无法对案件形成鲜活的印象和判断。传闻证据存在复述不准确或伪造的可能，且未经宣誓提出，又不受交叉询问，不利于发现案件真实。基于传闻证据的缺陷，多数国家的立法都排除其适用。在欧洲，传闻证据排除规则已在大陆法系国家广泛适用。德国《刑事诉讼法》第250条规定，对事实的证明如果是建立在一个人的感觉之上时，要在审判中对他进行询问；询问不允许以宣读以前的询问笔录或书面证言代替。

美国传闻证据排除规则也存在如下例外：反对自己利益陈述的例外；宣誓的例外；品格证据的例外等。① 在德国，《刑事诉讼法》区分不同情况：一是对于由侦查法官询问（讯问）形成的笔录，如果被询问（讯问）人因死亡、患有精神等重大疾病、不能查找到其居所等原因，不能参加法庭庭审时，允许以法官询问（讯问）笔录代替庭审时的陈述。二是对于由侦查法官以外的主体制作的询问（讯问）笔录，在被告人同意且有辩护人（律师）在场协助，证人、鉴定人或共同被告人已经死亡，或由于其他原因近期内法院不能对他进行询问（讯问）时，才能宣读询问（讯问）笔录。三是对于传唤、询问（讯问）等与判决不直接相关的事项，可允许以宣读的询问（讯问）笔录作为直接证据。②

四、最佳证据规则

最佳证据规则是适用于有关文书内容的证据规则，即原始文字材料

---

① 史帝文·L. 伊曼纽尔著：《证据法》，中信出版社2003年版，第23页。

② 李富成：《刑事证据规则的一般性规定与例外性规定》，载《中国刑事法杂志》2016年第5期；左卫民：《取向与框架：两大法系刑事证据法之比较》，载《中国法学》2001年第5期。

（包括录音、录像、摄影材料等）作为证据，其效力优于它的复制品，因而是最佳的，故有人称其为“原始文书规则”。最佳证据规则最重要的原理在于，对于一份文书而言，即使是极细小的用语上的差别，也通常具有重要的意义。

根据美国《联邦证据规则》第1001条的规定，文书或记录的原件是指该文书或记录本身，或者签署或执行该文书或记录者意图使其具有与该文件或记录相同效果之文书；照片的原件包括照片的底片或者由底片冲洗出来的照片；对于储存于电脑或类似设备的资料，任何能够准确反映该资料的打印品或其他输出物，均属于原件。因此，最佳证据规则并不要求在所有情况下都必须提交原件，例外情形包括当事人对副本或复制件无争议、原件已丢失或损毁、原件掌握在对方手中、原件掌握在第三人手中、官方记录和其他例外情况。①

五、证明责任分配规则

举证责任的分配可追诉到古罗马时期的“谁主张、谁举证”。从当今各国对刑事诉讼举证责任的分配看，基本都是由控方承担举证责任，被告人在刑事诉讼中不承担证明自己有罪的责任。在刑事诉讼中，被告人不证明自己有罪是绝对的，但在特定情况下，被告人要承担证明自己无罪的责任。

英国不少法规都规定了举证责任的例外。《1916年防止贪污法》第2条规定，依据《1906年防止贪污法》或《1889年公共机构贪污法》所规定之罪被起诉的公务员，其收受金钱、礼物或其他报酬，若无反

---

① 李富成：《刑事证据规则的一般性规定与例外性规定》，载《中国刑事法杂志》2016年第5期；左卫民：《取向与框架：两大法系刑事证据法之比较》，载《中国法学》2001年第5期。

证，经证明该金钱、礼物或其他报酬来自于公务员所属机关缔约或期待与之缔约之相对人，该金钱、礼物或其他报酬应推定为贿赂。[①]

根据美国证据法，对于下列情形，被告人负有举证责任：提出自己患有精神疾病，不宜接受审判；如果制定法规定，在没有合法授权、正当理由、特殊情况或例外情况下，实施某行为就是非法，那么被告方就有责任举证说明存在合法的授权、正当理由、特殊情况或例外情况；被告方力图推翻制定法推定的事实时，负举证责任。在法国，被告人对以下情况负举证责任：被告主张其有正当抗辩理由；存在涉及不可归责于当事人的事由；被告人为摆脱其责任，援引足以使犯罪事实不存在的事实，被告人对此事实负举证责任。[②]

六、无罪推定原则

贝卡里亚在《论犯罪与刑罚》一书中最早提出现代意义上的无罪推定理论："在法官判决之前，一个人是不能被称之为罪犯的。"贝卡里亚提出无罪推定的目的主要是为了遏制刑讯逼供，保障犯罪嫌疑人的权利。从法律上最早规定无罪推定是法国的1789年《人权宣言》，其第9条规定"任何人在其未被宣布为有罪之前应被推定为无罪"。1948年联合国大会通过并颁布的《世界人权宣言》第11条第1款规定："凡受刑事控告者，在未经获得辩护上所需的一切保证的公开审判而依法证实有罪以前，有权被视为无罪。"

无罪推定原则强调控方承担证明被告人有罪的责任，如果控方不能

---

① 李富成：《刑事证据规则的一般性规定与例外性规定》，载《中国刑事法杂志》2016年第5期。

② 卞建林主编：《刑事证明理论》，中国人民公安大学出版社2004年版，第201页。

证明被告人有罪，则推定被告人无罪。但是，无罪推定原则并不反对在特定情况下，对被告人推定有罪。《美国法典》第3487条规定："任何负责保管、移转或交付公款的人，不论在职与否，在其收受或占有美国公款时也不问其根据何种资格，而拒绝支付联邦政府审计局所要求其支付美国公款的任何汇票、付款命令书或授权书者，或经有权官员的合法要求，而拒绝移转或支付上述任何公款者，在审理这些人贪污罪公诉时，其拒绝支付应被认为是贪污罪的初步证据。"①

第三节　引渡的证据标准

司法实践中，准备、撰写、提供和审查证据是不同法系国家之间开展引渡合作的最大挑战。② 在引渡案件中，一般情况下，大陆法系国家通常要求提供逮捕证和罪行描述；英美法系国家除要求提供逮捕证外，还需要实际证据，引渡证据要求相对较高。各国在审查引渡请求时，一般采用以下三种证据标准。

一、"零证据"标准

这是一种形式要件审查标准，不要求请求引渡国提供证据材料，只要求请求引渡国提供对被请求引渡人签发的逮捕令以及案情概述、适用刑罚。中国与白俄罗斯、俄罗斯、保加利亚、罗马尼亚、哈萨克斯坦、蒙古、吉尔吉斯斯坦、乌克兰、乌兹别克斯坦、韩国、菲律宾、秘鲁、

---

① 何家弘、张卫平主编：《外国证据法选译》（增补卷），人民法院出版社2002年版，第94页。

② 联合国毒品与犯罪问题办公室编：《司法协助与引渡手册》，2012年版，第47页。

突尼斯、巴西、老挝、阿联酋、阿塞拜疆、立陶宛、西班牙、法国等缔结的双边引渡条约采用“零证据”标准。2002 年 2 月 27 日，最高人民检察院向俄罗斯总检察院提出引渡犯罪嫌疑人王德宝，由于俄方采用“零证据”标准进行审查，同年 4 月 30 日，王德宝被引渡回国，整个引渡过程仅耗时约 2 个月。①

2007 年《中华人民共和国和法兰西共和国引渡条约》第 8 条“请求和相关文件的提交”规定，一、引渡请求应当以书面形式提出，并且包括：（一）对于所有引渡请求：1. 请求机关的名称；2. 引渡请求所针对的案件事实的说明，包括说明行为发生的时间、地点、后果，该行为的定性，以及指明适用的法律条款，包括有关时效的条款；3. 有关该项犯罪及其刑事管辖权、定罪、刑罚和时效的法律规定文本；4. 被请求引渡人的姓名、年龄、性别、国籍、身份证件、职业、住所地或者居所地等请求方已经掌握的、可能有助于确定被请求引渡人身份和所在地点的所有资料；如有可能，有关其外表的描述、该人的照片和指纹。（二）对于为进行刑事诉讼而提出的引渡请求：请求方主管机关签发的逮捕证的原件或者经证明的副本。如果该逮捕证不是由法院、法官或者检察院签发的，则必须附有上述机关授权逮捕的决定的经证明的副本。（三）对于为执行刑罚而提出的引渡请求：1. 已经发生法律效力的判决书的原件或者经证明的副本；2. 关于所判刑期以及尚需执行的剩余刑期的说明。二、引渡请求和所附文件应当由请求机关签字和盖章。

2005 年《中华人民共和国和西班牙王国引渡条约》第 7 条“引渡请求及所需文件”规定，一、请求应当以书面形式提出，并且包括或者附有：（一）请求机关的名称；（二）被请求引渡人的姓名、出生日

---

① 人民网：《中俄司法引渡第一案　疑犯吓得数度小便失禁》，2003 年 6 月 13 日，http://www.people.com.cn/GB/shehui/1062/1913911.html.

期、年龄、性别、国籍、身份证件、住所地以及其他有助于确定被请求引渡人的身份和可能所在地点的信息；（三）有关案情的说明，包括犯罪行为及其后果的概述；（四）有关该项犯罪的刑事管辖权、定罪、刑罚的法律规定；（五）有关追诉时效或者执行判决期限的法律规定。二、除本条第一款规定外，（一）旨在对被请求引渡人进行刑事诉讼的引渡请求还应当附有请求方主管机关签发的逮捕证的副本；（二）旨在对被请求引渡人执行刑罚的引渡请求还应当附有已经发生法律效力的法院判决书的副本和关于已经执行刑期的说明。三、如果引渡请求所针对的犯罪可能被判处无期徒刑，请求方应当向被请求方提供法律中有关减刑的规定。四、引渡请求及所需文件应当经签署或者盖章，并且应当附有被请求方文字的译文。

2001 年《中华人民共和国和菲律宾共和国引渡条约》第 7 条“请求和所附文件”规定，一、请求和相关文件应当通过外交途径递交。二、请求应当附以下材料：（一）关于被请求引渡人的尽可能准确的描述，以及其他有助于确定该人身份、国籍和所在地的材料；（二）关于引渡请求所针对的每项犯罪的说明，以及该人就每项犯罪被指控的作为和不作为的说明，包括犯罪时间和地点的说明；（三）关于定罪量刑和刑事追诉时效或者执行刑罚时效的法律条文。三、如果请求系针对被指控的人员，还应当附请求方法官或者其他主管机关签发的逮捕证副本。四、如果请求系针对已经由终局判决判定有罪的人员，还应当附以下材料：（一）该判决的副本；（二）关于该判决是可执行的以及所需服刑的说明。

二、“合理根据”标准

这种证据标准介于“零证据”标准和表面证据标准之间，要求提供证据摘要及说明，证明有理由起诉被请求引渡人或有理由对其定罪量刑。中国与南非、莱索托、纳米比亚等国缔结的双边引渡条约采用“合理根据”标准。

2001年《中华人民共和国和南非共和国引渡条约》第7条“应提交的文件”规定，一、引渡请求应附有下列辅助文件：（一）在所有情况下：1. 请求机关的名称；2. 有助于确认和查找被请求引渡人的资料，包括但不限于其姓名、年龄、性别、国籍、职业和所在地；3. 主管机关所作说明，该说明应概述构成引渡请求所针对的犯罪的行为，指出犯罪发生的地点和日期，并提供有关定罪量刑的法律条文的说明或复印件；4. 如果犯罪发生在请求国领土外，有关确立对该犯罪刑事管辖权的法律条文的复印件；5. 有关所涉及犯罪的追诉时效的相关法律条文的复印件。（二）在为追诉一项犯罪而请求引渡该人的情况下：1. 请求国主管机关签发的逮捕证或其他具有同等效力的文件的原件或经证明无误的复印件；2. 如果有刑事起诉书、控告书或其他指控文件，提供其复印件；3. 负责追诉该案的主管机关签发的文件，其中包括现有证据摘要以及根据请求国法律上述证据足以证明有理由起诉该人的声明。（三）在被请求引渡人已被定罪的情况下：1. 主管机关对该人某项被定罪的行为的说明和记录对该人的定罪以及，如果判刑，对该人判刑的文件的经证明无误的复印件；2. 如果部分刑期已执行，主管机关对未执行刑期的具体说明。二、根据本条约提交的所有文件应以被请求国的一种官方文字写成，或附有经证明无误的该国一种官方文字的译文。

2005年《中华人民共和国和纳米比亚共和国引渡条约》第7条“应当提交的文件”规定，一、引渡请求应当附有下列辅助文件：（一）在所有情况下：1. 请求机关的名称；2. 被请求引渡人的姓名、年龄、性别、国籍、身份证件、职业、住所地或者居所地等有助于确定被请求引渡人身份和可能所在地点的资料；如果有可能，有关该人外表的描述，以及其照片和指纹；3. 主管机关所作说明，该说明应当概述构成引渡请求涉及的犯罪的行为，指出犯罪发生的地点和日期，并提供有关定罪量刑的法律条文的说明或者复印件。该说明还应当指出：(1) 有关法律规定在实施犯罪和提出引渡请求时均为有效；(2) 追诉犯罪、判处或者执行任何适当的刑罚是否因时效被禁止；(3) 如果犯罪在请求方领土外发生，有关其享有管辖权的法律规定。（二）在为追诉一项犯罪而请求引渡该人的情况下：1. 请求方签发的逮捕证或者其他具有同等效力的文件的原件或者经证明无误的复印件；2. 如果有刑事起诉书、控告书或者其他指控文件，提供其复印件；3. 载有被请求方法律所要求的证据材料的说明。请求方主管机关应当证明请求所载证据能够用于审判，并且根据请求方法律足以证明应予起诉。（三）在被请求引渡人已被定罪的情况下：1. 请求方主管机关对该人某项被定罪的行为的说明和记录对该人的定罪以及，如果判刑，对该人判刑的文件的副本；2. 如果部分刑期已经执行，主管机关对未执行刑期的具体说明。二、引渡请求及其辅助文件都应经签署、封印或者盖章。根据本条约提交的所有文件应当以被请求方的官方文字写成，或者附有经证明无误的该国官方文字的译文。

三、"表面证据"标准

这种引渡证据标准最为严格，要求提供实际证据，证明有足够理由起诉被请求引渡人。中国与泰国、柬埔寨缔结的双边引渡条约采用"表面证据"标准。

1993年《中华人民共和国和泰王国引渡条约》第7条"引渡请求及所需文件"规定，一、引渡请求应以书面形式提出，并附有：（一）足以表明被请求引渡人的身份及其可能所在地址的文件、说明或其他证据；（二）关于该案事实的说明；（三）说明引渡请求所涉及的犯罪的要件和罪名的法律规定；（四）说明对该项犯罪所处刑罚的法律规定；（五）说明有关该项犯罪诉讼时效或执行刑罚时限的法律。二、旨在对被请求引渡人提起诉讼而提出的引渡请求还应附有：（一）请求方法官或其他主管机关签发的逮捕证的副本；（二）表明应当逮捕并羁押该人以便进行审判的证据，包括证明被请求引渡人就是逮捕证所指的人的证据。三、对已被定罪的人提出的引渡请求，除本条第一款所要求的项目外，还应附有：（一）请求方法院判决书的副本；（二）证明被请求引渡人就是判决所指的人的证据；（三）有关服刑情况的说明。四、请求方根据本条约的规定所提交的所有文件，应经正式签署或盖章，并应附有被请求方文字或英文的译文。

1999 年《中华人民共和国和柬埔寨王国引渡条约》第 7 条“引渡请求及所需文件”规定，一、引渡请求应以书面形式提出，并附有：（一）足以表明被请求引渡人身份及其可能所在地点的文件、说明或其他证据；（二）有关案情的说明；（三）对据以请求引渡的犯罪的要件和罪名予以说明的法律规定；（四）对该犯罪所处刑罚予以说明的法律规定；（五）在有规定的情形下，有关该犯罪的诉讼时效和执行刑罚时限的法律规定。二、涉及对被请求引渡人提起诉讼的引渡请求还应附有：（一）请求方法官或其他主管机关签发的逮捕证的副本；（二）证明应当逮捕和羁押该人以便交付审判的证据，包括证明被请求引渡人是逮捕证所指之人的证据。三、引渡请求涉及已被判定有罪的人时，除本条第一款要求的内容外，还应附有：（一）请求方法院判决书的副本；（二）证明被请求引渡人是判决所指之人的证据；（三）表明已执行刑罚情况的说明；（四）如果该人在缺席的情形下被判定有罪，关于可为该人利用的、以便准备辩护或使案件在其出庭的情况下获得重新审理的法律方式的说明。四、请求方根据本条约的规定提供的所有文件，应经正式签署或盖章，并应附有被请求方文字或英文的译文。

第四节　异地追诉的证据标准

异地追诉工作中，国内办案机关主要是协助追诉地国或地区开展调查取证，由追诉地国依据本国法律和证据标准对逃犯的违法行为追究法律责任。在湄公河大案后，中方专案组共派出200多人，分赴老挝、缅甸和泰国调查取证。中方通过地方警务合作机制与泰国进行证据交换，获取泰方现场勘验报告、尸检报告等证据材料17份、480余页以及200余张照片。同时，中方也向其他国家提供600多页的证据材料。专案组民警接受采访时称，整个案件的证据材料达6000余页，为彻底揭露糯康预谋策划案件的过程，共写了97万字的审核报告。[①]

一、不同法系的证明标准

在英美法系国家中，排除合理怀疑是刑事诉讼证明中的最高标准。在大陆法系国家中，一般采用的是“内心确信”的证明标准。虽然两者在措辞上不尽相同，但一般认为，排除合理怀疑与内心确信其实是同一证明标准互为表里的两种表述。

（一）英美法系刑事诉讼的证明标准

在刑事诉讼中，英美法系国家以可能性或确定性的不同程度来划分刑事诉讼证据。如在美国证据法理论中，刑事证据证明标准分为九等。第一等是绝对的确定性，由于理论的限制，任何法律均不作此要求。第二等是排除合理怀疑，这是刑事案件作出定罪裁决所必需的，也是诉讼

① 纽约侨报网：《银幕之外〈湄公河〉案件证据达6000页》，2016年10月7日，http://ny.uschinapress.com/spotlight/2016/10-07/104582.html.

方面的最高标准。第三等是清楚和有说服力的证据，适用于某些民事案件以及对死刑案件中保释请求的驳回。第四等是优势证据，适用于多数民事案件以及刑事诉讼中被告人的肯定性抗辩。第五等是可成立的理由，适用于签发令状、无证逮捕、搜查及拘留，控诉书和起诉书的发布，撤销缓刑和假释，以及执行逮捕。第六等是有理由的相信，适用于“拦截和搜身”。第七等是有理由的怀疑，这是无罪释放被告人的充足理由。第八等是怀疑，适用于启动侦查。第九等是无线索，不足以采取任何法律行动。①

由此可见，在英美刑事诉讼中，对于侦查、起诉和审判等不同的诉讼阶段，证明标准在可能性或确定性上呈递进的态势，对被告人作有罪判决时达到最高的证明程度——排除合理怀疑。美国学者布莱克对排除合理怀疑作了进一步的界定，他认为排除合理怀疑是指全面的证实、完全的确信或相信一种道德上的确定性，但排除合理怀疑，并不是排除轻微可能的或者想象的怀疑，而是排除每一个合理的假设，除非这种假设已经有了根据。美国联邦最高法院在 Cagev. Louisiana［498U. S. 39，41 (1990)］案中作出指示，只允许在“严重地不确定”或“现实的实质性怀疑”的情况下作出无罪判决，而且把排除合理怀疑等同于“道德上能够确定”。②

（二）大陆法系刑事诉讼的证明标准

在刑事诉讼中，大陆法系国家奉行自由心证原则，对刑事诉讼证明标准未作类似英美法系的严格区分。在一些大陆法系国家，刑事诉讼中

---

① 刘金友：《客观真实与内心确信：谈谈我国诉讼证明的标准》，载《政法论坛》2001 年第 6 期，转引自韦成：《我国刑事诉讼中的证明标准》，2006 年 7 月 31 日，中国法院网 http://old. chinacourt. org/public/detail. php? id = 212835.

② 韦成：《我国刑事诉讼中的证明标准》，2006 年 7 月 31 日，中国法院网 http://old. chinacourt. org/ public/detail. php? id = 212835.

的待证事实被分为实体法事实和程序法事实，并以此区分刑事诉讼中不同的证明标准。在德国刑事证据理论中，区分“证明”与“说明”两个概念，前者用于对实体法事实的要求，后者则用于对程序法事实的要求。此外，涉及对定罪量刑有意义的情节，需要进行“严格证明”，对于不涉及定罪量刑的情节，可以进行自由证明。《法国刑事诉讼法典》第304条规定：“审判长……应当向陪审员宣布：你们……只根据控诉和辩护理由，遵循一个诚实自由的人应有的良心、良心确信，不偏不倚、坚定无畏地对案件作出裁决。”《德国刑事诉讼法典》第261条规定：“对于证据调查的结果，由法庭根据它在审理的全过程中建立的内心确信而决定。”因此，无论英美法系国家，还是大陆法系国家，在法庭审判阶段，对于被告人有罪的证明均要求达到刑事诉讼证明标准的最高程度，尽管前者表述为“排除合理怀疑”，后者表述为“内心确信”。①

（三）我国刑事诉讼的证明标准

我国2012年修正的《刑事诉讼法》第51条、第53条、第160条、第168条、第172条、第195条、第205条规定了明确的证明标准，即“犯罪事实清楚，证据确实、充分”。犯罪事实清楚，是指与定罪量刑有关的事实和情节，都必须查清。证据确实、充分，是指对作出定案根据的证据质和量的总要求。证据确实，即每个证据都必须真实，具有证明力。证据充分，即证明必须达到一定的量，足以认定犯罪事实。根据法律规定和司法实践经验，犯罪事实清楚，证据确实、充分，具体是指达到以下标准：（1）据以定案的每个证据都必须查证属实。（2）每个证据和待查证的事实均有相应的证据加以证明。（3）所有证据在总体

① 熊秋红：《对刑事证明标准的思考——以刑事证明中的可能性与确定性为视角》，中国法学网http://www.iolaw.org.cn/showArticle.asp? id=1050.

上已足以对所要证明的犯罪得出确定无疑的结论，并排除了其他一切可能性。[①]

从我国2012年修订的《刑事诉讼法》规定看，立案的证明标准表述为“认为有犯罪事实需要追究刑事责任”（《刑事诉讼法》第110条）。逮捕的证明标准表述为“有证据证明有犯罪事实”（《刑事诉讼法》第79条）。侦查机关侦查羁押、侦查终结、移送起诉，检察机关提起公诉以及人民法院作出有罪判决的证明标准，均表述为“犯罪事实清楚，证据确实、充分”（《刑事诉讼法》第51条、第53条、第158条、第160条、第172条、第195条等）。

二、口供的证明标准

口供要遵循自愿性、合法性、真实性、补强等证据规则。在美国，自愿性是口供规则的灵魂，对口供规则起着统帅作用，凡建立在非自愿性口供基础之上的有罪判决，无论该口供是否真实，均是不能接受的。现代法律意义上的自愿性并不意味着完全的绝对的自由自愿，以暴力、威胁、许诺等严重违背法律价值目标的方法所获取的口供，必须予以排除，而那些对嫌疑人施加轻微的压力所取得的供述并不被认为是非自愿的，也是不会被排除的。同时，不合法讯问主体获得的口供，不可采纳；不具备签名等法定形式的犯罪嫌疑人、被告人供述、辩解，不可采纳；以刑讯逼供、精神折磨等方式取得的口供，不可采纳；以程度比较重的威胁、引诱、欺骗方式取得的口供，不可采纳。

在证明力方面，如果仅有被讯问人承认或否认实施了犯罪行为的供

---

① 孙家林：《刑事证明标准在各个诉讼阶段应有不同》，最高人民检察院正义网 http://www.jcrb.com/n1/jcrb740/ca351084.htm.

述，但该口供没有对该犯罪行为具体的描述内容，该口供没有证明力。由供到证或依据口供内容发现新证据的口供的真实性较高。口供中对犯罪行为的描述内容，如果得到该案件其他证据的印证，其真实性较高，被印证的内容越具体、丰富，真实性越高。在没有串供可能性时，如果共同犯罪案件中的数个被告人的口供均指向同一内容，被告人的数量越多，他们口供的真实性越高，且一致的内容越具体，其真实性越高。被告人通过向侦查人员了解等其他途径，知晓犯罪行为的可能性越小，其口供的真实性越高。

单一口供需有其他证据予以补强，没有得到其他证据印证的单个被告人的供述与辩解，不能作为认定案件事实的依据。我国 2012 年修订的《刑事诉讼法》第 53 条规定，只有被告人供述，没有其他证据的，不能认定被告人有罪和处以刑罚。

三、涉嫌跨境洗钱的证据清单

跨境洗钱证据通常包括上游犯罪证据、跨境转移赃款证据以及利用这些犯罪所得在海外购置房产、股票等资产的证据。下文以贪污犯罪为例，说明跨境洗钱的有关证据材料清单。

关于杨某涉嫌跨境洗钱犯罪的证据清单

（虚构内容，仅供参考）

（一）杨某涉嫌在华贪污贿赂犯罪的有关材料

根据中国法律涉嫌在华贪污犯罪的中文证据原件复印件，如原件扫描件、高清照片、电子版，以及确认前述材料真实无误的认证。

1. 证明杨某公共职务和职责的材料。

2. 证明杨某贪污挪用资金的材料。

3. 证明杨某未经授权私自挪用资金的材料。

4. 杨某共犯或协助犯的上述材料。

5. 办案机关调查案件时所有的询问笔录、扣押物品清单、调查记录或其他相关材料。

6. 杨某及其共犯违反中国法律的具体条款。

7. 上述材料的外文（英文）译文。

（二）杨某非法转移资金的有关材料

杨某非法转移资金的证据原件复印件，如原件扫描件、高清照片、电子版，以及确认前述材料真实无误的认证。

1. 完整的对账单或账户明细，包括每个涉案账户的所有进出资金、日结单，所需账单时间段为从接收第一笔犯罪所得之时起至转移最后一笔犯罪所得当天。

2. 上述对账单上的每一笔转账（无论是否为犯罪所得）的电汇指令、电汇单，包括收款人名称、账号、详细地址（如有），收款银行的名称、地址、收款银行之代理行及往来账户（如有）。

3. 上述对账单中每个账户的开户资料。

4. 除上述金融机构转账外，杨某通过其他方式转移资金的材料，包括购买房产、重要财产的官方记录以及合同或其他证明材料。

5. 调查犯罪所得流向时所有的询问笔录、扣押物品清单、调查记录或其他相关材料。

6. 上述材料的外文（英文）译文。

（三）询问证人

1. 杨某涉嫌贪污贿赂犯罪或洗钱犯罪的所有证人证言的复印

件，如原件的扫描件、高清照片、电子版，以及确认前述材料真实无误的认证。

2. 上述材料中每一位证人证言的外文（英文）翻译。

3. 对于每一位证人，逐人确认是否可以在外国法庭出庭作证。如不行，能否远程视频作证，或接受外方来华调查取证。

四、对外提供刑事证据材料

一般情况下，刑事犯罪证据材料应包括犯罪嫌疑人的基本信息、案情概述、国内适用法律和犯罪证据目录等。中方提供证据目录后，外方执法部门根据调查或起诉工作需要，可以针对某些具体书证或证人证言、犯罪嫌疑人供述，来华调查取证或共同开展调查。

关于杨某涉嫌受贿罪和洗钱罪的证据材料

（虚构内容，仅供参考）

第一部分　犯罪嫌疑人杨某的基本信息

杨某，男，1971 年 1 月 1 日出生于×省×市，中国公民，中国身份证号码：111111197101012222，中国户籍登记地址：×省×市×区×大街 1 号，中国护照号码：G123456，×国护照号码：RE222222。2016 年 11 月 11 日，×省×市人民检察院以涉嫌受贿罪和洗钱罪对杨某批准逮捕。2017 年 1 月 1 日，中国警方通过国际刑警组织对杨某发布红色通报，红通号码 A－3333/3－2017。

2016 年 11 月 1 日下午，杨某乘坐×航空公司 XA111 航班从中国上海浦东机场前往×国，此后再未入境。根据已知线索，杨某可能藏匿于×国×市×区，曾使用电话号码 0898—111111，邮箱

yang@ gmail. com。

第二部分　基本案情

（一）涉嫌受贿罪

案情概述，包括案件来源（证据1）、立案调查情况（证据2）、法律文书（证据3）等。

据中方侦查查明和××供述……。具体情况如下：

1. 第一笔受贿具体情况（见证据4）。

2. 第二笔受贿具体情况（见证据5）。

………

（二）涉嫌洗钱罪

案情概述，包括案件来源（证据22）、立案调查情况（证据23）、法律文书（证据24）等。

根据×市检察院侦查查明、××供述和×××银行交易记录：××年××月××日，杨某指示××从×××账户提取受贿款××万元人民币（见证据25），汇入杨某弟弟××在×国的××银行账户××（见证据26），再分五笔将共计××万美元汇入杨某在×国的××银行账户××中。

……

××年××月××日，杨某使用李四父亲李三的港澳通行证在中国香港地区××银行开立账户中国（账号××），存入现金××万港币（见证据34）。××年××月××日，杨某电话通知李三到中国香港地区将××万港币转往××国的杨某××银行账户（账户号××）（见证据35、见证据36、见证据37、见证据38）。

侦查中还发现，××年至××年期间，杨某通过地下钱庄，以每1000万元支付手续费30万元，将××万元美元先后汇到A、B、C三人在中国香港地区银行账户，用于在中国香港地区、中国澳门地区赌博和出逃××国的资金（见证据39、证据40、证据41）。其中，××年××月至××月，杨某将A账户中的资金××万美元转入D在××国的账户××，由D提取现金××万美元交给杨某（见证据42、证据43）。

公安机关和检察机关认为：××年至××年期间，杨某在明知是贿赂犯罪所得情况下，为掩饰、隐瞒其来源和性质，通过××将××万元港币、××万美元先后汇到A、B、C等三人的香港银行账户，用于赌博和出逃×国的资金，违反了《中华人民共和国刑法》第一百九十一条之规定，涉嫌洗钱罪。××年××月××日，××以涉嫌洗钱犯罪对杨某批准逮捕（见证据44、证据45、见证据46、证据47）。

……

第三部分　适用法律

（一）受贿罪（略）。

（二）洗钱罪（略）。

第四部分　犯罪证据

（一）受贿罪

证据1：××出具的××证实……

证据2：××的供述证实……

证据3：××出具的立案决定书、逮捕决定证实……

……

（二）洗钱罪

证据22：××的报案材料证实……

证据23：××机构出具的××证实……

……

证据39：××的×银行交易记录证实……

……

证据105：××的证言证实……

五、向美国提供的证据材料真实性的证明

2015年8月，司法部司法协助与外事司发布通知，对中美刑事司法协助中提取书证、证言和扣押物品作为证据的有效性进行证明予以规范。其中，美方向中方提出关于调取商业记录、调取公文文书记录的请求时，采用下列证明表格。

（一）业务记录真实性证明书①

我叫________（姓名），我知道，如果我故意作出不真实的陈述，将有可能依照中华人民共和国的法律负刑事责任，谨声明如下：

我受雇于______________________（向其调取文件的业务机构名称）。我的正式职务是_____________。后附的每一项记录均为由___________________（向其调取文件的业务机构名称）保管的原件或原件的复印件。

我进一步声明：

1. 此记录是由知情人（或通过该人传递的消息）在事件发生时或接近发生时所作出；

2. 此记录存在于正常经营的业务活动过程中；

---

① G20反腐败追逃追赃研究中心编：《中华人民共和国反腐败追逃追赃条约法规汇编》，中国政法大学出版社2017年版，第854页。

3. 业务活动使此记录成为常规；

4. 如果此记录不是原件，则是原件的复印件。

签名：________

日期和地点：____________

我证明，提取上述证据的过程合法，上述人员的签名属实。

签名：________（提取证据的司法人员）

日期和地点：____________

（二）外国公文真实性证明书①

本人________（姓名），我知道，如果我故意作出不真实的陈述，将有可能依照中华人民共和国的法律负刑事责任，谨声明如下：

1. 我在____________（政府部门）任职。在履行职务中，我被授权保管官方记录；

2. 我的职务是________（正式职衔）；

3. 在我的职权范围内，我提供了由________（政府部门）保管的记录的真实而确切的副本；

4. 副本列举如下，并附于本证明之后。

文件名称：

签名：________

日期和地点：____________

我证明，提取上述证据的过程合法，上述人员的签名

① G20反腐败追逃追赃研究中心编：《中华人民共和国反腐败追逃追赃条约法规汇编》，中国政法大学出版社2017年版，第856页。

属实。

签名：________（提取证据的司法人员）

日期和地点：____________

第五节　遣返的证据标准

利用遣返手段开展追逃时，证据标准比刑事诉讼标准低，证据形式也更为宽松。具体而言，取消追逃对象外国护照的证据标准比取消其永久居民身份的证据标准高，取消永久居民身份的证据标准比取消临时签证的证据标准高。

一、遣返证据的重要性

在加拿大，非法移民遣返工作会经历移民庭、移民上诉庭、移民难民庭、难民上诉庭、移民部遣返前风险评估、联邦法院、联邦上诉法院、最高法院等程序，每个环节都需要有确凿充分的证据做支撑。若国内提供证据不足，加拿大执法部门很难获得法庭支持，甚至无法正式启动遣返调查。如证据稍有瑕疵，则可能被逃犯及其律师抓住破绽，进而陷入被动甚至败诉。实践中，有些追逃案件迟迟不能进入加拿大司法程序或进展缓慢，很大程度上是由于我国办案机关提供的证据除拘留证、逮捕证和国际红通外，其他证据寥寥无几，达不到加方要求的证据标准。有的证据材料未经仔细核对，未标明犯罪时间，案情描述不清，不写违反的中国刑法条款（含定罪和刑罚），甚至案情描述和适用的刑法条款罪状不相符合。此外，由于中加两国法律体系和司法制度存在较大差异，国内办案机关有时难以按照加拿大法律要求和惯例组织提供证据材料，导致加方对我指控的罪名、提供的证据、我国刑事司法程序等理解困难。同时，证据材料的翻译质量也是影响追逃的重要因素。有的译文翻译不准确，行文不畅、晦涩难懂，外国人看不懂，外行人更看不懂。这种证据即使确凿充分，也会造成加方理解困难，从而对案件办理造成不利影响。①

在J国C某遣返案件中，国内办案机关向J国移民部门提供了32页的书面材料，证明C某违反J国移民法，应被取消永居身份后遣返回国。该材料包括国内立案决定书、逮捕证、国际刑警组织红色通报和办案机关侦查报告。但C某提供了长达716页的书面材料并提供了专家证人。国内办案机关提供的证据材料在犯罪发生时间、涉嫌罪名和涉案金额等方面存在前后不一致，缺乏说服力，也没有说明因调查工作造成前后不一致的原因。其中，关于犯罪发生时间，逮捕证没有说明犯罪时间；国际刑警组织红色通报显示C某涉嫌于2003年至2004年受贿；办案机关的侦查报告指控的C某受贿事实发生在1995年至1998年。关于涉嫌罪名，逮捕证注明的是受贿罪，国际刑警组织红色通报显示的是贪污罪和受贿罪，侦查报告指控的是受贿罪。关于涉案金额，逮捕证没有说明涉案金额，国际刑警组织红色通报说C某受贿94万元人民币、贪污144万元人民币，侦查报告指控C某受贿76万元人民币。

二、取消外国国籍的证据要求

在加拿大，如果已入籍人员在加拿大境外从事恐怖主义行为或犯有刑事犯罪，可能被剥夺加拿大公民身份。除恐怖主义犯罪、间谍罪、叛

---

① 尤小文：《加拿大遣返非法移民程序简介及改进我国追捕在加逃犯工作的思考》，载《公安研究》2013年第4期。

国罪外，如存在以下行为，即构成以非法手段取得加拿大公民身份，可以启动程序取消其公民身份：一是通过虚假陈述获得加拿大公民身份；二是通过欺诈手段获得加拿大公民身份；三是通过明知地隐瞒主要事实获得加拿大公民身份。存在上述情况时，加拿大边境管理局、移民机构以及外国执法机构、举报人都可以向加拿大移民部举报。2015 年 5 月 28 日起，加拿大简化取消公民身份程序，大部分取消身份案件都由移民部长决定，少数复杂案件由联邦法院裁定。当事人如果以虚假陈述或欺诈手段或明知地隐瞒重要事实获得永居身份，并以永居身份获得加公民身份，其公民身份被取消后将成为外国公民，很可能被禁止入境并颁发遣返令。当事人如果合法进入加拿大，但以非法手段取得加公民身份，被取消公民身份后，其身份状态将变成永居身份。

在美国，因在美国出生取得国籍的人员不能被取消公民身份，但当事人可自动放弃。因移民取得美国公民身份的人员，在一定条件下将被取消美国公民身份：一是申请美国公民身份时存在任何弄虚作假行为或隐瞒事实；二是取得美国公民身份后 5 年内加入从事颠覆性活动的组织；三是取得美国公民身份后 10 年内拒绝就国会调查的颠覆性活动向国会作证；四是因加入美国军队获得美国国籍，但在军队服役不满 5 年就被开除。在被取消美国公民身份后，当事人有权向联邦法院提出审查，败诉后可以向上一级法院上诉。如果上诉失败，被取消国籍人员将被遣返回原籍国或第三国。一般情况下，此类诉讼的证据标准高于民事诉讼证据标准，但低于刑事诉讼证据标准。

三、取消外国永居身份或临时签证的证据要求

在加拿大，根据《加拿大移民与难民保护法》第 36 条规定，符合第 36 条第 1（a）款至 1（c）款和第 36 条第 2（a）款至 2（d）款规定

的情形，外国人不能获得加拿大永久居民身份或不允许入境。根据加拿大移民部公布的遣返证据材料清单①，下文详细列出了各类禁止入境情形所需的证据材料。这些证据材料可以由加方自行搜集，也可以由我国办案机关主动提供。国内办案机关如掌握外逃人员符合第36条规定之情形的材料，可以主动提供给加拿大警务或移民部门，推动加移民部门据此取消其加拿大签证或永久居民身份，并将其列入遣返程序。

1. 关于第36条第1（a）款“在加拿大实施了根据议会法案构成最高刑期10年以上监禁之罪，或者根据议会法案已经被处以6个月以上的监禁”情形，加拿大移民部门需提供的主要证据包括：

（1）证明已犯罪的证据，包括经认证的犯罪记录、拘押令、法庭记录等证据。

（2）证明最高刑期的加拿大法律条文。

（3）关于证据真实性的法定声明。

（4）书证、证人证言以及其他证明该人犯罪的证据。有关犯罪信息可以通过加拿大警察信息中心获取。

2. 关于第36条第1（b）款“在加拿大以外实施了犯罪，假如该罪在加拿大实施，根据议会法案构成最高刑期10年以上监禁之罪”情形，加拿大移民部门需提供的主要证据包括：

（1）证明已犯罪的证据，包括经认证的犯罪记录、拘押令、起诉书以及外国有关机构以传真、电话（需接话人作出法定声明）或邮件方式证实该犯罪的声明。

（2）外国法院、警方或当事人提供的犯罪事实。

（3）关于证据真实性的法定声明。

---

① 加拿大移民部网站http://www.cic.gc.ca/english/resources/manuals/enf/enf01-eng.pdf.

（4）书证、证人证言以及其他证明该人境外犯罪的证据。

（5）外国和加拿大关于该犯罪的法律条文。对于外国法，可以从图书馆和使领馆获得国外相关法律条款的复印件。该法律条文必须在准入（入境资格）聆讯时作为证据提供，以便形成官方记录。

（6）其他书证，包括但不仅限于视频资料、学术期刊、专家证言和专家意见等。

在决定加拿大和外国刑罚相当时，有三种途径：一是通过文字比较和外国法专家证言，证明两国对该犯罪规定的核心要素是否相同；二是分析提交给移民部门的言词证据和书证，决定当前证据能否证明两国对该犯罪规定的核心要素相同；三是把两国法律条文合并起来考虑。

3. 关于第36条第1（c）款"在加拿大以外实施了在犯罪地构成犯罪的行为，如果该行为在加拿大实施，根据议会法案将构成最高刑期10年以上监禁之罪"情形，加拿大移民部门需提供的主要证据包括：

（1）关于证据真实性的法定声明。

（2）书证、证人证言以及其他证明该人的境外犯罪在加拿大也构成犯罪的证据。

（3）关于当事人可能在加拿大境外实施禁止行为的概然性证据，包括安全部门或警察部门报告、法庭记录、剪报、外国有关机关声明。其中，逮捕证非常具有证明力，其他证据包括拟起诉或已起诉当事人的材料。

（4）外国和加拿大关于该犯罪的法律条文，证明该犯罪刑罚在两国相当以及在加最高刑期10年以上。对于外国法，可以从图书馆和使领馆获得国外相关法律条款的复印件。该法律条文必须在准入（入境资格）聆讯时作为证据提供，以便形成官方记录。

（5）其他书证，包括但不仅限于视频资料、学术期刊、专家证言和专家意见等。

在决定加拿大和外国刑罚相当时，有三种途径：一是通过文字比较和外国法专家证言，证明两国对该犯罪规定的核心要素是否相同；二是分析提交给移民部门的言词证据和书证，决定当前证据能否证明两国对该犯罪规定的核心要素相同；三是把两国法律条文合并起来考虑。

4. 关于第 36 条第 2（a）款“外国人在加拿大实施陪审团审理的议会法案规定之犯罪，或根据议会法案构成 2 种犯罪，但这 2 种犯罪不能源于同一行为”情形，加拿大移民部门需提供的主要证据包括：

（1）证明已犯罪的证据，包括经认证的犯罪记录、拘押令、法庭文件等。

（2）加拿大关于该可诉犯罪的法律条文，或当事人实施该犯罪的案情概述。

（3）关于证据真实性的法定声明。

（4）书证、证人证言以及其他证明该人在加拿大境外犯罪的证据。

（5）关于该 2 种或多种犯罪不源于同一行为的证据，该证据可以是法庭记录或警方报告。

（6）关于当事人不是加拿大公民或永久居民的证据。

5. 关于第 36 条第 2（b）款“外国人在加拿大以外实施了犯罪，假如该罪在加拿大实施，根据议会法案构成可诉罪，或假如该罪在加拿大实施，根据议会法案构成 2 种犯罪，但这 2 种犯罪不能源于同一行为”情形，加拿大移民部门需提供的主要证据包括：

（1）证明已犯罪的证据，包括经认证的犯罪记录、拘押令、起诉书以及外国有关机构以传真、电话（需接话人作出法定声明）或邮件方式证实该犯罪的相关记录，该证据应该在入境聆讯时作为证据提供。

（2）关于该犯罪的事实背景，该材料可以从外国法院、警察部门或当事人处获得。

（3）关于证据真实性的法定声明。

（4）外国和加拿大关于该犯罪的法律条文。对于外国法，可以从图书馆和使领馆获得国外相关法律条款的复印件。该法律条文必须在准入聆讯时作为证据提供，以便形成官方记录。

（5）关于该2种或多种犯罪不源于同一行为的证据，该证据可以是法庭记录或警方报告。

（6）关于当事人不是加拿大公民或永久居民的证据。

（7）其他书证，包括但不仅限于视频资料、学术期刊、专家证言和专家意见等。

在决定加拿大和外国刑罚相当时，有三种途径：一是通过文字比较和外国法专家证言，证明两国对该犯罪规定的核心要素是否相同；二是分析提交给移民部门的言词证据和书证，决定当前证据能否证明两国对该犯罪规定的核心要素相同；三是把两国法律条文合并起来考虑。

6. 关于第36条第2（c）款“外国人在加拿大以外实施了在犯罪地构成犯罪的行为，如果该行为在加拿大实施，根据议会法案构成可诉罪”情形，加拿大移民部门需提供的主要证据包括：

（1）关于证据真实性的法定声明。

（2）书证、证人证言以及其他证明该人实施一项在加拿大境外犯罪地构成犯罪的行为，在加拿大也构成犯罪的证据。

（3）关于当事人在加拿大境外实施禁止行为的合理证据，包括安全部门或警察部门报告、法庭记录、剪报、外国有关机关声明。其中，逮捕证非常具有证明力，其他证据包括拟起诉或已起诉当事人的材料。

（4）外国和加拿大关于该犯罪的法律条文，证明该犯罪刑罚在两国相当。对于外国法，可以从图书馆和使领馆获得国外相关法律条款的复印件。该法律条文必须在准入（入境资格）聆讯时作为证据提供，以便形成官方记录。

（5）关于当事人不是加拿大公民或永久居民的证据。

(6) 其他书证，包括但不仅限于视频资料、学术期刊、专家证言和专家意见等。

在决定加拿大和外国刑罚相当时，有三种途径：一是通过文字比较和外国法专家证言，证明两国对该犯罪规定的核心要素是否相同；二是分析提交给移民部门的言词证据和书证，决定当前证据能否证明两国对该犯罪规定的核心要素相同；三是把两国法律条文合并起来考虑。

7. 关于第 36 条第 2（d）款“在入境加拿大时实施了议会法案规定之犯罪”情形，加拿大移民部门需提供的主要证据包括：

（1）关于证据真实性的法定声明，包括当事人入境加拿大时实施犯罪的证据。

（2）其他书证，包括但不仅限于视频资料、学术期刊、专家证言和专家意见等。

（3）所违反的议会法案之条款。

（4）对该行为予以规制的有关规定。

（5）关于当事人不是加拿大公民或永久居民的证据。

第五章　国际追逃手段之引渡

引渡是指我国根据双边引渡条约、含有引渡条款的多边条约或以互惠、国内法为基础，向犯罪嫌疑人所在地国提出请求，所在地国依据法定程序向我国移交或递解该犯罪嫌疑人，以便对该人进行起诉、审判或执行刑罚的刑事司法国际合作制度。① 要成功实现引渡，既要过法律关，又要过政治关。

第一节　引渡工作概述

在现代国际执法合作中，引渡已成为国家之间移交逃犯的重要合作方式。实行引渡时，必须满足三项条件：一是请求引渡的主体必须是有请求权的国家；二是引渡的发生须以被请求引渡罪犯居留在被请求国且犯有可引渡之罪为基本前提；三是引渡应当根据条约、公约或互惠原则进行。

---

① 陈雷著：《反腐败国际合作理论与实务》，中国检察出版社2012年版，第96页。

一、依据引渡条约或国际公约开展引渡

依据双边引渡条约或含有引渡条款的国际公约开展引渡合作，是各国开展引渡实践的基本方式。

历史上，任何国家都没有引渡罪犯的一般义务。但随着条约或公约的签订，国家就有义务承担引渡责任。在传统的引渡实践中，许多国家特别是英美法系国家的传统引渡法大多要求以引渡条约作为开展引渡合作的前提条件。这种坚持以订有双边引渡条约作为开展引渡合作的前提条件甚至是唯一依据的做法，被称为“条约前置主义”。[①]《美国法典》第 18 编第 209 章第 3181 条规定，引渡有关法律条款，仅在外国与美国签署的引渡条约存续期间有效。但无双边条约时，对于腐败类犯罪的逃犯可以依据《联合国反腐败公约》开展引渡合作。《联合国反腐败公约》第 44 条“引渡”规定，以订有条约为引渡条件的缔约国如果接到未与之订有引渡条约的另一缔约国的引渡请求，可以将本公约视为对本条所适用的任何犯罪予以引渡的法律依据。[②] 澳大利亚、新西兰、奥地利等数十个国家已明确表示可以将《联合国反腐败公约》作为引渡的法律依据。

1995 年 5 月底，中国银行广东中山分行报案称，其员工与中山实业发展总公司总经理陈满雄、公司法定代表人陈秋圆夫妇勾结，挪用中国银行资金 7. 1 亿元，尚有 3. 9 亿元未归还，陈满雄、陈秋圆夫妇案发后外逃。1999 年，办案机关发现，一位旅行社工作人员与陈秋圆母亲一起购买机票，飞往泰国清迈。办案机关进一步调查发现，在泰国生活

---

① 陈雷著:《反腐败国际合作理论与实务》，中国检察出版社 2012 年版，第 113 页。

② 联合国网站http://www. un. org/zh/issues/anti corruption/uncac_text. shtml.

多年的“二陈”购买了泰籍身份证并进行整容，他们利用转移到泰国的赃款，开办了多家商行，拥有2栋高级洋房、3辆豪华轿车，成为当地知名富豪。经过联系，泰国警方对二人实施抓捕。在立即移交失败后，泰方以“非法入境、非法居留及非法持有和使用骗取的证件”的罪名，将“二陈”拘捕，次年判处陈满雄有期徒刑27年零8个月，判处陈秋圆有期徒刑22年零8个月，2人因认罪减刑一半。2000年12月8日，根据《中华人民共和国和泰王国引渡条约》，我国向泰国正式提出引渡“二陈”回中国受审。2002年11月15日，泰国最高法院准予引渡陈满雄、陈秋圆回中国。同年12月26日，陈满雄、陈秋圆被临时引渡回国。2005年，广东省高院终审分别判处陈满雄、陈秋圆无期徒刑和有期徒刑14年。2006年，陈满雄、陈秋圆被送回泰国继续服刑。2008年8月，泰国法院最终裁定将陈满雄、陈秋圆引渡回我国。①

墨西哥金塔纳罗奥州前州长维拉努埃瓦（Mario Ernesto Villanueva Madrid）于2001年5月因涉嫌洗钱罪被墨西哥警方逮捕，并被判入狱服刑6年。2007年6月，维拉努埃瓦刚从监狱获释，立即被墨西哥根据美国引渡请求予以羁押。2008年6月，维拉努埃瓦因涉嫌走私毒品罪，再次被墨西哥法院判处监禁36年零9个月。2010年5月，维拉努埃瓦被引渡到美国，并于2013年因走私毒品罪和洗钱罪被美国法院判处11年监禁。②

---

① 羊城晚报：《广东“二陈案”：夫妻挪用数亿元公款潜逃泰国　整容藏匿》，2014年11月10日，转引自新浪网http://news.sina.com.cn/s/2014-11-10/055931120001.shtml.

② 侨报网：《墨西哥前州长在纽约锒铛入狱》，2013年6月29日，http://ny.uschinapress.com/kong/2013/06-29/42401.html.

二、无引渡条约或公约时依据互惠原则开展引渡

近年来，不少国家明确允许在无引渡条约关系情况下开展引渡合作。2003 年《英国引渡法》要求以“认可的方式”向英国提出引渡请求，不再把条约或预先安排作为引渡的前提条件。[①] 1999 年《新西兰引渡法》第 12 条和第 16 条规定，对于未与新西兰缔结引渡条约的国家，新西兰可以依据本法执行该国提出的引渡请求。[②]

1999 年《加拿大引渡法》规定引渡协议包括多边公约，在不存在引渡协议的情况下，经征得司法部部长的同意，外交部部长可以与有关国家就个案达成“特定协议”，以便执行该国的引渡请求。

根据《引渡法》，我国开展引渡合作不以双边条约为唯一前提，可以在平等互惠原则基础上与其他国家开展引渡合作。互惠原则是国际法和外交领域处理国家关系的基本原则。有些国家甚至把互惠原则作为向另一个国家引渡罪犯的先决条件。[③] 互惠引渡从根本上解决了国家间没有引渡条约或可适用的公约带来的引渡合作障碍。如果没有开展互惠引渡的实践或先例，可以通过作出互惠承诺的方式提供保证。

袁同顺引渡案是在无双边引渡条约的情况下，我国首次将职务犯罪嫌疑人从日本引渡回国，说明即使没有双边引渡条约，同样可以开展引渡合作。2004 年 3 月，辽宁省某国企原副总经理袁同顺逃往日本。通过协查，日本警方查实袁同顺藏匿于日本大阪，曾多次申请移民他国，

---

① 黄风著：《引渡问题研究》，中国政法大学出版社 2006 年版，第 3 页。

② 新西兰议会法律事务办公室 Extradition Act 1999，http://www.legislation.govt.nz/act/public/1999/0055/latest/DLM25628.html.

③ 联合国毒品和犯罪问题办公室编：《司法协助与引渡工作手册》，2012 年版，第 23 页。

但都因被国际刑警组织通缉而被拒绝。根据日本《逃亡犯罪人引渡法》，日本外务省应外国的请求，经过法务省的行政审查和高等法院的司法审查后，可以引渡外逃犯罪嫌疑人。2007 年 1 月，中方正式向日本提出引渡袁同顺的请求。同年 3 月 15 日，日本根据《逃亡犯罪人引渡法》，对袁同顺实施引渡拘留。5 月 8 日，日本东京高等法院作出准予引渡袁同顺的裁定。2007 年 5 月 10 日，袁同顺被从日本引渡回国。①

三、可引渡的犯罪和拒绝引渡的犯罪

引渡的先决条件是引渡请求中所指控的罪行属于法律规定的可引渡犯罪。从肯定条件看，一是采用列举法，引渡条约列出可被允许引渡的犯罪；二是刑罚法，可引渡的罪行由可能施加的刑罚的严重程度确定，由刑罚可能的时间长度来判断一项罪行是否为可引渡罪行的决定因素。比如，俄罗斯、巴西都要求可引渡犯罪在俄罗斯、巴西的最高刑期至少为 1 年，澳大利亚要求的是 6 个月。从否定条件看，一种是“应当”拒绝引渡的情形，即只要具备本国引渡法或双边引渡条约中“应当”拒绝引渡条件之一的，就不能引渡；另一种是“可以”拒绝引渡的情形，即由外国司法当局根据案件的具体情况酌定是否引渡。一般而言，引渡工作应遵守以下原则。

（一）双重犯罪原则（Double Criminality）

我国《引渡法》第 7 条规定，引渡请求所指的行为，依照中华人民共和国法律和请求国法律均构成犯罪。

对于双重犯罪的界定范围，《英国 2003 年引渡法》采用虚拟条件

---

① 新华社：《职务犯罪嫌疑人袁同顺从日本引渡回国》，2007 年 5 月 17 日，转引自 http://cpc.people.com.cn/GB/64093/64371/5746793.html.

规定，即：假如该行为发生在联合王国领域内，根据联合王国有关地区的法律，该行为应构成犯罪。《中国与柬埔寨引渡条约》采用概括性规定，即：在确定一项犯罪是否违反缔约双方法律时，缔约双方法律是否将构成该项犯罪的行为归入同一犯罪种类或使用同一罪名不应产生任何影响。

《联合国反腐败公约》第43条第2款采用可罚性标准，规定在国际合作事项中，凡将双重犯罪视为一项条件的，如果协助请求中所指的犯罪行为在两个缔约国的法律中均为犯罪，则应当视为这项条件已经得到满足，而不论被请求缔约国和请求缔约国的法律是否将这种犯罪列入相同的犯罪类别或者是否使用相同的术语规定这种犯罪的名称。

（二）特定性原则（Rule of Speciality）

特定性原则是请求国的一项义务。在引渡工作结束后，请求国不得对被引渡人在引渡前实施的其他未准予引渡的犯罪追究刑事责任，也不将该人再引渡给第三国。但经被请求国同意，或者被引渡人在其引渡罪行诉讼终结、服刑期满或者提前释放之日起法定期限内没有离开请求国，或者离开后又自愿返回的除外。

我国《引渡法》第14条规定，请求国请求引渡，应当作出如下保证：（一）请求国不对被引渡人在引渡前实施的其他未准予引渡的犯罪追究刑事责任，也不将该人再引渡给第三国。但经中华人民共和国同意，或者被引渡人在其引渡罪行诉讼终结、服刑期满或者提前释放之日起三十日内没有离开请求国，或者离开后又自愿返回的除外；（二）请求国提出请求后撤销、放弃引渡请求，或者提出引渡请求错误的，由请求国承担因请求引渡对被请求引渡人造成损害的责任。

（三）政治犯罪例外（Exception of Political Offence）

政治犯罪例外是指对于涉及他国的政治性质的犯罪，一般不提供引渡合作。实践中，各国基本都遵循政治犯罪例外原则。

我国《引渡法》第 8 条规定，外国向中华人民共和国提出的引渡请求，因政治犯罪而请求引渡的，或者中华人民共和国已经给予被请求引渡人受庇护权利的，应当拒绝引渡。

2011 年刘强火烧日本靖国神社后，韩国法院判决拒绝向日本引渡刘强。韩国法院在裁决中认为：刘强实施犯罪的对象日本靖国神社虽然在法律上是宗教团体财产，但却是主导日本对外侵略战争的战犯合葬之地，具有政治象征意义。刘强的罪行是为了政治大义而实施的，罪行与政治目的之间具有有机联系。①

值得注意的是，在国际法意义上，腐败犯罪不构成政治犯罪。《联合国反腐败公约》第 44 条第 4 款规定，在以本公约作为引渡依据时，如果缔约国本国法律允许，根据本公约确立的任何犯罪均不应当视为政治犯罪。

（四）本国国民不引渡（Non – extradition of National）

在大陆法系国家，本国国民不引渡是一项传统的引渡原则。近年来，不少国家放弃了本国国民不引渡原则，允许在一定条件下引渡本国国民。

我国《引渡法》第 8 条规定，根据中华人民共和国法律，被请求引渡人具有中华人民共和国国籍的，应当拒绝引渡。1993 年《中华人民共和国和泰王国引渡条约》第 5 条第 1 款规定，缔约双方有权拒绝引渡其本国国民。

在国际上，认定国民身份的时间标准主要有三种：一是以犯罪实施之时为准，如《法国与塞内加尔司法合作协定》第 60 条规定，国民身份应当由被请求引渡之罪发生的日期确定；二是以被请求国收到引渡请

---

① 北京晚报：《韩国法院拒绝引渡刘强至日本》，2013 年 1 月 4 日，转引自 http://news.sina.com.cn/w/2013-01-04/143925953301.shtml.

求之时为准，如《中华人民共和国和阿塞拜疆共和国引渡条约》第3条第4项规定，在被请求方收到引渡请求时，被请求引渡人是被请求方国民，不予引渡；三是以被请求国就引渡请求作出决定之时为准，如《中华人民共和国和立陶宛共和国引渡条约》第3条第1项规定，如果在就引渡作出决定时，被请求引渡人为被请求方国民，即不予引渡。

（五）死刑不引渡（Non－extradition for Death Penalty）

死刑犯罪不引渡是国际引渡制度的重要原则。2005年《中华人民共和国和西班牙王国引渡条约》第3条第8项首次明文规定"死刑不引渡原则"，即：根据请求方法律，被请求引渡人可能因引渡请求所针对的犯罪被判处死刑，除非请求方作出被请求方认为足够的保证不判处死刑，或者在判处死刑的情况下不执行死刑。

《中华人民共和国和法兰西共和国引渡条约》第3条第7项规定，引渡请求所针对的犯罪依照请求方的法律应当判处死刑，除非请求方作出被请求方认为足够的保证不判处死刑，或者在判处死刑的情况下不予执行。

《中华人民共和国和澳大利亚引渡条约》第3条第6项规定，根据请求方法律，被请求引渡人可能因引渡请求所针对的犯罪被判处死刑，除非请求方保证不判处死刑，或者在判处死刑的情况下不执行死刑。

四、量刑承诺

我国2000年《引渡法》第50条规定："被请求国就准予引渡附加条件的，对于不损害中华人民共和国主权、国家利益、公共利益的，可以由外交部代表中华人民共和国政府向被请求国作出承诺。对于限制追诉的承诺，由最高人民检察院决定；对于量刑的承诺，由最高人民法院决定。在对被引渡人追究刑事责任时，司法机关应当受所作出的承诺的约束。"量刑承诺有的是刑期承诺，有的是对不判处或不执行死刑的承诺。

在我国，关于不适用死刑承诺和量刑承诺应由外交渠道作出，必须严格依照法律规定的程序，严防出现不遵守法定程序或者在对外承诺问题上先斩后奏。当被请求国除死刑外还要求我国对被引渡人限制适用其他种类的刑罚时，应当综合考虑被请求国法律限制的情况、犯罪的严重程度以及我国法律规定的量刑幅度，与被请求方进行必要磋商，并在有关部门共同会商后在法律范围内作出承诺。

2015 年 6 月，土耳其银行大盗芬迪科格鲁（Ercan Findikoglu）被从德国引渡回美国纽约受审。引渡期间，由于美德刑罚差异，2014 年 11 月，德国最高法院推翻黑森州法院同意将芬迪科格鲁引渡给美国的判决，将案件发回重审，理由是地方法院没有收到美国引渡后作出合适刑罚的承诺。在美国，芬迪科格鲁如被完全定罪，将面临最高 247.5 年的监禁，但根据德国法律其最高刑期为 15 年。最后，经过美德协商，2015 年 6 月 23 日，芬迪科格鲁被引渡回美国。2017 年 2 月，芬迪科格鲁被美国法院判处 8 年监禁。①

第二节　引渡工作程序

引渡程序因国、因案而异，没有固定模式可循。准备引渡请求书前，要了解对方国家的引渡法律和双边引渡条约，知己知彼，有备而为。

① Associate Press, Foreign hacker gets 8 years in $55M US scam case, February 11, 2017, https://www.yahoo.com/news/latest-foreign-hacker-gets-8-years-55m-us-184320714.html. Bank info security, Feds Extradite "Most Wanted" ATM Hacker, June 24, 2015, https://www.bankinfosecurity.com/feds-extradite-most-wanted-atm-hacker-a-8341.

一、我国引渡法律有关规定

我国向外国提出引渡请求或者引渡过境请求的，称为主动引渡。我国 2000 年《引渡法》第 47 条规定了向外国提出引渡请求的一般程序："请求外国准予引渡或者引渡过境的，应当由负责办理有关案件的省、自治区或者直辖市的审判、检察、公安、国家安全或者监狱管理机关分别向最高人民法院、最高人民检察院、公安部、国家安全部、司法部提出意见书，并附有关文件和材料及其经证明无误的译文。最高人民法院、最高人民检察院、公安部、国家安全部、司法部分别会同外交部审核同意后，通过外交部向外国提出请求。"

我国《引渡法》第 51 条规定了被动引渡，即："公安机关负责接收外国准予引渡的人以及与案件有关的财物。对于其他部门提出引渡请求的，公安机关在接收被引渡人以及与案件有关的财物后，应当及时转交提出引渡请求的部门；也可以会同有关部门共同接收被引渡人以及与案件有关的财物。"根据该条规定，犯罪嫌疑人被引渡回国之后：（1）由公安机关（或者会同有关部门）接收被引渡人以及与案件有关的财物；（2）对于其他部门提出引渡请求的，公安机关应当及时转交给提出引渡请求的部门，然后进入我国相应的刑事诉讼程序。

二、引渡工作流程

（一）锁定逃犯下落

办案机关提出引渡请求前，必须先确定逃犯在被请求国境内。办案机关要尽可能多地提供资料和线索，利用一切可行办法，请对方国家迅速锁定嫌疑人，从而可以启动引渡程序。调查初期，办案机关要酌情提供嫌疑人照片和其他身份证明，例如：DNA、指纹、国籍、护照号码、身份证、出生日期和父亲姓氏以及司法协助请求、国际刑警组织红色通报或蓝色通报等信息。

（二）准备引渡材料

一旦锁定犯罪嫌疑人下落，办案机关在正式提出请求前，必须确定被请求国能够引渡该人，明确引渡请求的法律依据，以及被请求国国内法有关引渡请求的格式和内容的要求。

关于引渡请求书的内容清单

需准备的事项	具体内容
条约规定	研究可利用的双边引渡条约或国际公约。
国内法规定	研究核实我国、被请求国国内法有关规定。
被请求引渡人身份	准备有助于确认被请求引渡人身份、国籍和下落的所有资料，包括身份证、护照、指纹、照片、DNA 资料等。
案件事实和程序	梳理案件事实和程序过程，包括我国可适用的法律以及对该人的刑事指控。
所涉犯罪适用的法律	说明被请求引渡人的罪行和刑罚，可提供我国有关法律的摘录或副本。
诉讼时效	被请求引渡人所犯罪行的追诉时效。
法律依据	明确提出引渡请求的法律依据，如引渡条约、国际公约或互惠原则。
如被请求引渡人已被立案或起诉	
逮捕令	提供主管机关签发的逮捕令的原件或经认证的副本，或提供具有同等效力的其他证明。
案情概述	提供有关案情概述，包括被请求引渡人的罪行描述、犯罪时间和地点、最高刑罚、追诉时效以及在犯罪中的作用（主犯、从犯等）。

（续表）

需准备的事项	具体内容
证据	关于证人，需事先核实是否采取证人宣誓或未经宣誓的证据形式。关于案情概述，核实是否必须详细描述每起犯罪情况。关于证据类型，询问是否需要每起犯罪的初步证据，核实其证据标准（零证据、合理根据或表面证据标准）。关于证据形式，确保按照被请求国要求的格式提供一切资料。
被请求引渡人被起诉时	
如已被判刑	包括以前的定罪判决/拘留令的一份原件或一份经认证/鉴定的副本，或具有同等效力的其他证明，以证明该判决可立即执行。引渡请求还应包括一份关于已在多大程度上执行判决的声明。
如被缺席审判	提供一项声明，说明已传唤被请求引渡人或将另行通知庭审日期和地点。此外，还可以说明被请求引渡人在有关刑事诉讼过程中有法律代理人，或列出被请求引渡人可利用的法律途径，或说明被请求引渡人归案时将进行重审。
尚未被判刑	提供一份承诺执行判决的声明。

2007 年《中华人民共和国和法兰西共和国引渡条约》第 8 条“请求和相关文件的提交”规定，一、引渡请求应当以书面形式提出，并且包括：（一）对于所有引渡请求：1. 请求机关的名称；2. 引渡请求所针对的案件事实的说明，包括说明行为发生的时间、地点、后果，该行为的定性，以及指明适用的法律条款，包括有关时效的条款；3. 有关该项犯罪及其刑事管辖权、定罪、刑罚和时效的法律规定文本；4. 被请求引渡人的姓名、年龄、性别、国籍、身份证件、职业、住所地或者居所地等请求方已经掌握的、可能有助于确定被请求引渡人身份和所在地点的所有资料；如有可能，有关其外表的描述、该人的照片和指纹。（二）对于为进行刑事诉讼而提出的引渡请求：请求方主管机关签发的逮捕证的原件或者经证明的副本。如果该逮捕证不是由法院、法官或者检察院签发的，则必须附有上述机关授权逮捕的决定的经证明的

副本。（三）对于为执行刑罚而提出的引渡请求：1. 已经发生法律效力的判决书的原件或者经证明的副本；2. 关于所判刑期以及尚需执行的剩余刑期的说明。二、引渡请求和所附文件应当由请求机关签字和盖章。

2007 年《中华人民共和国和葡萄牙共和国引渡条约》第 7 条“引渡请求及所需文件”规定，一、请求方请求引渡应当出具请求书，请求书应当说明：（一）请求机关的名称；（二）被请求引渡人的姓名、年龄、性别，已有的其国籍、身份证件的种类及号码、职业、外表特征、住所地和居住地以及其他有助于辨别其身份和查找该人的情况；（三）犯罪事实，包括犯罪的时间、地点、行为、结果等；（四）对犯罪的定罪量刑、追诉或者刑罚时效，以及可能涉及的提前释放方面的法律规定。二、请求方请求引渡，应当在出具请求书的同时，提供以下材料：（一）为了提起刑事诉讼而请求引渡的，应当附有逮捕证或者其他具有同等效力的文件的副本；（二）为了执行刑罚而请求引渡的，应当附有发生法律效力的判决书或者裁定书的副本，对于已经执行部分刑罚的，还应当附有已经执行刑期的证明；（三）支持请求的其他信息或者材料；（四）如果可能，被请求引渡人的照片、指纹以及其他请求方掌握的可供确认被请求引渡人的材料。三、请求方根据本条第一款和第二款提交的引渡请求书或者其他有关文件，应当由请求方的主管机关正式签署或者盖章，并应当附有被请求方文字的译文。第八条“补充材料”规定，如果被请求方认为，为支持引渡请求所提供的材料不充分，可以要求按时提交补充材料。如果请求方未提交补充材料，应当被视为自动放弃请求，但是不妨碍请求方就同一犯罪重新提出引渡请求。

2001 年《中华人民共和国和菲律宾共和国引渡条约》第 7 条“请求和所附文件”规定，一、请求和相关文件应当通过外交途径递交。二、请求应当附以下材料：（一）关于被请求引渡人的尽可能准确的描述，以及其他有助于确定该人身份、国籍和所在地的材料；（二）关于引渡请求所针对的每项犯罪的说明，以及该人就每项犯罪被指控的作为和不作为的说明，包括犯罪时间和地点的说明；（三）关于定罪量刑和刑事追诉时效或者执行刑罚时效的法律条文。三、如果请求系针对被指控的人员，还应当附请求方法官或者其他主管机关签发的逮捕证副本。四、如果请求系针对已经由终局判决判定有罪的人员，还应当附以下材料：（一）该判决的副本；（二）关于该判决是可执行的以及所需服刑的说明。

（三）临时逮捕

临时逮捕是指在开始启动引渡程序前羁押被请求引渡人，防止其窜逃。临时逮捕由被请求国自主决定，双方在引渡前应就此提前沟通。一旦被请求引渡人被临时逮捕，办案机关必须在一定时限内（通常 30 天至 60 天）提出正式的引渡请求，同时要做好对被请求引渡人保释要求的应对工作。

《联合国打击跨国有组织犯罪公约》第 16 条第 9 款规定，在不违背本国法律及其引渡条约规定的情况下，被请求缔约国可在认定情况必要而且紧迫时，应请求缔约国的请求，拘留其境内的被请求引渡人或采取其他适当措施，以确保该人在进行引渡程序时在场。

犯罪嫌疑人胡某外逃后，2014 年 10 月，被国际刑警组织发布红色通报。2014 年 11 月 23 日，胡某在希腊雅典机场被当地警方根据红色通报依法扣留。公安部立即启动引渡程序，向希腊提供引渡请求书和相关证据材料，希腊法院最终裁决同意将其引渡回国。2015 年 4 月 9 日，胡某被依法引渡回国，这是我国首次从希腊成功引渡经济犯罪嫌疑人。[①] 由于

① 新华社：《“猎狐 2015” 首次从希腊引渡经济犯罪嫌疑人》，2015 年 4 月 9 日，转引自中国政府网 http://www.gov.cn/xinwen/2015-04/09/content_2844326.htm.

中国与希腊尚未签订引渡条约，中希两国以个案合作创新了追逃实践。

（四）提出引渡请求

我国主管机关提交引渡请求前后，都需要与被请求国保持密切沟通，可请被请求国事先审查引渡请求书初稿。引渡请求书应提供充分的事实，证明已满足有关法律标准，证明被请求引渡人实施了该犯罪，且是逃犯。

注意事项：

1. 每个国家都有关于引渡的不同立法、不同程序、不同的时间表和不同的证据标准，引渡请求必须符合对方有关法律规定。

2. 时间表和最后时限非常重要，如未能遵守这些要求，引渡请求可能会被驳回。

3. 双方中央机关要相互协商，保持密切沟通，确保在规定时间内提供所需的材料。

（五）引渡请求的审查

我国提出引渡请求后，被请求国将进行审核。一是采用行政审核制，由行政机关负责审查是否准予引渡。埃及、古巴、巴拿马等国由外交部、司法部等行政部门审查决定是否准许引渡。二是采用司法审核制，由司法机关负责审查是否准予引渡。三是采用双重审核制，由司法机关和行政机关共同参与审核，这是大部分国家的审查模式。在行政审查—司法审查—行政审查模式下，被请求国首先对引渡请求进行形式上的行政审查，随后移送司法机关审查，司法机关审查后不直接作出最终决定，而是把审查意见反馈到行政审查的主管机关，由政府主管机关作出最终决定。德国、法国、意大利、日本、希腊等国采取这种审查模式。在行政审查—司法审查模式下，葡萄牙等国把司法审查放在第二阶段，司法审查决定具有最终效力。在司法审查—行政审查模式下，不把对引渡请求的行政审查作为启动司法审查的必经程序，司法机关有权主动审查引渡请求，但关于引渡问题的最终决定还是由行政主管机关在最后的审查中代表国家作出。[①] 目前，授权审核的行政机关大多为司法部，但最终核准引渡命令的，加拿大是司法部长，日本为法务大臣，美国为国务卿。

（六）引渡成功后的押解安排

被请求国作出引渡决定后，必须立即应对被请求引渡人可能提出的避难申请，准备好机票、签证和沿途押解工作。最好是不在第三国停留，如需过境第三国，应避免第三国停留可能为逃犯提供规避引渡的机会。如引渡逃犯时经过第三国，逃犯突然声称拥有该国国籍或其他国家国籍，根据本国公民不引渡原则可能不能被引渡回国，这会导致引渡功亏一篑。

第三节　引渡的强制措施和执行

引渡作为缉捕逃犯的刑事合作手段，必须有相应的强制措施与之配套，以保障引渡程序的顺利进行。被请求国对引渡请求进行司法审查和行政审查后，将裁定是否准予引渡。

一、引渡的强制措施

（一）紧急情况下的临时拘捕和羁押

我国2000年《引渡法》第48条规定了提出引渡请求前对被请求引渡人先行采取强制措施的程序，即："在紧急情况下，可以在向外国正式提出引渡请求前，通过外交途径或者被请求国同意的其他途径，请求

① 黄风著：《中国引渡制度研究》，中国政法大学出版社1997年版，第161—167页。

外国对有关人员先行采取强制措施。”根据该条规定，最高人民检察院、公安部、国家安全部、司法部等如果认为本系统内有需要先行采取强制措施的，在正式提出引渡请求前，经审查同意，可以通过外交途径或者被请求国同意的其他途径，请求外国对有关人员先行采取强制措施，然后再正式提出引渡请求。

提出正式的引渡请求前，对被请求引渡人采取强制措施的前提是我国提出了预防性羁押的请求并且明确表示随后将提出引渡请求。与正式引渡请求必须向被请求国的中央机关提出不同，临时拘捕或预防性羁押请求可以采用一切快捷方式直接向外国执行机关提出，或通过被请求国其他主管机关向执行机关提出。[①] 1993 年《中华人民共和国和泰王国引渡条约》第 9 条第 1 款规定，临时羁押的请求“可通过外交途径或国际刑警组织以书面方式提出”。1995 年《中华人民共和国与俄罗斯联邦引渡条约》第 11 条第 1 款规定，临时羁押请求可以书面形式通过本条约第 6 条规定的途径（注：指定的主管机关）或者缔约双方同意的其他途径，以任何通讯手段提出。实践中，在国际引渡合作中，外国有时候也以非法入境、非法携带违禁物品、非法滞留等理由，在未收到外国临时拘捕请求前对被引渡对象采取临时拘捕措施。

临时拘捕或临时羁押请求应当以书面形式提出，一般包含下列材料：(1) 被请求拘捕者的个人信息，包括姓名、性别、国籍、住所地、身份证件号、护照号、可能的藏匿地、联系方式、外貌特征、照片、指纹以及其他有助于辨别被请求拘捕人的信息；(2) 犯罪事实概述；(3) 如果被请求拘捕的对象是犯罪嫌疑人或被告人，要提供办案机关签发的逮捕令和国际刑警组织红色通报（如有）；(4) 如果被请求拘捕的对象是被判刑人，要提供司法机关作出的生效判决副本；(5) 明确表示随后将针对

---

① 黄风著：《中国引渡制度研究》，中国政法大学出版社 1997 年版，第 243 页。

该人提出正式的引渡请求。①

在不同的国家，临时性羁押期限各不相同。1993 年《中华人民共和国和泰王国引渡条约》规定，在羁押被请求引渡人后 60 天内，如果被请求方的主管机关未收到正式引渡请求及第 7 条所要求的文件，临时羁押应予取消。《中华人民共和国和俄罗斯联邦引渡条约》规定，被请求引渡人被羁押后 30 天内，如果请求的缔约一方未送达引渡请求及文件，被羁押人应予以释放；在上述期限届满前，如果请求的缔约一方说明理由并提出请求，这一期限可延长 10 天。

1. 依据公约或互惠原则提出临时羁押请求

在无双边条约时，可以依据国际公约或互惠原则开展引渡合作，并在正式提出引渡请求前，依据对方国内引渡法提出临时羁押请求。

《新西兰引渡法》规定，在外国尚未正式提出引渡请求情况下，地区法院的法官可以根据有关部门提供的信息和申请，签发临时逮捕令。临时逮捕令需满足以下条件：（1）外国的主管法官或司法官员已经对被请求临时引渡逮捕人签发了逮捕令；（2）有理由怀疑被请求临时逮捕人位于新西兰境内或正在前往新西兰的途中；（3）有合理理由认为该人是可以引渡的，且该人被指控的犯罪属于可引渡犯罪；（4）有实行逮捕的紧迫需要。②

《澳大利亚引渡法》规定，在紧急情况下，如果需要在正式提出引渡请求前对逃犯实行临时逮捕，引渡请求国应通过澳大利亚总检察长部提出请求，由总检察长部指示联邦检察官办公室主任向主管法官申请临时逮捕令。③

---

① 黄风著：《中国引渡制度研究》，中国政法大学出版社 1997 年版，第 244 页。

② 新西兰议会法律事务办公室网站 Extradition Act 1999，http://www.legislation.govt.nz/act/public/1999/0055/latest/DLM25628.html.

③ 黄风著：《引渡问题研究》，中国政法大学出版社 2006 年版，第 161 页。

《加拿大引渡法》规定，外国为引渡目的逮捕或临时逮捕的请求应当向加拿大司法部长提出，并且可以通过国际刑警组织向加拿大司法部长提出。司法部长在接到外国为引渡目的提出的临时逮捕请求后，如果认为所针对的犯罪属于可引渡的犯罪并且请求方将提出引渡请求，则授权总检察长向主管法官申请实行临时逮捕。根据总检察长的申请，主管法官经审查认为具备以下条件时将签发临时逮捕令：（1）为维护公共利益，例如为防止被请求引渡人逃跑或继续犯罪，有必要逮捕该人；（2）该人居住在加拿大或者正前往加拿大的途中；（3）请求方已经对该人发出了逮捕令、临时逮捕令或者决定采取类似的强制措施，或者该人已经被定罪判刑。①

《日本逃亡犯罪人引渡法》规定，在紧急情况下，请求国可以在提出正式引渡请求以前通过日本外务省提出临时羁押的请求，为此，请求方应当说明本国主管机关已对被请求引渡人签发了逮捕令或者对该人已判处了刑罚，同时还应说明随后将正式提出引渡请求。在不存在双边引渡条约的情况下，请求国在提出临时羁押请求时还应当作出互惠承诺。外国关于临时羁押的请求将通过外务省转送法务省审查，在获得认可后，由法务大臣命令东京高等检察厅检察长予以执行。②

2. 依据引渡条约提出临时羁押请求

对于有双边引渡条约的国家，在紧急情况下，一般都可以在提出正式引渡请求前，依据引渡条约请对方国家临时逮捕和羁押被请求引渡人，防止其逃跑。

2002 年《中华人民共和国和阿拉伯联合酋长国引渡条约》第 9 条第 1 款规定，在紧急情况下，被请求国可在收到引渡请求及前条所指文

---

① 黄风著：《引渡问题研究》，中国政法大学出版社 2006 年版，第 175—176 页。

② 黄风著：《引渡问题研究》，中国政法大学出版社 2006 年版，第 137—138 页。

件前，临时羁押被请求引渡人；第 2 款规定，临时羁押请求应包括本条约第 7 条第 1、2 款中所列出的相关证明文件。据此，可以通过外交渠道向阿联酋有关部门提出拘押申请，也可以通过国际刑警组织中国中心局向阿联酋中心局直接提出拘押请求，请求应附上国际红通、被通缉人员信息和描述其罪行的司法文书。

1995 年《中华人民共和国与俄罗斯联邦引渡条约》第 11 条“收到引渡请求前的羁押”规定，一、在紧急情况下，缔约一方可以请求缔约另一方在收到本条约第 8 条所指的引渡请求前，羁押被请求引渡人。此种请求可以书面方式通过本条约第 6 条规定的途径或者缔约双方同意的其他途径，以任何通讯手段提出。二、请求书应包括：被请求引渡人的情况；已知的该人住所地和居所地；案情的简要说明；已签发羁押决定或者逮捕证的说明，或者已作出发生法律效力的判决的说明；以及即将提出引渡请求的说明。

2007 年《中华人民共和国和法兰西共和国引渡条约》第 12 条“临时羁押”规定，一、在紧急情况下，请求方主管机关可以要求对被请求引渡人实施临时羁押。临时羁押请求应当以书面形式提出，并且应当包括第 8 条第 1 款第 1 项所列内容，说明已经备有该条第 1 款第 2 项或者第 3 项所列文件，并表示即将提出引渡请求。二、临时羁押请求应当通过外交途径、国际刑警组织或者双方同意的其他途径递交给被请求方主管机关。三、收到第 1 款提及的请求后，被请求方主管机关应当立即依法处理，并将处理该请求的结果通知请求方。四、如果被请求方在羁押被请求引渡人之后的 60 天内未收到引渡请求，则应当解除临时羁押。五、如果随后收到引渡请求，第 4 款的规定不妨碍对被请求引渡人的再次羁押和引渡。

2005 年《中华人民共和国和西班牙王国引渡条约》第 9 条“临时羁押”规定，一、在紧急情况下，一方可以请求另一方在收到引渡请求前临时羁押被请求引渡人。此种请求可以通过本条约第 6 条规定的途径、国际刑事警察组织或者双方同意的其他途径以书面形式提出。二、临时羁押请求应当包括本条约第 7 条第 1 款所列内容，说明已经备有该条第 2 款所列文件，并说明即将提出正式引渡请求。三、被请求方应当将处理该请求的情况及时通知请求方。四、如果被请求方在羁押被请求引渡人之后的 40 天内未收到正式引渡请求，则应当解除临时羁押。应请求方合理要求，上述期限可以延长 15 天。五、如果被请求方后来收到了正式的引渡请求，则根据本条第 4 款解除的临时羁押不应妨碍对被请求引渡人的引渡。

2004 年《中华人民共和国和巴西联邦共和国引渡条约》第 9 条“临时羁押”规定，一、在紧急情况下，一方可以请求另一方在收到引渡请求前临时羁押被请求引渡人。此种请求可以通过本条约第 6 条规定的途径、国际刑事警察组织或者双方同意的其他途径以书面形式提出。二、临时羁押请求应当包括本条约第 7 条第 1 款所列内容，说明已经备有该条第 2 款所列文件，以及即将提出正式引渡请求。以上所有文件应当附有被请求方文字的译文。三、被请求方应当将处理该请求的结果及时通知请求方。四、如果被请求方在通知请求方大使馆已羁押被请求引渡人之日起 60 天内未收到正式引渡请求，则应当解除临时羁押。经请求方合理要求，上述期限可以延长 15 天。五、如果被请求方后来收到了正式的引渡请求，则根据本条第 4 款解除临时羁押不应妨碍对被请求引渡人的引渡。

2010 年《中华人民共和国和意大利共和国引渡条约》第 9 条“临时羁押”规定，一、在紧急情况下，请求方可以为提出引渡请求的目的，请求临时羁押被请求引渡人。此种请求可以通过本条约第 6 条规定的指定机关、国际刑事警察组织或者双方同意的其他途径以书面形式提出。二、临时羁押请求应当包括本条约第 7 条所列内容，并说明即将提出正式引渡请求。三、被请求方应当将请求的结果迅速通知请求方。四、如果被请求引渡人被羁押30天后，被请求方指定机关仍未收到正式引渡请求，临时羁押和任何可能有的强制措施应当被解除。经请求方合理要求，上述期限可以延长15天。五、如果被请求方随后收到了正式的引渡请求，则根据本条第4款解除的临时羁押不妨碍对被请求引渡人的引渡。

（二）引渡羁押

引渡羁押是被请求国收到引渡请求书后，为保证引渡程序的顺利进行，对被请求引渡人采取羁押等强制措施。

我国《引渡法》第32条规定，高级人民法院收到引渡请求书及其所附文件和材料后，对于不采取引渡逮捕措施可能影响引渡正常进行的，应当及时作出引渡逮捕的决定。对被请求引渡人不采取引渡逮捕措施的，应当及时作出引渡监视居住的决定。

《英国引渡法》第71条规定，法官为引渡案件签发逮捕令需获得一定的证据，即：（a）在被请求引渡人受到犯罪指控的情况下，主管法官据以在其辖区内对被指控犯有该罪行的人签发逮捕令的证据；（b）在被请求引渡人被指称在定罪后逃脱的情况下，主管法官据以在其辖区内对在定罪后非法脱逃者签发逮捕令的证据。①

《日本逃亡犯罪人引渡法》规定，东京高等检察厅检察长在接到法务大臣移送的案件后，应当指派检察官向东京高等法院申请针对被请求引渡人的羁押许可并予以执行。如果被请求引渡人下落不明，则应当通知有关执法机关进行查找。如果被请求引渡人在日本有固定住所，并且东京高等检察厅检察长不担心该人逃跑，可以不实行引渡羁押。②

① 黄风著：《国际刑事司法合作的规则和实践》，北京大学出版社2008年版，第75页。

② 黄风著：《引渡问题研究》，中国政法大学出版社2006年版，第137页。

《加拿大引渡法》规定，加拿大司法部长在接到外国的引渡请求后，如果认为引渡请求所针对的犯罪属于可引渡的犯罪，则签发一份“审理授权书”，授权总检察长代表请求方向主管法院提出签发拘押令的申请。①

1995 年《中华人民共和国与俄罗斯联邦引渡条约》第 10 条“为引渡而羁押”规定，被请求的缔约一方收到引渡请求后，除根据本条约规定不得引渡的情形外，应立即采取措施羁押被请求引渡人。

犯罪嫌疑人冯某伙同其夫胡某（已判决），非法吸收公众存款 3300 余万元人民币，2014 年 3 月潜逃出境。2014 年 8 月，国际刑警组织对冯某发布红色通报。2015 年 6 月，法国警方依据红色通报将冯某拘捕，湖北省公安机关遂通过外交渠道向法方提出引渡请求。2015 年 7 月 17 日，《中华人民共和国和法兰西共和国引渡条约》正式生效。2016 年 12 月初，法方裁定同意引渡冯某，随后公安部工作组将被法方羁押的冯某押解回国。②

二、引渡的执行

引渡的执行，又被称为移交被引渡人，是指被请求国经审查引渡请求，核准引渡条件，同意引渡并将被引渡人移交给请求国的行为。③

（一）同意移交

《加拿大引渡法》规定，加拿大司法部长发布的移交令在以下条件

① 黄风著：《引渡问题研究》，中国政法大学出版社 2006 年版，第 176 页。

② 法制网：《湖北公安机关首次从法国引渡犯罪嫌疑人》，2016 年 12 月 30 日，http://www.legaldaily.com.cn/index/content/2016-12/30/content_6937566.htm? node = 20908.

③ 陈雷著：《反腐败国际合作理论与实务》，中国检察出版社 2012 年版，第 148—149 页。

时执行：如果被请求引渡人没有提出上诉或没有提出司法审查的申请，自为引渡而签发拘押令之日起经过30日之后；如果被请求引渡人以书面形式表示自愿放弃该30日不受引渡的期限保护，可以在该期限届满前实施移交；如果出现上诉或者申请司法审查的情形，审理上诉或司法审查的法院作出终局裁决之后。①

2010年《中华人民共和国和意大利共和国引渡条约》第11条“移交被引渡人”规定，一、如果被请求方同意引渡，双方应当迅速商定执行引渡的时间、地点等有关事宜。移交被请求引渡人的期限应为请求方收到同意引渡的通知之日起40天。二、如果请求方未在本条第1款规定的期限内接收被引渡人，被请求方应当立即释放该人，并且可以拒绝请求方就同一犯罪再次提出的引渡该人的请求，但本条第3款另有规定的除外。三、如果一方因为其无法控制的原因不能在商定的期间内移交或者接收被引渡人，应当立即通知另一方。双方应当再次商定移交的日期，并适用本条第2款的规定。四、被引渡人在请求方的刑事诉讼终结或者服刑完毕之前逃回被请求方的，该人可以根据请求方就同一犯罪再次提出的引渡请求被重新引渡，请求方无需提交本条约第7条所规定的文件。

2007年《中华人民共和国和法兰西共和国引渡条约》第14条“决定和移交”规定，一、被请求方应当迅速将有关引渡的决定通知请求方。二、全部或者部分拒绝引渡的，应当说明理由。三、如果被请求方同意引渡被请求引渡人，双方应当商定移交的时间、地点和方式。被请求方应当将被引渡人在移交之前已经被羁押的时间告知请求方。四、除第5款规定外，如果请求方未在商定的移交之日后20天内接收被请求引渡人，则应将该人释放。被请求方随后可以拒绝请求方因相同犯罪提

① 黄风著：《引渡问题研究》，中国政法大学出版社2006年版，第185页。

出的引渡该人的请求。五、如果一方因不可抗力而不能移交或者接收被引渡人，应当通知另一方；双方应当另行商定移交的日期，并适用第4款的规定。

《澳大利亚引渡法》规定，移交活动由澳大利亚警察部门实施，允许请求方主管机关派员来澳大利亚接收被引渡人，并与澳大利亚警察部门共同解送该人出境。对于被扣押的、可能作为案件证据或者可能来源于犯罪行为的财物，总检察长可以决定一并移交给引渡请求方，而不问是否对被请求引渡人发布了引渡令。有关移交活动应当自引渡令发布后的2个月内执行完毕。如果在2个月的期限内未实施移交，被请求引渡人有权向联邦法院或者州最高法院提出释放申请，法院应当作出释放该人的裁决。①

（二）中止执行、暂缓引渡或临时引渡

被请求国如发现被请求引渡人涉嫌当地犯罪，或已被起诉或正在服刑，将在诉讼终结或服刑期满前中止或暂缓引渡。但如果我国因调查或公诉需要，可临时引渡该嫌疑人回国受审，但调查或审理结束后必须将该嫌疑人在承诺的期限内送还。

《加拿大引渡法》规定，如果被请求引渡人因引渡请求以外的其他犯罪在加拿大受到刑事指控或者接受刑罚的执行，司法部长所签发的移交令将中止执行，直至该人被释放或者服刑完毕。但是，司法部长可以决定将被请求引渡人临时移交给引渡请求方，条件是该请求方应当在约定的期限内将被临时移交者送还加拿大。②

2007年《中华人民共和国和葡萄牙共和国引渡条约》第12条规定，如果被请求引渡人正在被请求方因为引渡请求所针对的犯罪之外的犯罪

① 黄风著：《引渡问题研究》，中国政法大学出版社2006年版，第167页。
② 黄风著：《引渡问题研究》，中国政法大学出版社2006年版，第185页。

被提起刑事诉讼或者服刑，被请求方可以在作出同意引渡的决定后，暂缓引渡该人直至诉讼终结或者服刑完毕。被请求方应当将暂缓引渡事项通知请求方。如果暂缓引渡可能给请求方的刑事诉讼造成严重障碍，被请求方可以在不妨碍其正在进行的刑事诉讼，并且请求方保证在完成有关程序后立即将该人无条件送还被请求方的情况下，根据请求方的请求，临时引渡该人。

2010 年《中华人民共和国和意大利共和国引渡条约》第 12 条规定，如果被请求引渡人正在被请求方因为引渡请求所针对的犯罪之外的犯罪被提起刑事诉讼或者服刑，被请求方可以在作出同意引渡的决定后，暂缓引渡该人直至诉讼终结或者服刑完毕。被请求方应当将暂缓引渡事项通知请求方。但是，经请求方请求，被请求方在本国法律允许范围内，可以将被请求引渡人临时移交给请求方，以便其开展正在进行的刑事诉讼。双方应商定临时移交的时间和方式。被临时移交人在请求方境内期间应当羁押并且在商定的期限内应被送还给被请求方。上述羁押的时间应该计算在被请求方尚未执行的刑期内。

2007 年《中华人民共和国和法兰西共和国引渡条约》第 15 条规定，如果被请求引渡人正在被请求方境内因为引渡请求所针对的犯罪之外的犯罪被提起诉讼或者服刑，被请求方可以在作出同意引渡的决定后，推迟移交该人直至诉讼终结或者服刑完毕。在必要的情况下，被请求方可以向请求方临时移交其已同意引渡的人，而不推迟移交。双方应当商定临时移交的条件，并且确保继续羁押和送还该人。鉴于被请求引渡人的身体状况，如果移交可能危及被请求引渡人的生命或者使其健康状况恶化，也可以推迟移交。如果被请求方决定推迟移交，应当通知请求方，并且采取一切必要措施，以保证推迟移交不影响最终向请求方移交被请求引渡人。

2005 年《中华人民共和国和西班牙王国引渡条约》第 12 条规定，

如果被请求引渡人正在被请求方因为引渡请求所针对的犯罪之外的犯罪被提起刑事诉讼或者服刑，被请求方可以在作出同意引渡的决定后，推迟移交该人直至诉讼终结或者服刑完毕。被请求方应当将推迟移交事项通知请求方。如果本条第1款规定的推迟移交会造成请求方刑事追诉时效丧失或者妨碍对引渡请求所针对的犯罪进行调查，被请求方可以在本国法律允许的范围内，根据双方确定的条件，将被请求引渡人临时移交给请求方。请求方在完成有关程序后，应当立即将该人送还被请求方。

2015年9月，浙江中港集团原总裁丁庆平被从西班牙引渡回国，这是中国警方首次成功从西班牙引渡经济犯罪嫌疑人。2008年9月，丁庆平安排员工赴海南旅游，自己却和妻子厉某携巨款潜逃出境，留下了超过2亿元的债务和烂尾楼盘。他带着家人踏上北美大陆，逃往加拿大，后辗转至西班牙。在加拿大，丁庆平以投资移民方式办理了移民，加入了加拿大国籍。但随后，丁庆平的钱慢慢用完，因没有什么收入，生活出现了问题。丁庆平出逃后，浙江省和金华市两级公安机关一直没有放弃缉捕。由于丁的身份特殊，且加入了加拿大籍，整个追逃过程异常费时而艰难。2011年10月，公安部对丁庆平申请发布国际刑警组织红色通报。2014年12月，警方通过国际警务合作渠道提供了丁庆平的信息。西班牙警方根据这些信息，成功将其抓捕。浙江警方得知丁被抓获后，马上向西班牙提供引渡请求书和相关证据材料，及时启动了引渡程序。2015年9月，西班牙宪法法院在其上诉不到10天即驳回请求，丁用尽了西班牙所有司法程序。随后，西班牙警方派专车将其直送停机坪，我公安人员押解丁顺利登机回国。①

① 钱江晚报：《外逃富商被引渡回国》，2015年9月20日，转引自中新网http://jiangsu.china.com.cn/html/2015/kuaixun_0921/2536319.html.

第四节 简易引渡

简易引渡是指被请求国在被请求引渡人同意自愿接受引渡的条件下，省略一般的审查程序，快速将该人移交给请求国。[①] 实行简易引渡，一方面能够节省司法资源，加快国际合作的进程；另一方面也体现了对被请求引渡人诉讼权利和意愿的尊重，缩短该人在被请求国的羁押时间。

一、简易引渡的法律依据

近十几年来，简易引渡程序越来越受到国际社会的重视。1995 年欧盟制定了《欧盟成员国间简易引渡程序公约》，要求各成员国在被请求引渡人同意引渡且被请求国主管机关准许的情况下，无须提交引渡请求书，也不适用正式的引渡程序；在被引渡人表示同意后最长 40 天内移交给请求国。2000 年《联合国打击跨国有组织犯罪公约》和 2003 年《联合国反腐败公约》都呼吁各国“在符合本国法律的情况下，努力加快引渡程序并简化与之有关的证据要求”。

当前，基于诉讼节俭原则和对诉讼当事人意愿的尊重，简易引渡已成为世界各国引渡立法普遍接受的一项制度。《中华人民共和国和秘鲁共和国引渡条约》第 13 条“简捷移交”规定，如果被请求引渡人同意被移交给请求方，被请求方可以在其法律允许的范围内尽快移交该人，而无需任何后续程序。

1999 年《新西兰引渡法》第 28 条第 1 款规定，某人可以在任何时候通知法院他（她）同意因引渡请求所针对的可引渡犯罪而被移交给

---

① 黄风著：《引渡问题研究》，中国政法大学出版社 2006 年版，第 40 页。

引渡请求国。①

2003 年《英国引渡法》第 127 条规定，根据引渡请求签发的逮捕令或临时逮捕令被逮捕之人，可以同意被引渡到请求将其引渡回国的 2 类法域（欧盟以外的国家或地区，或无引渡条约时签订引渡特别安排的国家或地区等）。被请求引渡人的同意表示必须是书面的，且不可撤销。如果在案件提交给国务大臣决定是否引渡前，被引渡人同意引渡，该同意表示必须提交给有关法官。其他案件的同意表示必须提交给国务大臣。被请求引渡人作出同意表示前，应被告知申请法律援助的权利，作出同意表示时有代理律师在场。②

二、同意引渡的时间、形式和条件

一般情况下，被请求引渡人可以在引渡决定作出前的任何时间，向负责处理引渡请求的行政主管机关（行政受理阶段）或司法机关（司法审查阶段）表达自己同意被引渡的意愿。

同意接受引渡的意愿一般采用书面形式，一旦被审查接受，被引渡人不得在以后反悔，即该同意表示不可撤回。③ 被请求引渡国主管机关在核实该同意表示的真实性和自愿性后，即可宣告允许引渡决定，不需要继续进行随后的审查程序。核实被请求引渡人同意表示的真实性和自愿性时，重点看其是否在被充分告知且充分了解有关法律后果后自愿表示同意。意大利等国法律还规定，在表达此种同意时应当有被请求引渡

---

① 新西兰议会法律事务办公室http://www.legislation.govt.nz/act/public/1999/0055/latest/DLM25628.html.

② 英国国家档案馆http://www.legislation.gov.uk/ukpga/2003/41/section/127.

③ 参见 2003 年《英国引渡法》第 127 条第 3 款、德国 1982 年《国际刑事司法协助法》第 41 条第 3 款，转引自黄风著：《引渡问题研究》，中国政法大学出版社 2006 年版，第 42 页。

人的律师在场。[1]

在被请求引渡人自愿同意引渡情况下，被请求国的司法机关将放弃或终止对引渡请求的审查。因此，我国可以不提出支持引渡请求的详细文件或证据材料，但需要提供被请求引渡人的身份信息、请求逮捕的机关、逮捕令或判决书、案情概述以及相关法律规定等材料。[2]

三、中意简易引渡案

犯罪嫌疑人张某伙同他人利用职务便利从受害人账户上取走现金147万元，2005年9月外逃法国，2005年10月被公安机关立案侦查，2007年2月被依法批准逮捕。张某出逃长达10年，办案民警变更了4次，抓捕难度很大。2014年河北办案机关将此案列为重点案件，集中力量侦办。2014年10月15日，意大利警方向中方通报，意大利博洛尼亚警方抓获张某。按照意大利法律，我国要在45天内对张某提出引渡申请。引渡张某需要经过法院判决，之后还要报请意大利司法部批准同意。当时，意大利警方只是对张某颁发了禁足令，羁押2天就将其释放回家，但限制其离开博洛尼亚。由于意大利是“申根国家”，相互往来不需要相关证件，张某随时可能再次潜逃。考虑到这些情况，专案组立即通过国内其姐姐开展稳控和劝返工作。从抓获到成功引渡的110天时间内，办案民警每天通过电话和微信与张某及其亲属进行联系，讲解政策，稳控情绪，张某最后同意回国投案。2015年2月3日，张某被顺利地引渡回国。[3]

---

① 黄风著：《中国引渡制度研究》，中国政法大学出版社1997年版，第322页。

② 黄风著：《引渡问题研究》，中国政法大学出版社2006年版，第43页。

③ 滕抒：《这些难啃的“硬骨头”是怎么啃下来的》，载《中国纪检监察》2017年第7期。

四、中法简易引渡案

2016年9月，犯罪嫌疑人陈文华被从法国引渡回国，这是《中法引渡条约》生效后两国间首例成功引渡案，也是继意大利、西班牙等国之后，中方再次从欧洲国家成功引渡逃犯。2013年3月，陈文华先后窜逃西班牙、法国。2014年11月，国际刑警组织对其发布红色通报后，中方迅速向法方进行了通报。2015年4月，《中法引渡条约》正式生效。2015年10月，法国警方根据国际刑警组织红色通报，成功将陈文华抓捕并羁押。法国引渡程序比较复杂，理论上被引渡人可多次提出上诉，直至上诉到欧洲人权法院，再经行政审批程序，被引渡人被告知行政审批结果后，仍可上诉。由于中法合作顺畅，且中方主动做陈文华的工作，促其认清形势，放弃上诉。法国司法部门最终同意简化移交手续，裁决将陈文华引渡回中国。2016年9月14日，法国警方在巴黎机场将陈文华移交给公安部“猎狐行动”工作组。9月15日12时许，陈文华被押解至北京首都机场。①

第五节　从美国引渡逃犯的程序和要求

美国引渡程序分为州与州之间的引渡、境外向美国境内的引渡、由美国向境外引渡，下文只讨论由美国向境外引渡的程序。

---

① 浙江新闻网：《海外追逃揭秘：浙江怎么抓回“丁义珍”们》，2017年4月13日，http://zj.zjol.com.cn/news/611016.html.

一、引渡的法律依据

美国法律明确规定，与外国政府开展引渡合作，特别是外国从美国引渡逃犯，需以该外国政府与美国政府之间存在有效的引渡条约为前提条件。① 1996年，美国修改法律允许在无引渡条约的情况下，美国可以从外国引渡涉嫌在外国对海外美国公民实施暴力犯罪的逃犯，条件是该犯罪嫌疑人不是美国公民或永久居民。

1794年，美国与英国签署第一份含有引渡条款的条约。目前，美国已与130多个国家和欧盟签署双边引渡条约。虽然《联合国反腐败公约》第44条第5款规定，以订有条约为引渡条件的缔约国如果接到未与之订有引渡条约的另一缔约国的引渡请求，可以将本公约视为对本条所适用的犯罪予以引渡的法律依据。但美方明确表示，《联合国反腐败公约》并不能构成外国与美国进行引渡合作的条约基础。这意味着，我国虽与美国同为《联合国反腐败公约》缔约国，但中美之间无法依据《联合国反腐败公约》开展引渡合作。

二、引渡的具体法律要件

外国与美国开展引渡合作，请求引渡所针对的犯罪必须是双边引渡条约规定的可引渡犯罪。对于下列情况，美国可以拒绝引渡，包括政治犯罪、军事犯罪、死刑犯罪、引渡后逃犯可能遭受酷刑、犯罪追诉时效已过、对逃犯的判决是缺席作出的以及引渡后逃犯可能会因种族、宗

---

① 9 15.100 International Extradition and Related Matters: Definition and General Principles, United States Attorneys' Manual, U.S. Department of Justice.

教、民族或政治见解受到歧视待遇等。

1. 关于可引渡犯罪。传统上，美国与外国签订的引渡条约通常会附有一份可引渡犯罪清单。但近年来，美国在新签订的引渡条约中逐步取消了可引渡犯罪清单，改为在条约正文中规定可引渡犯罪的定义。在认定可引渡犯罪时，不要求双方法律将有关犯罪归于同一犯罪类型或有关罪名、刑罚相同。

2. 关于政治犯罪不引渡。政治犯罪包括两类：一是“纯粹的政治犯”，包括叛国、间谍、颠覆政权等；二是“相对政治犯罪”，指具有政治动机的普通刑事犯罪，包括出于政治目的劫持航空器、暗杀政治领袖等。美国目前倾向于缩小政治犯罪的涵盖范围。

3. 关于可判处死刑的不引渡。目前，美国联邦刑法保留死刑，部分州刑法已废除死刑。有些犯罪按照美国法律不能被判处死刑，但根据外国法律可以判处死刑，美国处理此类引渡请求时会要求外国承诺不判处或不执行死刑。在引渡程序中，一国关于不判处、不执行死刑的承诺由该国外交部对外作出。只要外国法律允许作出这种承诺，美国通常会接受外国的承诺。

4. 关于酷刑不引渡。美国 1994 年批准了《禁止酷刑和其他残忍、不人道或有辱人格的待遇或处罚公约》（简称“禁止酷刑公约”），该公约第 3 条规定缔约国有义务不向“有重大理由相信该人有遭受酷刑危险”的国家移交有关人员。美国授权国务卿就酷刑问题作出决定，且此决定不受美国法院的司法审查。

5. 允许引渡本国公民。与包括我国在内的很多国家遵循“本国公民不引渡”原则不同，美国法律允许向外国引渡美国公民。

三、外国请求美国引渡逃犯的程序

外国的引渡请求，包括正式引渡请求，通常由该国驻美使馆向美国国务院提出。引渡请求的所有文书必须是英文的或者翻译成英文，一般包括以下内容：（1）能够证明被请求引渡人面临刑事起诉的文书，比如起诉书或者控告；（2）逮捕证；（3）能够说明其所犯罪行、所面临的刑罚以及公诉时限的文书副本；（4）检察官宣誓书或者法律声明；（5）能够证明案件事实的证据材料，比如，侦查员或者执行抓捕任务的警官的报告，被害人或者证人宣誓书，尸检报告或者化学检测报告；（6）能够说明逃犯身份的证据，比如，照片、指纹、特征描述等。[①]

在引渡条约允许的情况下，临时逮捕请求可以向美国国务院提出，也可以直接向美国司法部提出。临时逮捕的条件是引渡条约中有相关条款，且情况紧急，如逃犯极易逃跑，对社会有危害性等。临时逮捕请求书一般应包含以下内容：（1）被请求临时逮捕人的姓名；（2）被起诉的罪名，以及逮捕证、起诉文书、判决文书；（3）所犯罪行的简要描述；（4）对被告身份和特征的描述，如果知道被请求临时逮捕人的下落也要一并提供。

美国国务院法律顾问办公室负责初步审查外国的引渡请求。审查事项主要包括外国与美国之间是否签订引渡条约，请求是否属于可引渡范围以及是否有明显的拒绝引渡理由。如经审查符合引渡要求，美国国务院法律顾问办公室将把引渡请求书送交司法部。

司法部刑事司国际事务办公室负责审核有关文件是否完备，并将有关文件送逃犯所在地联邦检察官。联邦检察官将向法院申请逮捕证，并

① 黄晶：《美国引渡程序简述》，载《法制与经济》2016 年第 9 期。

根据逮捕证拘捕逃犯。在法院作出引渡裁定前，逃犯应被羁押。引渡诉讼公开进行。联邦检察官作为外国政府代表参加诉讼，并要求法院审查引渡请求并提交相关文件作为证据。法院在审理引渡案件时，不审查政治犯罪、酷刑等政治问题，这些事项由国务卿审查决定。

对于法院同意引渡的裁定，被请求引渡人无权提出上诉。此后，案件将由联邦检察官送交国务卿。国务卿有权最终决定是否向外国引渡逃犯。在决定过程中，国务卿可以重新评估所有因素，包括人道主义因素。国务卿对引渡逃犯的最终决定不会受到美国法院的司法审查，逃犯无权就国务卿作出的引渡决定提起上诉。在引渡程序中，逃犯可以向联邦地区法院申请人身保护令，请求法院审查对其进行羁押的法律依据。如果联邦地区法院驳回逃犯的人身保护令申请，该逃犯可以向联邦巡回上诉法院提起上诉。但申请人身保护令不具有中止引渡程序的效力。只要法院不命令中止引渡程序，政府仍可继续实施引渡。

第六节　从加拿大引渡逃犯的程序和要求

加拿大现行引渡法于 1999 年 6 月 17 日颁布，取代了 1877 年《引渡法》和 1882 年《加拿大逃犯法》。其中，新引渡法最大的亮点是修改了 1877 年《引渡法》和《加拿大逃犯法》“不允许在无双边引渡条约情况下向外国提供引渡合作，也不允许根据多边国际公约开展引渡合作”的规定。

一、引渡的法律依据和主管机关

加拿大引渡法律框架主要由 1999 年《引渡法》以及加拿大对外签订的约 70 项双边引渡条约或协议组成。《引渡法》规定了引渡的审理和审查程序、证据标准、部门职责、上诉程序、执行等。双边引渡条约根据不同国家情况有所区别，主要内容包括提出引渡请求的渠道和程序、批准和拒绝引渡的条件、证据标准、文书要求等。

加拿大司法部是引渡事务主管机关，负责实施《引渡法》和引渡条约，具体工作由司法部国际协助组（International Assistance Group，IAG）完成。原则上，加拿大只与签有双边引渡条约或共同签署含有引渡条款的多边条约的国家开展引渡合作，但《引渡法》第 10 条规定了例外情况，即外交部在征得司法部同意后，可与同加拿大无引渡条约的国家就具体个案达成“特定协议”（specific agreements），执行该国的引渡请求。

二、外国请求加拿大引渡逃犯的程序

（一）临时逮捕

在提出引渡请求前，请求方如认为被引渡人可能潜逃，可向加拿大司法部长提出临时逮捕请求。司法部长如认为该犯罪为可引渡犯罪（即有关罪行如在加拿大境内实施亦构成可判处 2 年监禁以上刑罚），则授权总检察长向主管法官申请进行临时逮捕。主管法官审查通过后，即签发逮捕令。逮捕后，请求方如未在引渡条约规定期限内（无明确约定期限的为 60 日）提出引渡请求，或主管法官接到司法部长关于不签发“审理授权书”（authority to proceed）的通知，主管法官应立即释放当事人。

（二）引渡的提出、审理和上诉

在收到引渡请求后，司法部长如认为请求针对的犯罪为可引渡犯罪，则签发“审理授权书”，授权总检察长代表请求国向主管法院申请签发逮捕令或传唤令。经审理符合以下条件的，法官作出同意引渡裁决，并列入递解程序以等候移交。（1）对以追诉为目的的引渡请求，请求方提供的证据可以表明，该人的行为如在加拿大境内实施也构成犯罪，依法应被逮捕和审判；（2）对以执行已判决刑罚为目的的引渡请求，有关定罪和量刑与“审理授权书”中所列举的犯罪相符；（3）出庭受审者确系请求国追诉的人，或有关刑罚所针对的人。被引渡人或请求国如对法官裁决不服，可在30日内向省上诉法院上诉，上诉法院审理后可分别作出撤销或修改拘押令、发回重审、直接签发释放令等裁决。如仍不服，双方可上诉至最高法院。

（三）行政审查和司法复核

法官作出同意引渡裁决的同时，须向司法部长提交一份同意引渡报告，后者需在收到报告90日内完成行政审查。司法部长裁量权较大，审查的政治色彩也较浓。如被引渡人已提出难民申请，司法部长应在作出审查结论前征求移民部长意见。如被引渡人不服司法部长的行政审查结论，可在收到结论30日内向省上诉法院提出司法复核申请，上诉法院可在复核后要求司法部长作出补充说明，或维持、废止、撤销、限制司法部长的决定。

（四）引渡的执行

如被引渡人未在30日内就法官裁决提出上诉或就司法部长行政审查结论提出司法复核申请，或在30日期限届满前书面放弃提起上诉或司法复核的权利，加拿大与请求国可依据引渡条约或其他协议约定的方式移交被引渡人。如被引渡人提出上诉或司法复核申请，则双方在法院作出维持引渡决定的终审裁决后移交被引渡人。

三、证据标准

《引渡法》第31条至第37条规定的证据标准较加拿大国内法更为

灵活。一方面，根据加拿大法律应予采信的证据应当采信。另一方面，对下列根据加拿大法律在其他案件中不能被采信的证据或证据性文件也可被采信：1. 在以追诉为目的的引渡请求中，请求方有关概要性介绍其所掌握证据的文件（请求方应说明这些证据可用于审判，且系依请求国法定程序获取）；2. 在以执行已判决刑罚为目的的引渡请求中，请求方提供的被引渡人定罪情况和描述其犯罪行为的文件（请求方应说明该文件的准确性）；3. 被引渡人提出的与审查其是否符合引渡条件相关的证据。但如果有关证据系在加拿大境内采集，则须符合加拿大国内证据采集程序。

四、其他要求

引渡请求一般通过外交渠道提出，应具备的形式要件由双方在引渡条约中约定，主要包括：1. 被引渡人的身份信息；2. 描述被引渡人所涉案情的文书；3. 请求国规定被引渡人所犯罪行和刑罚的法律条文及诉讼时效法律条文；4. 对以追诉为目的的引渡请求，需提交请求国的逮捕令、国际刑警组织红色通报（如有）和相应犯罪证据，以及证明被引渡人确系上述犯罪嫌疑人的证据；5. 对以执行已判决刑罚为目的的引渡请求，需提交请求国的判决书、描述其未服满刑期的文书，以及证明被引渡人确系前述罪犯的证据。上述文件原件、复印件具有同等效力，但应附加拿大官方语言译文。文件和译文不需要通过宣誓方式确认，一般也不需要认证（引渡条约另有约定的除外）。

第七节　典型引渡案例

我国重大走私案首犯黄海勇于 1998 年外逃，2008 年进入秘鲁引渡程序，2016年被从秘鲁引渡回国。秘鲁前总统藤森于2000年自行离职流亡日本，2005年进入智利引渡程序，2007年被从智利引渡回国。这两起引渡案都是一波三折，费尽周折后实现成功引渡。

一、我国黄海勇引渡案

黄海勇涉嫌伙同他人走私10.7万吨毛豆油，偷逃税款7.17亿元后，于1998年7月外逃，2016年7月被引渡回国，海外逃亡时间长达18年。2008年10月，黄海勇在秘鲁被拘捕。同年11月，中国和秘鲁启动引渡工作，但黄海勇潜逃多年，在秘鲁扎根，不惜花费巨资聘请顶级律师团队。秘鲁司法体系复杂，超国家司法机构美洲人权法院多次介入，都为黄海勇案增添了极大难度和不可控性。①

黄海勇引渡案被称为中国最复杂的引渡案件。该案两度上诉至秘鲁最高法院、两度上诉至秘鲁宪法法院，然后又申诉至美洲人权委员会，后被美洲人权委员会提交给美洲人权法院。黄海勇从被逮捕至引渡历时8年，共经历秘鲁2届政府和总统、4任最高法院院长、5任外交部长、

---

① 关于黄海勇引渡案，可参见赵秉志、张磊：《黄海勇引渡案法理问题研究》，载《法律适用》2017年第6期；柳华文：《美洲人权法院引渡第一案的意义及启示》，载《东南大学学报》（哲学社会科学版）2016年第18编第6期；吕佳臻：《黄海勇：新中国最复杂引渡案嫌疑人》，载《法律与生活》2016年第18期；冯彬：《中国专家出庭“最复杂引渡案”始末》，载《廉政瞭望》2016年第20期；中国政府网：《潜逃十八年走私犯罪嫌疑人被成功引渡押解回国》，2016年7月18日，http：//www. gov. cn/xinwen/2016 -07/18/content_ 5092299. htm；何春中：《中国首次从拉美国家成功引渡潜逃18年走私嫌疑人》，载《中国青年报》2016年7月17日，http：//news. cyol. com/content/2016 -07/17/content_ 13184542. htm；人民网：《偷逃税7亿潜逃18年首次从拉美引渡嫌疑人今押解回国》，2016年7月17日，http：//bj. people. com. cn/n2/2016/0717/c233086 -28680504. html.

11 任司法部长、12 任内政部长。①

黄海勇案创造了我国引渡实践的多个第一：首次从秘鲁引渡外逃犯罪嫌疑人回国，首次从拉美国家成功引渡逃犯，首起美洲人权法院审理涉及中国的引渡案件，首个中国在美洲人权法院胜诉的引渡案例。②

（一）中方提出引渡请求

2001 年 6 月，我国海关缉私部门通过公安部协调国际刑警组织对黄海勇发布红色通报，在全球范围内进行缉捕。海关缉私部门在发现黄海勇曾入境秘鲁的线索后，通过公安部及时向国际刑警组织秘鲁中心局提出执法合作请求。2008 年 10 月，黄海勇再次入境秘鲁时被秘鲁国际刑警抓获。

中国与秘鲁国际合作法律框架比较完善。2001 年，中秘签署《引渡条约》，秘鲁成为首个同中国签署双边引渡条约的拉美国家。2005 年和 2008 年，两国分别签署《刑事司法协助条约》和《民事和商事司法协助条约》。由于黄海勇一直通过各种措施顽固对抗，劝返失去可能性，引渡成为最可选的追逃手段。

2008 年 11 月，中方根据《中秘引渡条约》向秘鲁提出引渡请求。《中秘引渡条约》第 2 条“可引渡的犯罪”规定，一、只有在引渡请求所针对的行为根据双方法律均构成犯罪，并且符合下列条件之一时，才能同意引渡：（一）为进行刑事诉讼而请求引渡的，根据双方法律，对于该犯罪均可判处一年以上有期徒刑或者其他更重的刑罚；（二）为执行刑罚而请求引渡的，在提出引渡请求时，被请求引渡人尚未服完的刑

---

① 赵秉志、张磊：《黄海勇引渡案法理问题研究》，载《法律适用》2017 年第 6 期；柳华文：《美洲人权法院引渡第一案的意义及启示》，载《东南大学学报》（哲学社会科学版）2016 年第 18 编第 6 期；冯彬：《中国专家出庭“最复杂引渡案”始末》，载《廉政瞭望》2016 年第 20 期。

② 吕佳臻：《黄海勇：新中国最复杂引渡案嫌疑人》，载《法律与生活》2016 年第 18 期。

期至少为六个月。二、在根据本条第1款确定某一行为是否根据双方法律均构成犯罪时，不因双方法律是否将该行为归入不同犯罪种类或者使用不同罪名而受影响。三、如果引渡请求涉及两个以上根据双方法律均构成犯罪的行为，只要其中有一项行为符合本条第1款规定的刑罚期限的条件，被请求方即可以针对上述各项行为同意引渡。据此，黄海勇显然属于可被引渡人员，秘鲁政府快速回应我国的引渡请求，积极配合我国开展双边引渡合作。

为防止黄海勇逃跑，中方第一时间提出临时羁押请求，开始了对黄海勇长达5年的羁押。根据《中秘引渡条约》第9条“临时羁押”规定，紧急情况下，在提出引渡请求前，请求方可以请求临时羁押被请求引渡人。临时羁押请求可以通过司法协助中央机关、国际刑警组织或者双方同意的其他途径以书面形式提出。临时羁押请求应当包括请求机关的名称；被请求引渡人的姓名、年龄、性别、国籍、身份证件、职业、住所地或者居所地等有助于确定被请求引渡人的身份和可能所在地点的资料；如有可能，有关其外表的描述、照片和指纹；有关案情的说明，包括犯罪行为及其后果的概述；有关该项犯罪的刑事管辖权、定罪和刑罚的法律规定；有关追诉时效或者执行判决期限的法律规定；请求方主管机关签发的逮捕证的副本；以及说明即将提出正式引渡请求。

（二）中方作出外交承诺后秘鲁法院开庭审理

由于秘鲁只对战争背景下的叛国罪保留死刑，对于普通犯罪已不适用死刑，而且自1970年以来一直未执行过死刑。中方提出引渡请求后，秘鲁政府要求我国就黄海勇被引渡回国以后不判处死刑作出承诺。2009年12月，经过我国最高人民法院决定，由外交部代表中国向秘鲁政府作出了对黄海勇不判处死刑的外交承诺。①

2010年1月26日，秘鲁最高法院判决同意引渡黄海勇。但黄海勇不甘心被引渡，聘请专业律师，以回国存在所谓死刑和酷刑风险为由抗拒引渡，向秘鲁宪法法院提出违宪申诉。2011年5月，秘鲁宪法法院认为中方外交承诺不充分，要求秘鲁政府暂停引渡程序，并推翻秘鲁最高法院同意引渡黄海勇的判决，引渡被迫中止。2011年年底，我国《刑法修正案（八）》废除了普通走私货物罪的死刑，中秘双方重新启动引渡工作，秘鲁政府随后向秘鲁宪法法院提出了重新审查的申请。②

（三）美洲人权法院审理

黄海勇及其律师在向秘鲁宪法法院申诉的同时，也以“被引渡回国将会面临死刑，其人权将受到侵犯”为由向美洲人权委员会提出申诉。2010年11月1日，美洲人权委员会正式受理“黄海勇诉秘鲁政府”案，并向美洲人权法院申请给予黄海勇“人身保护令”，阻碍秘鲁政府采取引渡行动。③ 2013年10月30日，美洲人权委员会将此案提交给美洲人权法院进行审理。

美洲人权法院成立于1978年，主要职责是通过行使诉讼管辖权和咨询管辖权等方式来实施《美洲人权公约》，包括审理和裁决有关成员国是否侵犯人权，不论是缔约国还是个人提出控告，诉讼管辖权的被告只能是国家。该法院诉讼管辖权的特点是其仅接受成员国或者美洲人权委员会提交的案件，个人无权直接向其提交申诉，由美洲人权委员会作

---

① 赵秉志、张磊：《黄海勇引渡案法理问题研究》，载《法律适用》2017年第6期。

② 吕佳臻：《黄海勇：新中国最复杂引渡案嫌疑人》，载《法律与生活》2016年第18期；冯彬：《中国专家出庭“最复杂引渡案”始末》，载《廉政瞭望》2016年第20期。

③ 中国法学网：《我国首次在国际人权法院出庭　柳华文研究员提供证词》，http://www.iolaw.org.cn/showNews.aspx?id=47127.

为受害者个人的代表在法庭上出现。对于国家间指控的案件，该委员会也应当出庭。在美洲人权法院行使诉讼管辖权之前，需要穷尽《美洲人权公约》所规定的美洲人权委员会有关指控程序。也就是说，该法院行使诉讼管辖权的前提是美洲人权委员会的审查程序已经结束，诉至法院的指控和申诉必须首先经过美洲人权委员会的审查，只有在委员会无法解决的情况下才提交给法院。秘鲁是《美洲人权宪章》的缔约国，秘鲁国内机关有义务立即无条件执行美洲人权法院的判决和裁定。黄海勇抓住这一“救命稻草”，通过其律师多次将案件诉至美洲人权法院以阻挠引渡。为支持配合引渡工作，我国司法部及时通过提出刑事司法协助请求，请秘方协助对黄海勇转移至秘鲁的犯罪资产予以调查和追缴。我国外交部根据最高人民法院、最高人民检察院依据我国法律作出的决定，向秘鲁政府作出关于保障黄海勇人身权利等外交承诺，这对秘方和美洲人权法院最终准予引渡起到了关键作用。①

2014 年 9 月 3 日，美洲人权法院巡回法庭在巴拉圭首都亚松森，借用巴拉圭最高法院场地开庭审理了“黄海勇诉秘鲁政府”一案。应秘鲁政府邀请，北京师范大学刑事法律科学研究院院长暨中国刑法学研究会会长赵秉志教授、中国外交部条约法律司孙昂参赞和秘鲁前司法部长托马博士作为秘鲁政府邀请的 3 位专家证人，经美洲人权法院批准到庭作证。赵秉志教授主要围绕与黄案相关的中国刑事司法程序和实体问题以及中加遣返赖昌星案件的有关情况进行了作证，回答了各方盘问；孙昂参赞则主要围绕中国引渡法制与实践以及中加遣返赖昌星的外交承

---

① 赵秉志、张磊：《黄海勇引渡案法理问题研究》，载《法律适用》2017 年第 6 期；柳华文：《美洲人权法院引渡第一案的意义及启示》，载《东南大学学报》（哲学社会科学版）2016 年第 18 编第 6 期。

诺进行作证。[①] 2015 年 6 月，美洲人权法院正式作出判决，判定由于引渡黄海勇回国不存在其被判处死刑和遭受酷刑的风险，秘鲁政府可以同意引渡黄海勇。至此，黄海勇引渡案获得重大突破，取得了程序上的最大胜利。其后，虽然黄海勇又陆续穷尽了秘鲁国内全部法律救济程序，但最终于 2016 年 7 月 17 日被引渡回国。[②]

二、秘鲁藤森引渡案

藤森于 1990 年至 2000 年连续 3 次当选秘鲁总统。2000 年 11 月，秘鲁发生政治危机后，藤森利用赴文莱出席 APEC 会议的机会在回国时转道日本，寻求政治庇护，并通过传真提出辞职，表示要长期定居日本。随后，秘鲁国会罢免了藤森的总统职务，同时秘鲁政府对藤森提出了 20 多项罪名的指控。[③]

（一）日本一味庇护，从日本引渡失败

在藤森逃到日本后的第二个月，日本政府就以他是日本移民后裔为由，正式承认藤森同时拥有日本和秘鲁双重国籍，而且明确表示，根据日本"本国公民不引渡原则"，日本公民不得被引渡到别国受审，日本

---

① 中国法学网：《我国首次在国际人权法院出庭　柳华文研究员提供证词》，http://www.iolaw.org.cn/showNews.aspx? id =47127.

② 赵秉志、张磊：《黄海勇引渡案法理问题研究》，载《法律适用》2017 年第 6 期；柳华文：《美洲人权法院引渡第一案的意义及启示》，载《东南大学学报》（哲学社会科学版）2016 年第 18 编第 6 期。

③ 关于藤森引渡案，可参见王孔祥：《藤森引渡案中的国际法问题》，载《国际安全研究》2008 年第 4 期；刘国强：《秘鲁与日本：藤森之结》，载《瞭望》2003 年第 32 期；张家于：《拉丁美洲的转型正义：以智利、阿根廷和秘鲁为例》，淡江大学拉丁美洲研究所硕士班学位论文，2009 年；王孔祥：《藤森引渡案中的国际法问题》，载《国际安全研究》2008 年第 4 期；刘国强：《秘鲁与日本：藤森之结》，载《瞭望》2003 年第 32 期；张家于：《拉丁美洲的转型正义：以智利、阿根廷和秘鲁为例》，淡江大学拉丁美洲研究所硕士班学位论文，2009 年。

对任何国家要求引渡藤森的请求都将予以拒绝。[①] 藤森在流亡日本5年期间，秘鲁政府曾多次要求日本将藤森引渡回国，国际刑警组织根据秘鲁请求于2003年3月对藤森发出红色通报，但日方均以藤森拥有日本国籍为由拒绝引渡。在此期间，秘鲁真相与和解委员会还派工作组到日本东京，要求与藤森会面，也遭到了藤森的拒绝。[②]

（二）赢得国际社会支持，从智利引渡成功

在这种情况下，秘鲁政府决定通过外交途径寻求国际社会的支持。经过斡旋努力，德国、意大利、葡萄牙、哥伦比亚和哥斯达黎加等国承诺，“只要藤森踏上它们的领土，就会将其逮捕”。[③]

2005年11月6日，为重返秘鲁政坛，参加2006年4月举行的秘鲁总统选举，藤森突然乘私人飞机从日本来到秘鲁的邻国智利。藤森抵达智利后，秘鲁政府连夜向智利递交了要求逮捕和引渡藤森的申请。藤森几小时后被智利警方逮捕。2006年1月3日，秘鲁正式向智利提出引渡藤森的请求。秘鲁政府从智利引渡藤森回国的主要国际法律依据是1981年美洲国家组织成员国在委内瑞拉加拉加斯签订的《美洲引渡公约》。经过近两年的审理，2007年7月11日，智利最高法院作出一审判决，拒绝秘鲁政府提出的引渡藤森的请求。第二天，秘鲁当局向智利最高法院提起上诉，要求重新审理此案。9月21日，智利最高法院经上诉审理作出终审判决，批准将藤森引渡回秘鲁接受审判。第二天，藤森被押解回秘鲁。

---

① 人民网：《日本正式宣布藤森拥有日本国籍》，2000年12月12日，http://www.people.com.cn/GB/channel2/17/20001212/346376.html.

② 刘国强：《秘鲁与日本：藤森之结》，载《瞭望》2003年第32期；陈雷：《藤森引渡案提供了什么新启示》，载《检察日报》2007年10月10日，转引自http://news.sina.com.cn/o/2007-10-10/005512696133s.shtml.

③ 法制日报：《藤森案：七年之久的成功引渡》，2007年10月29日，转引自http://news.sina.com.cn/o/2007-10-29/075812803681s.shtml.

2007年12月，藤森被以滥用职权罪判处6年监禁。2009年4月、7月、9月，藤森因谋杀和绑架罪、盗用公款罪、侵权和行贿罪分别获刑25年、7年半和6年。2015年1月8日，秘鲁刑事法院以挪用公款罪判处藤森8年监禁，并处以300万索尔（约合100万美元）罚款，这是自2007年以来藤森第5次被判刑。2016年4月，藤森的律师提出重审对其25年监禁的判决，同年5月3日秘鲁最高法院维持对藤森25年监禁的判决。依据秘鲁刑法，罪犯的刑期根据最重的一次判刑执行，而不是数罪并罚。因此，藤森需要在狱中服刑25年。①

（三）藤森引渡案的成功经验

一是犯罪事实清楚，证据充分。秘鲁成立真相与和解委员会，收集藤森罪证。秘鲁国会在罢免藤森总统职务的同时，下令彻底调查其执政期间的罪行。虽然秘鲁国会于2002年6月就已批准引渡藤森，但准备引渡文件就用了一年多的时间，直到2003年7月才完成共700页的引渡请求。经调查，藤森在执政期间犯下了谋杀、绑架、侵犯人权及腐败等罪行。此外，藤森的家族也涉嫌腐败。秘鲁最高检察院曾以篡权和密谋罪起诉藤森的弟弟圣地亚哥·藤森。秘鲁检察机关还指控，藤森兄长佩德罗·藤森、姐姐胡安娜和妹妹罗莎三人涉嫌盗用公款和共谋犯罪等罪行，并私自处理非官方组织10年前捐赠给灾民的大批服装。②

二是准备工作扎实、有序。藤森流亡日本后，秘鲁政府就开始寻求引渡藤森。藤森抵达智利后，秘鲁政府又以藤森在国内面临腐败、违宪、违反人权等20多项指控为由，要求智利将藤森引渡回秘鲁接受审判。当智利最高法院一审判决拒绝引渡藤森后，秘鲁政府随即提出上

---

① 南美侨报网：《秘鲁前总统藤森再获刑》，2015年1月9日，http://www.br-cn.com/news/nm_news/20150109/38875.html.

② 陈雷：《藤森引渡案提供了什么新启示》，载《检察日报》2007年10月10日，转引自http://news.sina.com.cn/o/2007-10-10/005512696133s.shtml

诉。在提交的引渡补充申请中，秘鲁政府还提出了藤森应对 1992 年利马市“米格尔·卡斯特罗”监狱暴动案负责，在这起案件中至少有 42 名囚犯被处决，藤森被控犯有谋杀罪。①

三是长期努力，坚持不懈。藤森引渡案可谓一波三折，充满艰辛。日本拒绝引渡后，秘鲁政府并没有放弃，而是一直等待引渡时机。藤森到了智利后，尽管秘鲁和智利两个邻国外交关系一直比较紧张，但秘鲁政府仍然坚持引渡的立场。在近两年的引渡过程中，引渡工作也一直不很顺利，引渡申请数次被拒绝。特别是 2007 年 7 月 11 日，智利最高法院一审判决拒绝秘鲁政府的引渡请求，几乎致使引渡工作失败。但秘鲁政府没有气馁，而是在认真研究了智利司法当局的驳回理由的基础上提供了更为充分的引渡补充证据。2007 年 9 月 21 日，智利最高法院作出终审判决，判决书长达 212 页，5 名大法官认可了秘鲁政府提出的引渡藤森的 13 项控罪中的 7 项，包括 5 项腐败罪和 2 项侵犯人权罪，推翻了 7 月 11 日智利最高法院的一审判决，同意将藤森引渡回秘鲁接受审判。

---

① 刘国强：《秘鲁与日本：藤森之结》，载《瞭望》2003 年第 32 期。陈雷：《藤森引渡案提供了什么新启示》，载《检察日报》2007 年 10 月 10 日，转引自 http://news.sina.com.cn/o/2007-10-10/005512696133s.shtml.

第六章　国际追逃手段之遣返

在追逃工作中，遣返是指在办案机关协助下，逃犯所在国（地）根据本国（地）移民或刑事法律规定，将逃犯移送给办案机关。遣返包括行政遣返和刑事遣返。行政遣返又称移民法遣返，是指一国依据本国关于移民的法律规定，将不符合居留和移民条件的外国人遣送出境。刑事遣返是指一国对在本国或外国刑事犯罪的外国人所采取的，强制或限定期限令该外国人离开所在地国，返回其国籍国或原经常居住国的一种法律手段。

第一节　遣返工作的主要流程

遣返是一个国家行使主权的表现，是单方行为。遣返的依据是该国的国内法，主要是外国人管理方面的法律法规。遣返的对象主要是在当地行政违法或是刑事犯罪，对公共秩序、公共安全等造成影响的外国人。总体来看，遣返程序相对简单、灵活，往往是一种便捷、高效的追逃手段。

一、遣返的法律政策依据

遣返制度是专门针对外国人的管理措施和法律手段。遣返有关规定一般存在于移民法律或刑事法律中。

美国《移民与国籍法》第 212 条①和 235 条②明确规定，不具有合法入境证件的外国人将被遣返，主要情形包括：非法入境，包括通过隐瞒、欺骗、虚构事实或伪称具有美国国籍而获得签证入境；不具有有效的移民签证、再入境许可证明、边境或其他有效入境证件；不具有有效期为 6 个月以上的护照或无有效签证或其他合法证件。同时，对于不符合避难申请条件的外国人，移民官员通过审查避难理由，发现其理由不具有可信度后，也会对其适用遣返措施。美国奥巴马政府要求把遣返重点放在有严重犯罪记录的非法移民。2017 年 1 月特朗普政府上台后，把遣返的目标扩大到几乎所有无证移民，甚至允许边境保护局以及移民海关执法局可以立即遣返非法移民。奥巴马总统执政期间，立即遣返仅适用于那些抵达美国不到 14 天且距离边境不到 100 英里（约 170 千米）的非法移民。根据特朗普政府的新政策，移民官员可以对任何不能证明自己已在美国居住两年的非法移民进行遣返，此政策适用于美国任何

---

① 美国移民局网站 INA：ACT 212 - General Classes of Aliens Ineligible to Receive Visas and Ineligible for Admission；Waivers of Inadmissibility，https://www.uscis.gov/ilink/docView/SLB/HTML/SLB/0-0-0-1/0-0-0-29/0-0-0-2006.html#0-0-0-202.

② 美国移民局网站 INA：ACT 235 - Inspection by Immigration Officers；Expedited Removal of Inadmissible Arriving Aliens；Referral for Hearing，https://www.uscis.gov/ilink/docView/SLB/HTML/SLB/0-0-0-1/0-0-0-29/0-0-0-5389.html#0-0-0-238.

地域。①

加拿大《移民与难民保护法》第34条至第42条规定了禁止入境的各种情形②。其中，第36条第1款规定，因下列严重犯罪不能获得加拿大永久居民资格或者不允许外国人入境：（a）在加拿大实施了根据议会法案构成最高刑期10年以上监禁之罪，或者根据议会法案已经被处以6个月以上的监禁；（b）在加拿大以外实施了犯罪，假如该罪在加拿大实施，根据议会法案构成最高刑期10年以上监禁之罪；或者（c）在加拿大以外实施了在犯罪地构成犯罪的行为，如果该行为在加拿大实施，根据议会法案将构成最高刑期10年以上监禁之罪。第36条第2款规定，犯有下列罪行的外国人将被禁止入境，包括：（a）在加拿大实施陪审团审理的议会法案规定之犯罪，或根据议会法案构成2种犯罪，但这2种犯罪不能源于同一行为；（b）在加拿大以外实施了犯罪，假如该罪在加拿大实施，根据议会法案构成可诉罪，或假如该罪在加拿大实施，根据议会法案构成2种犯罪，但这2种犯罪不能源于同一行为；（c）在加拿大以外实施了在犯罪地构成犯罪的行为，如果该行为在加拿大实施，根据议会法案构成可诉罪；（d）在入境加拿大时实施了议会法案规定之犯罪。第37条规定涉嫌有组织犯罪的加拿大永久居民和外国人不得入境。第38条规定禁止对加公共健康或安全可能构成威胁的外国人入境。第39条规定禁止资金不足以保障在加生活的人员入境。第40条规定禁止提供失实信息的永久居民或外国人入境。第41条规定禁止违反《移民与难民保护法》的人员入境。第42条规定家庭成员被禁止入境的外国人可能也会被禁止入境。第45条规定对属于

---

① 新华网：《美国政府下令扩大遣返非法移民范围 加快离境速度》，http://news.xinhuanet.com/world/2017-02/22/c_129488983.htm.

② 加拿大司法部网站 Immigration and Refugee Protection Act，http://laws-lois.justice.gc.ca/eng/acts/I-2.5/.

禁止入境人员范围内的外国人或永久居民签发遣返令。

二、遣返的工作流程

（一）提出遣返请求

如果调查发现外逃人员违反藏匿地移民法律，可以立即向藏匿地移民部门提出遣返请求，推动外方将其列入遣返程序。在加拿大，边境管理局收到外国遣返请求后，将起草遣返报告并提供以下材料：1. 被指控人的身份信息；2. 追逃国出具的逮捕证和国际刑警组织红色通报（如有）；3. 对案件事实进行描述的文书或追逃国警方出具的侦查报告；4. 与案件有直接关联的证据等。上述材料既可由我国主动提供，也可由加边境管理局自行搜集。材料原件、复印件具有同等效力，但一般需要附有加拿大官方语言译文。对于禁止入境人员，加拿大将阻止其取得加拿大永久居民甚至公民身份，并将其列入准入聆讯程序。

某犯罪嫌疑人在非洲某国首都经营洗浴中心、按摩店、招待所、酒吧等场所，在当地有一定势力，背景复杂，与当地警察局交往密切，身边两名保镖均持有枪支。在此情况下，办案机关密切关注该逃犯行踪，协调该国核查该嫌疑人出入境记录，对其实施边控，了解当地遣返和引渡的法律法规和有关程序，掌握其活动规律、住所具体位置、经常出入场所和交往密切人员等情况。同时，我国向该国提供了国际刑警组织红色通报、逮捕令以及协助缉捕的请求书等。两国警方还协商抓捕时间和地点，制定周密抓捕方案，特别是解决该逃犯持有枪支问题。研究方案时，有两种方案可以选择。一是引渡方案，两国虽尚未签署引渡条约，但对方同意以引渡方式进行移交，具体步骤是中方提供国际刑警组织红色通报后，对方进行抓捕，同时中方提出引渡请求，但引渡程序繁琐，耗时较长。二是遣返方案，中方提供国际刑警组织红色通报等逮捕所需手续，如嫌疑人没有涉嫌该国国内犯罪，该国警方抓捕后最长拘押48小时，为此需要发现其具体位置后，立即拘捕并押送回国，避免走漏风声。经过权衡并与对方国家协商，办案机关最终采取遣返方式成功追逃。

（二）确定具体行踪

确定具体行踪是遣返的前提，办案机关既要立足于国内，动用一切资源查找逃犯具体行踪，又要推动藏匿地执法部门利用技侦、大数据系统查找逃犯下落。

山东鲁洁纺织厂负责人赵汝恒于2012年9月外逃加纳后，投靠当地企业家，具有很强的反侦查意识。赵汝恒长期隐姓埋名、变换住址、深居简出，断绝同当地华人华侨的直接交往。“整个追逃过程中，最难的就是寻找赵汝恒的行踪”。办案机关发现，赵汝恒逃往加纳后不久，当地不少村民前往加纳种植棉花。赵汝恒早年是当地农业部门的一名高级农艺师，是棉花种植的行家里手，他前脚刚走，村民后脚便奔赴加纳。侦查人员推测，这两者之间或许有着密切的关联。经过走访调查，发现加纳一中资企业与其有来往，正巧这家企业在加纳埃朱拉地区有农业基地，赵汝恒就在该农业基地从事棉花种植工作。2015年7月，加纳警方组成专案组，将从布基纳法索短暂返回加纳的赵汝恒抓获。①

2014年9月，犯罪嫌疑人付耀波、张清曌外逃，2人出逃前销毁了一切可能暴露其行踪的线索和上网痕迹，切断了同国内的一切联系，潜逃后便销声匿迹。如何准确定位二人行踪成为此案的关键。付耀波的妻子有一个习惯，在网上下棋。出逃后的付耀波虽然思妻心切，却不敢和她联系，只能每天在网上看她下棋，陪她直到下线才去睡觉。办案人员

① 李鹍：《红通人员赵汝恒追逃纪实：3年逃亡路　青丝变白发》，2017年6月3日，中央纪委监察部网站http://www.ccdi.gov.cn/xwtt/201706/t20170602_100395.html.

很快锁定了每日在付妻的网络围棋室上定期停留的 IP 地址，经查询发现位于加勒比海地区，但无法进一步锁定其具体位置。工作组连夜赶赴加勒比海地区。他们的第一站是加勒比海岛国巴巴多斯。在当地使领馆配合下，工作组通过电信公司了解到该 IP 地址位置，随后迅速赶赴圣文森特和格林纳丁斯，并在圣文森特和格林纳丁斯警方的配合下，成功抓捕付、张二人。①

（三）注销外国签证、永居身份和护照

在许多国家，如果外逃人员已取得这些国家的永居身份或国籍，就不能将其遣返回我国。在此情况下，可以该嫌疑人以非法手段申领永居身份或入籍为由，推动这些国家取消其当地身份，然后再实施遣返。对于持有第三国护照的外逃人员，逃犯所在地国仍有权决定将其遣返回我国。

美国《移民与国籍法》第 221 条第（2）（i）款规定，向外国人签发签证或其他证件后，领事官员或国务卿随时有权撤销该签证或其他证件。撤销通知应提供给司法部长，撤销后签证或其他证件将不再有效。一般情况下，该撤销决定不会再受到任何司法审查，除非该撤销决定是在进入遣返程序后才作出，且是实施遣返的唯一理由。

俄罗斯《联邦外国公民法律地位法》规定，若外国人在俄罗斯居留或停留的期限被缩短或相关证件被撤销，该外国人就应该在限期内离开俄罗斯，对于不履行上述条款的，俄罗斯将对其采取驱逐出境措施。

犯罪嫌疑人卢某利用互联网从事非法传销活动，非法获利 3 亿元人民币后于 2011 年 7 月潜逃境外，2014 年 8 月被国际刑警组织发布红色通报。卢某出逃后，先后流窜美国、英国、新加坡、澳大利亚、马来西

---

① 霍思伊：《解密中央追逃办》，载《中国新闻周刊》，2017 年 1 月 23 日，转引自半月谈网站http://fanfu.people.com.cn/n1/2017/0426/c64371-29237139.html.

亚、瓦努阿图等多个国家，并非法获取瓦努阿图护照。公安部积极协商相关国家执法部门开展缉捕工作。2014 年 11 月 15 日，卢某在巴布亚新几内亚准备乘机潜逃时被当地警方抓获。同年 11 月 17 日，巴布亚新几内亚警方将卢某押送至我国。①

（四）调查和逮捕

为防止嫌犯再次潜逃，条件成熟时要推动逃犯藏匿地立即启动调查并逮捕羁押。2014 年 11 月，犯罪嫌疑人刘某等 4 人涉嫌集资诈骗 40 余亿元后，外逃马达加斯加。经中国驻马达加斯加使馆协调，2016 年 3 月，马达加斯加警方同意中国警方派工作组赴马达加斯加协助查缉。4 月，公安部"猎狐行动"工作组抵达马达加斯加，并在中国驻马使馆和马警方配合下，于 4 月 20 日将刘某某、张某、安某抓获，4 月 21 日将刘某抓获。2016 年 4 月 24 日凌晨，在马警方协助下，中方工作组将 4 名犯罪嫌疑人顺利押解回国。②

犯罪嫌疑人邓某于 2012 年 8 月逃往菲律宾。2013 年 3 月，江苏省淮安市清浦区人民检察院以涉嫌组织领导传销罪、开设赌场罪对邓某批准逮捕；同年 5 月，国际刑警组织对其发布红色通报。公安部多次派员赴菲律宾对邓某及其同案犯开展缉捕工作，先后抓获 30 名在逃犯罪嫌疑人，但邓某一直未落网。邓某有恃无恐，多次叫嚣称该案是冤假错案，甚至威胁办案人员、恐吓我驻外警务联络官员。2016 年年初，公安部获悉邓某的重要行踪线索，再次派工作组赴菲律宾，协调菲国家警察局。经缜密分析、昼夜蹲守，6 月 29 日凌晨 2 时在菲律宾首都马尼

① 人民网：《公安部公布"猎狐 2014"经典案例：国际刑警多次协助》，2015 年 1 月 8 日，转引自南方网 http://news. southcn. com/international/content/2015 - 01/08/content_115894171_20. htm.

② 中国警察网：《公安部公布 2016 年"猎狐行动"典型案例》，2016 年 8 月 18 日，http://news. cpd. com. cn/n3559/c34461719/content. html.

拉一处海滨别墅区将邓某成功抓获。经协调，菲有关部门同意对邓某立即实施遣返。2016 年 6 月 29 日 23 时，中方工作组将邓某押解回国。①

（五）遣返和移交

在许多国家，以遣返理由进行羁押的时间非常有限，遣返移交工作必须与调查逮捕工作一并考虑。根据越南法律，越南警方可对被发布国际刑警组织红色通报的外国公民限制人身自由并在羁押场所关押。中越两国在缉捕和移交逃犯方面合作良好。2015 年 3 月 11 日，广西东兴市公安局接到越南协查通报称 2 名越南籍逃犯逃往广西东兴市。东兴市公安局立即启动中越（东兴—芒街）警务合作机制，组织开展调查和抓捕行动。3 天后，广西东兴市公安局把 2 名逃犯移交给越南芒街市公安局。②

2006 年 3 月，江苏中淮建设集团有限公司原董事长钱增德，在检察机关调查其贪污犯罪期间仓皇潜逃至非洲。中淮公司此前在肯尼亚、苏丹等非洲国家有不少投资，钱增德对当地十分熟悉，因此选择那里作为藏身地。钱增德在肯尼亚“风生水起”，开有高档酒店、餐厅、赌场等，甚至戴上了当地“荣誉公民”的光环。钱增德潜逃后，淮安市检察机关曾多次试图劝返未果。2015 年，钱增德被列为“百名红通人员”后，惶恐不安，曾多次联系我国驻肯尼亚使馆表示愿意投案，并主动退缴 50 万元赃款，却对有关部门最大限度从宽的承诺置之不理，一直漫天要价、拒不归案。鉴于钱增德主动投案诚意不足，为维护法律尊严，在中央追逃办、外交部、公安部指挥下，办案机关决定采取果断措施将

---

① 中国警察网：《公安部公布 2016 年“猎狐行动”典型案例》，2016 年 8 月 18 日，http://news.cpd.com.cn/n3559/c34461719/content.html. 南方都市报：《公安部：潜逃“大狐狸”有恃无恐 曾威胁办案人员》，2016 年 8 月 18 日，转引自http://www.guancha.cn/FaZhi/2016_08_18_371708_s.shtml.

② 新浪网：《广西东兴向越南移交两名涉走私逃犯》，2015 年 3 月 15 日，转引自新浪网http://news.sina.com.cn/c/2015-03-15/081831608190.shtml.

其抓捕并遣返回国。肯尼亚执法部门经过艰苦努力，依法扣留了钱增德。但押解人员准备将其押解登机时，钱增德拼命反抗，躺在地上要赖不肯走，甚至拳打脚踢，打伤一名中方工作人员。钱妻随即带着律师和一纸释放令赶到机场，大喊大叫要求放人，双方对峙起来。前方立即多方协调，反复强调钱系国际刑警组织红色通报逃犯，扣押并遣返钱符合当地法律规定。机场警卫随后将钱妻等人赶出机场。据办案人员回忆："钱妻就等在机场外，出机场可能发生意外，所以我们不出机场，将钱转移到了第三国。"2015 年 7 月 25 日下午，随着埃塞俄比亚航空 ET684 航班徐徐降落在上海浦东国际机场，"百名红通"逃犯钱增德成功落网。①

（六）应对逃犯对抗遣返

在遣返时，要充分了解对方国家有关法律规定，行动迅速，注意保密，防止遣返对象滥用当地救济措施。实践中，遣返对象可能会提出避难申请，或申请人身保护令，或以回国后会被判处死刑等为借口提出酷刑保护。为此，要与对方国家警务和移民部门提前沟通，制定应对方案，尽可能利用当地立即遣返措施，避免被拖入漫长的移民庭审或司法程序。在保障遣返对象基本权利的前提下，将遣返对象单独关押，防止其暗中向外传递消息，甚至组织"力量"对其进行"营救"。

在押解过程中，要注意协调沿途国家，确保押解工作安全、顺利进行。2016 年 8 月 8 日，国际刑警组织巴拿马中心局向我国通报，巴拿马移民执法部门抓获我国犯罪嫌疑人张某、毕某，请中方尽快派员交接。由于巴拿马与国内无直达航班，双方商定在哥伦比亚进行交接。公安部经紧急商请外交部、驻巴拿马商代处和驻哥伦比亚大使馆，协调哥

---

① 人民网：《贪官外逃非洲　被捕时差点被"劫"走》，2015 年 7 月 28 日，http://society.people.com.cn/n/2015/0728/c136657-27372677.html.

伦比亚警方开展执法合作。8 月 8 日晚，巴拿马警方将张某、毕某押解至哥伦比亚，移交哥伦比亚警方临时羁押。8 月 9 日，公安部工作组紧急赴哥伦比亚，在外交部、驻巴拿马商代处、驻哥伦比亚使馆和驻法国使馆的大力协助下，历经 70 多个小时，将犯罪嫌疑人张某、毕某从哥伦比亚安全押解回北京。①

第二节 移民法遣返

在国家间无引渡条约或者引渡遇到不可逾越的法律或者事实障碍的情形下，可以适用移民法遣返，适用条件是犯罪嫌疑人违反所在地国移民相关法律，或所在地国认可我国注销犯罪嫌疑人的中国护照，或同意注销犯罪嫌疑人当地居留身份。移民法遣返适用范围广，不需国家间签署条约或合作协议，方式简便灵活。但也要看到，移民法遣返主要取决于逃犯所在地国的合作意愿，个别国家移民法遣返程序复杂，完成整个遣返程序需要几年甚至 10 余年时间。

在移民法遣返过程中，虽然遣返程序以逃犯所在地国为主导展开，但办案机关要加强国内调查，及时发布国际刑警组织红色通报，配合提供外逃人员涉嫌犯罪和提供虚假移民陈述的证据材料，必要时可提供证人出庭作证，配合所在地国加速移民遣返程序。在不同国家和地区，移民法遣返程序和当事人救济措施差异很大。如在美国，遣返程序分为身份鉴别、逮捕、行政审理、司法审理、遣返五个阶段。其中，行政遣返（有严重犯罪的在押人员）、即行遣返（在美国口岸或边境被抓获人员）、司法遣返（被美国法院定罪并驱逐出境），不需要通过移民法庭

---

① 中国警察网：《公安部公布 2016 年“猎狐行动”典型案例》，2016 年 8 月 18 日，http://news.cpd.com.cn/n3559/c34461719/content.html.

审理程序，但行政遣返和即行遣返人员可以申请政治避难和酷刑保护，一旦申请成功可免于被遣返。

一、尚未入境他国情形

在犯罪嫌疑人尚未入境或正准备入境他国时，可立即向对方国家通报并提供有关法律文书，请对方国家禁止该犯罪嫌疑人入境或待其入境后立即驱逐。目前，二十国集团（G20）已建立禁止腐败分子入境机制。

2015 年犯罪嫌疑人管某、潘某案发后，乘坐 M 国航班拟入境 M 国。由于事发突然，办案机关获悉 2 人出逃时该航班已驶离国境。中方立即启动应急预案，第一时间联系 M 国移民部门，通报嫌疑人乘坐航班拟入境 M 国情况，提交 2 人基本信息、国际刑警组织红色通报、逮捕证等证据材料，请 M 国拒绝 2 人入境并原机遣返回中国。由于办案机关已依法注销其中国护照，2 名嫌疑人不具有合法旅行证件，按 M 国法律属于非法入境，应被递解出境。管某和潘某乘坐的航班抵达 M 国后，M 国移民局立即对其予以暂扣，并在机场进行长达 6 个多小时的盘问，最终决定禁止其入境。经努力，办案机关顺利完成对管某、潘某的追逃工作。

二、以短期签证合法入境他国情形

犯罪嫌疑人以短期签证进入藏匿地国后，可以注销其中国护照或协调外方注销其当地签证，造成非法居留的既成事实，或待其签证到期后，实施移民法遣返。

《申根协定》规定，若欧盟区域内的外国人不满足在某一签约国领土范围内短期逗留的条件，一般应主动毫不迟延地离开该签约国，若该外国人没有自愿离开，签约国有权力将其从该国领土上遣送出境。

犯罪嫌疑人徐晓轩于1998年经中国香港地区外逃澳大利亚。1999年5月，中方向澳方提供了徐晓轩以欺诈手段获取中国香港地区居留身份和涉嫌犯罪证据材料。2000年8月，徐晓轩签证到期后被澳大利亚拒签，但随后下落不明。2001年6月，澳大利亚移民部以非法滞留为由将徐晓轩拘留。2002年6月，徐晓轩被遣返回国。经做工作，徐晓轩到案后，主动退缴赃款678万美元。

犯罪嫌疑人王某骗取受害单位购货款人民币600余万元后，潜逃至俄罗斯。2014年1月27日，辽宁鞍山市公安局以涉嫌合同诈骗罪对王某批准刑事拘留。经与俄执法部门协调，2015年1月，俄执法部门将其抓获，并将其驱逐移交我国公安机关。2015年2月5日，公安部“猎狐行动”工作组将王某押解回国。①

三、取得外国永久居民身份或国籍情形

如果犯罪嫌疑人已取得外国永久居民身份，甚至外国国籍，应调查他们移民过程中的欺诈、虚假陈述等违法行为。同时，促请外国主管部门依据本国法律撤销犯罪嫌疑人的“合法”居留身份或国籍，再通过遣返非法移民程序将其递解回国。

福建三明籍人士魏某因涉嫌非法集资犯罪，2007年举家逃到南太平洋上的岛国瓦努阿图，更名改姓后过着隐居生活。借着当地政府清理不合法身份的机会，我国警方根据有关信息进行比对研判，准确地判断出魏某的真实身份。魏某已经入了当地国籍，但瓦努阿图移民部迅速注

---

① 人民公安报：《公安部公布“猎狐2015”20大经典案例》，2016年2月18日，转引自中央政法委中国长安网http://www.chinapeace.gov.cn/2016-02/18/content_11323368_21.htm.

销了他的国籍。追逃时，瓦努阿图政府为中方工作组特别签发了执法证，有了执法证再加上当地执法部门的配合，抓捕行动虽有曲折，但顺利完成，最终外逃海外 7 年的魏某被缉捕归案。①

中国银行哈尔滨分行河松街支行原行长高山于 2004 年 12 月潜逃境外，但其妻李某早在 2002 年就通过技术移民方式获得加拿大永久居民身份，随后高山全家入籍加拿大。高山在正式移民加拿大前，18 次前往加拿大踩点考察。高山在填报移民申请时刻意隐瞒自己在中国银行的工作经历。在加期间，高山极其低调，没有用自己的名义开办过任何银行账户，没有用自己的名字购买汽车和保险。2006 年 10 月，高山驾车与另一辆汽车发生碰撞，才第一次向加方提供个人资料。2007 年 2 月 16 日，加拿大警方在温哥华逮捕了高山夫妇，罪名是高山的移民申请表职业资料填报不实，涉嫌持有犯罪所得资产并从事洗钱活动，涉嫌国内案件被中国通缉等。②

四、非法入境或居留情形

非法入境包括以非法手段入境、非法办理和使用虚假证件、非法居留。非法入境是指犯罪嫌疑人进入藏匿地国的途径和程序是非法的，不是通过正常的边检、海关程序入境，藏匿地国出入境管理部门没有犯罪嫌疑人正常的出入境记录，这种非法入境就是常说的偷渡入境。③ 非法居留是指签证过期或无有效签证、入境证明，或合法的外国护照有效期

① 海南日报：《揭秘海外追逃背后的故事》，2014 年 12 月 5 日 B02 版。

② 张莫、徐子睿：《高山潜逃加拿大八年自首　涉案金额 10 亿震惊一时》，载《经济参考报》2012 年 8 月 17 日，转引自搜狐网 http://news.sohu.com/20120817/n350833562.shtml.

③ 彭新林、商浩文：《我国反腐追逃中的移民法遣返措施初探》，载《四川警察学院学报》2012 年 8 月第 4 期。

不足6个月。

非法办理和使用虚假证件是指犯罪嫌疑人采取非法手段伪造、变造、编造、骗取他国出入境证件或签证。一是伪造他国出入境证件，该证件本身完全是假的，被发现的几率很高，一般很少有人使用。二是使用他人证件，或使用他人证件但换上自己的照片（“剃头护照”），有人称之为“假的真证件”。三是隐瞒、欺骗、虚构事实或伪称具有外国国籍而获得入境签证，如隐瞒公职人员身份、提供虚假任职经历和收入证明、编造虚假事实申办出入境证件或签证等。

2014年5月，犯罪嫌疑人杨秀珠持假护照从加拿大坐火车入境美国纽约，该护照属于另一荷兰籍华人，但杨把自己的照片贴在上面，属于“剃头护照”。中国通过中美执法合作联合联络小组（JLG）反腐败工作组向美方提供了相关信息，美方遂将其逮捕并羁押。杨秀珠既不是美国公民，也未持有美国绿卡，遣返程序相对简单。根据1996年美国政府颁布的加速遣返法令，任何在美国境内没有身份，并曾经在边境被拘捕过的外国人，无须通过移民法庭的判决都可以被直接递解，除非被遣返人提出避难申请。美国移民海关执法局发言人表示，杨秀珠处于美国羁押之下，并“因违反免签证计划的条款，可能会被驱逐回中国。作为他国的通缉犯，杨是美国移民海关执法局的工作重点”①。

据加拿大国家广播公司（CBC）报道，中国男子沈仕元涉嫌诈骗于2002年被中国通缉后逃往美国，之后又逃往加拿大。在加非法滞留期间，沈仕元与1名加拿大女子结婚，并申请加拿大永久居民身份。2010年11月，沈仕元收到申请被批准的通知。但当他来到加拿大移民局办

---

① 环球网：《红色通报头号女嫌疑人杨秀珠在美被拘》，2015年5月28日，http://china.huanqiu.com/article/2015-05/6543921_2.html. 央视网：《杨秀珠在美被拘押时持他人护照 贴自己照片》，2015年5月30日，http://news.cntv.cn/2015/05/30/ARTI1432992248313874.shtml.

手续时，却被当场逮捕，原来，沈仕元上了“禁止入境”的黑名单。中方早前申请发布的国际刑警组织红色通报显示，一名叫 Shen ShiYuan 的男子因诈骗被通缉。随后，沈仕元改变策略，企图申请“难民”。听证会上，加拿大移民官员就沈自称对自己被通缉毫不知情提出质疑，认为沈仕元在国际刑警组织发布红色通报后，曾与中国亲属通话，提到自己无法回家。①

2005 年 7 月，办案机关获悉涉嫌贪污罪的方某被美方拘捕后，立即提供其涉嫌国内严重刑事犯罪的证据材料，促请美国移民法庭拒绝其保释申请。2005 年 12 月，应美方请求，案件主办检察官以电话通话方式向美国移民法庭举证，回答了控辩双方提出的 50 多个问题，详细说明了方某的犯罪事实、讲解了中国法律。2006 年 3 月，方某的同案犯郭某向美国移民法庭进行了举证，说服移民法庭认定方某系中国挪用公款犯罪案件的共犯，不予批准其永久居留申请。

第三节　刑事遣返

刑事遣返是指一国将该国法院判决驱逐出境的犯罪人员，或涉嫌国内外刑事犯罪人员移送给原籍国或第三国。

一、驱逐出境

驱逐出境是指对有违法犯罪的境外人员在一定的期限内强制其出境

① 美国中文网：《中国男逃犯在美加两国当小白脸 申请难民不成反状告移民局》，2015 年 9 月 25 日，http://www.sinovision.net/society/201509/00354372.htm. Chinese fraud suspect Shiyuan Shen sues Canada Border Services Agency, September 22, 2015, https://ca.news.yahoo.com/chinese-fraud-suspect-shiyuan-shen-090000173.html.

的一种处罚措施。考虑到诉讼经济原则和有效合作原则，国际刑警组织大力提倡各成员国相互利用驱逐出境的方式，达到移交犯罪嫌疑人或罪犯的目的。在我国执法实践中，对于潜逃到我国境内的外国籍案犯，大都倾向于运用驱逐出境的方式达到移交案犯的目的。

美国《移民与国籍法》第237条第（1）款规定了违反移民法律的可驱逐出境外国人类型，主要情形包括：（A）未被允许入境；（B）签证被撤销；（C）违反非移民的居留身份或入境条件；（D）附条件永久居民身份被终止；（E）协助、唆使或鼓励其他外国人违法入境美国；（F）虚假结婚，以欺诈手段获取美国签证或其他证件。第237条第（2）款规定了因犯罪而被驱逐出境的情形，包括：外国人入境5年内或获得合法永久居留权的外国人在入境10年内犯有违反公德的犯罪；犯有可能被判处1年或1年以上刑期的违反公德犯罪；外国人入境后犯有2种或2种以上违反公德的犯罪（非同一种行为）；入境后犯有恶性重罪（刑期1年以上）；为满足《移民与国籍法》要求，伪造、篡改任何证件或使用这些证件等。凡是具有以上情形之一的，都会被驱逐出境。①

德国《外国人法》第45条规定，一个外国人可以被驱逐出境，如果他的居留损害了德意志联邦共和国的公共秩序和安全或其他重大利益。第46条规定了七类详细的驱逐出境理由。第47条规定了因违法行为被驱逐出境的情形，外国人因为一次或多次蓄意犯罪而被判处5年以上徒刑，或多次蓄意犯罪被判处8年以上总刑期，通常应被驱逐出境；因一次或多次蓄意犯罪被判处实刑，违反《麻醉品法》规定或未正常出境的外国人应视情况驱逐出境。对于拥有德国居留权的外国人，只有

① 美国移民局网站https://www.uscis.gov/ilink/docView/SLB/HTML/SLB/0001/00029/0005684.html#0 0 0 246.

基于重大公共安全秩序的原因才能被驱逐出境。此外，避难申请程序正在进行中的外国人不能被驱逐出境。

驱逐出境主要有两种类型：一是法院作出判决时附带作出驱逐出境处罚；二是当地移民部门将涉嫌刑事犯罪或已服刑完毕的外逃人员驱逐出境。

（一）法院判决驱逐出境

我国《刑法》第35条规定，对于犯罪的外国人，可以独立适用或者附加适用驱逐出境。驱逐出境只适用于不具有中国国籍，但在中华人民共和国领域内犯罪的外国公民和无国籍公民。

2014年9月，湖南长沙市中级人民法院以对非国家工作人员行贿罪判处被告单位葛兰素史克（中国）投资有限公司（简称GSKCI）罚金人民币30亿元；判处公司法定代表人、董事会主席马克锐有期徒刑三年，缓刑四年，并处驱逐出境。2009年2月起，英国人马克锐相继担任葛兰素史克（中国）投资有限公司处方药事业部总经理、董事会主席、法定代表人。为扩大药品销量，马克锐提出了“以销售产品为导向（selling－led）”的口号，大量招聘销售人员，通过医药代表等，以支付业务招待费、讲课费以及现金回扣等方式贿赂全国多地医疗机构的医务人员，并将相关费用以“招待费”“其他推广费用”的科目报账，换得GSKCI的药品得到使用或扩大使用。①

赵春禹于2005年取得美国永久居民身份，2008年加入美国国籍。2011年9月，赵春禹被指控刑事欺诈罪并被判处5年监禁和270万美元罚金，他还被美国陪审团裁定非法获得美国居留身份。5天后，美国法院裁定撤销赵春禹的美国国籍，且其美国国籍自始无效，不得享有美国

---

① 检察日报：《开放的中国不是法外之地——葛兰素史克（中国）投资有限公司商业贿赂犯罪案启示录》，2014年9月20日，http：//newspaper. jcrb. com/html/2014－09/20/content_ 168806. htm.

公民任何权利。2013 年 12 月，赵春禹被判发遣返令，理由是美国法典第 8 编第 1227 条第（a）（2）（A）（iii）款规定，任何入境后被判处恶性重罪的都属于被遣返对象，赵春禹因被取消美国国籍也属于应被遣返的外国人。①

（二）移民部门裁定驱逐出境

北京康泰国际有限公司原董事长钱宏于 1992 年至 1993 年，伙同他人诈骗国内 48 家单位共计 5 亿余元人民币。1993 年 7 月，钱宏逃往境外，先后逃往泰国、巴西、美国、中国台湾地区、巴拿马等国家和地区。潜逃期间，钱宏数次因持伪造护照、非法敛财等被投进监狱，但凭借其高超的骗术、如簧的巧舌和国家之间复杂的司法程序，屡屡逃脱法网。1994 年 7 月，钱宏持伪造护照潜入巴西时被扣押。钱宏属于非法入境，按理应予驱逐，但钱宏却骗取了多方面的支持。1996 年 8 月，钱宏被巴西联邦最高法院宣布无罪释放。此后，钱宏逃到美国，但依然劣性不改，因涉嫌开办地下钱庄、非法敛财，被美国警方逮捕。由于钱宏持有巴拿马护照，2001 年 2 月，美国洛杉矶法院判决将钱宏驱逐至巴拿马。钱宏被驱逐至巴拿马后，一直被关押在巴拿马司法技术警察局的监狱。2001 年 5 月 31 日，巴移民局局长辛加雷斯亲自签署命令，将钱宏驱逐出境，并送交等在古巴将其押解回国的中国警方。②

福建福清市村干部池晓坤利用职务之便，侵吞 500 多万元征地补偿款后于 2011 年经中国香港地区逃往莫桑比克。池晓坤慑于我追逃声势，持化名非法护照逃往莱索托。池晓坤在莱索托首都马塞卢郊区自营两家

① Chun Zhao v. Attorney General United States，(2016). 2016 Decisions. 353，http://digitalcommons. law. villanova. edu/thirdcircuit_2016/353.

② 中国警察网：《坚韧执着的“清道夫”——全国公安机关打击经济领域犯罪扫描》，2005 年 3 月 19 日，http://www. cpd. com. cn/gb/newspaper/2005 - 03/19/content_421752. htm. 新华社：《应中国要求巴政府将巨额诈骗犯钱宏驱逐出境》，2001 年 6 月 2 日，转引自http://www. china. com. cn/chinese/kuaixun/37239. htm.

小超市，深居简出，随身携带枪支，警惕性高。2017年1月5日，中国警方飞赴莱索托执行缉捕任务，得到了莱索托警方、移民局、中国驻莱索托使馆等部门的大力支持。1月9日，池晓坤在其住所被抓捕，抓捕时在其身边搜出一把9毫米口径手枪及子弹十余发。1月9日，莱索托警方颁发驱逐令后，中方于2017年1月12日将池晓坤成功押解回福州。①

2016年8月，国际刑警组织巴拿马中心局抓获2名红通逃犯，拟通过第三国转运押解回国。根据哥伦比亚法律，如果由国际刑警组织哥伦比亚中心局接手和转运逃犯，2人将会被移交哥伦比亚检察院，中方须在5个工作日内提出引渡申请。考虑到中国与哥伦比亚尚无引渡条约，引渡程序将十分复杂、充满变数，办案机关推动哥伦比亚移民局接手，并建议启动驱逐程序。当晚，巴拿马4名警官押解2名逃犯飞抵波哥大，交哥伦比亚移民局波哥大机场分局看押。中方工作组飞抵波哥大后，与哥方办理交接，押解2名逃犯经巴黎回国。②

二、警方移交

在有的国家，采取警方对警方合作模式，中方提供司法文书和证据材料后，外国警方可以应中方请求抓捕，抓获嫌疑人后直接移交给中方并按非法移民遣返，这样做既尊重对方司法主权、维护外国警方执法权威，又避免案件陷入引渡、政治避难等司法问题困局，有效地提高了追逃效率、节约了大量人力物力。

---

① 云南省政法委长安网：《侵吞500多万元补偿款　福建一“红通”人员被抓捕回国》，2017年1月23日，http://www.zfw.yn.gov.cn/gczs/201701/t20170123_486530.htm.

② 人民公安报：《2016年猎狐行动成效显著》，2016年8月18日，转引自公安部网站http://www.mps.gov.cn/n2253534/n2253535/n2253537/c5454823/content.html.

犯罪嫌疑人孙新逃亡期间，没有固定住所，生活穷困潦倒。为了隐瞒真实身份，孙新化名“王松”藏匿在柬埔寨一家工厂，平时很少出门，不与同事们喝酒聊天，使用微信不用真人头像，从不发朋友圈。发现孙新藏匿于柬埔寨线索后，我国警方立即向柬方提出协作请求，并出具逮捕令和国际刑警组织红色通报，中国驻柬埔寨使馆也提出要求，柬埔寨内政部和国家警察总署予以同意。2015 年 6 月 3 日，确定孙新藏匿于距离金边以西 50 公里的磅士卑省后，为顺利实施抓捕，柬警方先让孙新的一个朋友约他到路边见面，并在其走出工厂后立即将其逮捕。6 月 8 日，逃亡境外 7 年之久的孙新被押解回国。[①]

2014 年 4 月，越南警方在胡志明市抓获公安部通缉的一名犯罪嫌疑人，要求中方在 24 小时之内将其带走。中方凌晨 1 点 30 分接到通知后，连夜组成押解工作组立刻行动，凌晨 5 点公安部国际合作局就为押解工作组办好了出境手续。与此同时，与嫌疑人相关的证据材料和法律文书也在进行最后的补充。早上 8 点，押解工作组乘坐头班飞机飞往广州转机，13 点 30 分抵达胡志明市。与民警们同时到达的还有该嫌疑人的所有证据材料。在我国驻越南使馆和警务联络官的协助下，与越方顺利完成人员和法律文书材料的交接工作，15 点 30 分，押解工作组带着嫌疑人抵达胡志明机场，踏上归国的路途，19 点整抵达广州，22 点整落地北京。[②]

---

① 新华网：《柬埔寨警方透露抓捕孙新过程》，2015 年 6 月 11 日，http://news.xinhuanet.com/legal/2015-06/11/c_127903992.htm.

② 辛闻：《揭秘中国海外追逃：1 张猫照片确定嫌疑人位置》，载《环球人物》，转引自中国警察网 http://special.cpd.com.cn/n24947551/n24947792/c25071141/content.html.

第四节　加拿大移民遣返程序

加拿大遣返法规主要是2001年《移民与难民保护法》和2002年颁布的实施细则《移民与难民保护条例》。两者规定了签证、入境和在加学习、工作、移民、申请难民保护等相关要求和办理程序，以及非法入境、就业或学习、违反移民规定等违法行为及其处理程序。

加拿大负责遣返非法移民的主要部门包括边境管理局（Canada Border Services Agency）、移民部（Citizenship and Immigration Canada）、移民与难民委员会（Immigration and Refugee Board of Canada）以及各级联邦法院。

一、加拿大遣返非法移民的法律依据

在加拿大，永久居民（持有“枫叶卡”）必须遵守每五年在加拿大境内居住两年的义务，在连续四年内住满三年的可以申请入籍。对于具有永久居民身份的外国逃犯，只有裁定其在加拿大境外的犯罪如在加拿大境内实施依据加拿大法律构成严重犯罪，才能予以遣返；但对于不具有永久居民身份的外国逃犯，只要裁定其在加拿大境外的犯罪如在加拿大境内实施依据加拿大法律构成犯罪，即可予以遣返。

《移民与难民保护法》将禁止入境的原因分为安全原因、侵犯人权或国际权利、严重犯罪、犯罪、有组织犯罪、健康原因、经济原因、提供失实信息、不遵守本法和禁止入境的家庭成员等10类，其中，犯罪、健康原因、经济原因和禁止入境的家庭成员等4类原因仅适用于外国人，不适用于永久居民。崔某外逃后于1999年6月取得加拿大永久居民身份。根据中方提供的证据材料，2008年9月，加拿大边境管理局

（CBSA）起草报告，说明崔某在境外犯有严重罪行，属于加《移民法》规定的禁止入境人员，提请加拿大移民与难民委员会取消其永久居民身份，并列入遣返程序。

对于加拿大境内的移民如何申请难民保护，《移民与难民保护法》提供了两种途径：一种是在被裁定为禁止入境人员前申请难民保护；另一种是在遣返前通过申请遣返前风险评估的方式向移民部长申请保护，如遣返前风险评估认为被遣返人遣返后面临生命或酷刑等风险，被遣返人可以获得保护或暂停遣返。2011 年以来，在办案机关提供充分证据的情况下，我国逃犯很难获得加拿大的难民或酷刑保护资格。

二、加拿大遣返非法移民的主要程序

（一）外国办案部门提出遣返请求。如确认逃犯藏匿在加拿大，且违反加拿大移民法，外国办案部门可向加拿大边境管理局、皇家骑警或通过其他执法渠道，提出遣返请求。

（二）边境管理局调查。《移民与难民保护法》第 44 条规定，负责移民事务的官员（实践中一般是边境管理局官员）如认为加拿大境内永久居民或外国人属于禁止入境人员，可起草报告并提交给主管部长（总督指定的负责提起指控的内阁部长，一般为移民部长或公共安全部长）。工作中，根据外方请求和所提供证据情况，边境管理局启动遣返调查并形成报告，提出是否将逃犯列入禁止入境人员的建议。主管部长如审核后认为报告理由充分，可将其转交移民庭举行听证。

（三）部长审核。移民部长或其委托人员认为报告理由充分的，可以将报告提交移民庭审理，即进行准入聆讯。移民庭听证后将作出是否同意将其列为不准入境人员的裁决。但对于因未遵守居住义务而禁止入境的永久居民，以及因法律原因禁止入境的外国人，部长代表可以直接签发遣返令。

（四）移民庭准入聆讯。经聆讯后，移民庭如认为该永久居民或外国人属禁止入境人员，或该外国人未获得入境许可，则签发遣返令。根据《移民与难民保护法》，安全和健康威胁、侵犯人权和国际权利、犯罪、无经济保障、提供虚假信息等均可构成禁止入境的理由，但犯罪是加拿大认定禁止入境人员的主要原因。

（五）移民上诉庭审理。对于移民庭的裁定不服时，当事人以及部长及其委托人员均可以向移民上诉庭提出上诉。移民上诉庭批准上诉的，将撤销移民庭的裁定，作出驳回上诉、发回移民庭重审或将其列为可入境人员的裁定。

（六）难民聆讯。在移民庭裁定被指控人属于禁止入境人员之前，如被指控人申请难民保护，由难民保护庭进行难民聆讯，准入聆讯暂停，直至难民申请审理的最终结果。如果最终结果是给予难民保护，准入聆讯终止，当事人即可申请成为加拿大永久居民；如果难民申请被驳回，移民庭重启准入聆讯听证程序。对于难民保护庭作出的裁定，被指控人或主管部长如有异议，可向难民上诉庭申请复议。①

（七）遣返前风险评估。移民上诉庭和难民上诉庭最终作出遣返裁定后，将进入正式遣返程序。但被遣返人在遣返前可向移民部长申请遣返前风险评估。移民部长评估认为不能存在风险的，执行遣返令。在评估认为遣返存在风险的情况下，被遣返人如未在加拿大境外犯有严重非政治犯罪，则可获得难民保护，并申请永久居民身份；如被遣返人曾在加拿大境外犯有严重非政治犯罪，则暂缓执行遣返令，待遣返目的地国人权、司法等情况发生变化后再行评估，但加拿大法律并未明确规定暂

---

① 关于加拿大难民申请程序和要求可参见加移民与难民委员会网站http://www.irb-cisr.gc.ca/Eng/BoaCom/Pages/index.aspx.

缓遣返期间被指控人的身份及相应待遇，执法部门将根据个案情况予以处理。

（八）联邦法院司法复核。被遣返人或主管部长如对移民上诉庭的裁定、遣返前风险评估结论以及难民上诉庭裁定有异议，均可向联邦法院申请司法复核。联邦法院可作出驳回上诉、发回重审或将其列入可入境人员的判决。如对司法复核结论仍有异议，可上诉至联邦上诉法院直至最高法院。由于加拿大法律并未规定上诉时效，司法复核和上诉过程通常十分漫长。为提高效率，加拿大于2013年起规定被指控人如对有关裁决有异议，只能在相关裁决作出后一年内，在申请难民、上诉和司法复核三种救济程序中择一；受理其救济申请的机构尽量在同一年内作出该救济程序下的终局裁决，以避免被指控人通过其他救济程序节外生枝。

（九）最高法院审理。若当事人对联邦上诉法院判决不服，可向联邦最高法院上诉。对于一般非法移民案件，最高法院通常不予受理。

（十）执行遣返。若当事人用尽所有救济措施后，被裁定遣返或放弃救济措施自愿被遣返，案件将进入遣返执行阶段。边境管理局将视情况决定由执法人员押解遣返出境或让犯罪嫌疑人自行离境。

三、典型案例

费布勒斯是从古巴前往美国避难的难民。在美期间，因两起致命武器伤人案被判入狱，美国随后取消其难民资格并签发遣返令。2011年，费布勒斯非法入境加拿大并申请难民保护。加拿大难民保护庭认为，费布勒斯在加拿大境外实施非政治的严重犯罪并被判刑，且美国对其签发的遣返令未执行，因此费布勒斯属于禁止入境人员，不具备申请难民资格，应予以遣返。费布勒斯随后向加拿大联邦法院、联邦上诉法院申请司法复核，均被驳回，又上诉至加拿大最高法院。最高法院审理认为，难民保护庭裁决事实清楚、适用法律适当。2014 年 10 月，最高法院判决驳回费布勒斯的上诉请求，维持原判，将其遣返回古巴。

厦门远华特大走私案主犯赖昌星于 1999 年 8 月案发后外逃，此后一直滞留在加拿大。2000 年 3 月，赖昌星及其妻曾明娜的旅游签证到期，加拿大边境管理局向其发出有条件的离境令，但赖昌星夫妇继续在加拿大滞留。2000 年 6 月，赖昌星夫妇提出避难申请，案件进入避难申请审理程序。赖昌星移民遣返程序历时 11 年，包括难民身份确认程序和遣返前风险评估程序两个阶段。一是难民身份确认阶段。2001 年 7 月，赖昌星向加拿大移民与难民委员会裁判庭提出诉讼，要求承认他的难民身份。2002 年 6 月，加移民与难民委员会裁判庭驳回了赖昌星的难民申请。2002 年 8 月，赖昌星的律师向加拿大联邦法院提出上诉申请。2004 年 2 月，加联邦法院再次驳回赖昌星的难民申请。不久，赖昌星又上诉至加联邦上诉法院。2005 年 4 月，加联邦上诉法院驳回了赖昌星的上诉，此后赖昌星又上诉至加最高法院。2005 年 9 月，加最高法院拒绝受理赖昌星及其家人所谓“难民资格”的上诉。至此，赖昌星“难民资格”官司司法程序结束。加移民部门将赖列入遣返程序，对其进行遣返前风险评估。二是遣返前的风险评估阶段。2006 年 5 月 18 日，加拿大移民部完成对赖昌星遣返前的风险评估程序，决定 5 月 26 日将赖昌星遣返回中国。2006 年 6 月 16 日，加边境管理局将赖昌星从其居所拘捕至温哥华市一家监狱，赖昌星以为自己是要被送往机场，遂以头撞柱，并申请司法救济。2009 年 5 月 3 日，在中加双方的努力下，赖昌星的前妻曾明娜（两人于 2005 年离婚）与女儿赖珍珍回国与家人团聚。2011 年 7 月 21 日，加联邦法院驳回赖昌星关于暂缓执行遣返令的申请，并下令立即执行遣返。7 月 23 日，赖昌星在加拿大警察押送下被遣返回国，厦门海关缉私局依法对其执行逮捕。①

第五节 美国避难申请程序

近年来，在美逃犯往往滥用美国避难申请程序，企图利用美国繁琐的法律程序在美寻求“庇护”。但根据美国法律，涉嫌境外严重刑事犯罪人员根本不符合避难申请条件。根据美国避难申请程序和要求，办案机关可以有针对性地开展国内调查，打掉逃犯以虚假理由提出的避难申请。②

一、美国避难申请的基本条件

一般而言，在美国，广义的避难申请包括政治避难申请、酷刑保护申请以及中止递解出境和暂缓递解出境申请。③

（一）申请政治避难的条件

申请政治避难时，外国人必须证明自己是因种族、宗教、国籍、属于某社会团体或政治见解，受到迫害或可信的迫害威胁的“难民”，不能或不愿意回到原籍国（或无国籍人的上一个常住国）。

申请人必须证明：（1）本人不能或不愿返回原籍国，且不能（无旅行证件）或不愿接受原籍国的领事保护；（2）申请人过去曾受过迫害，或有会受到迫害的可信恐惧；（3）所受迫害是基于种族、宗教、国籍、隶属某社会团体或政治见解。

---

① 赵秉志、张磊：《赖昌星案件法律问题研究》，载《政法论坛》2014 年第 4 期。

② 《美国法典》第 8 编第 1158 条规定了避难申请的申请条件、举证责任、判定标准、配偶子女、主要流程等，参见https://www.law.cornell.edu/uscode/text/8/1158.

③ Asylum Division, U.S. Citizenship and Immigration Services, *Affirmative Asylum Procedures Manual*, November 2013.

（二）申请酷刑保护的条件

申请人提出政治避难申请时，可同时根据《联合国禁止酷刑公约》申请酷刑保护。申请酷刑保护的证据与申请政治避难、中止递解出境的证据相似。但《联合国禁止酷刑公约》所要求的证据标准比政治避难的证据标准高，提交的证据必须包括“申请人曾遭受酷刑的证据，原籍国大规模实施酷刑的证据，原籍国相关信息”。

（三）申请中止递解出境的条件

根据美国《移民法》，申请人如不符合避难申请条件，则有权申请中止递解出境程序，要求美国政府不要将其递解回原籍国。申请人提出避难申请时，也可同时申请中止递解出境（在避难申请表格上的申请中止递解出境框内打勾）。

中止递解出境分为两种类型：一是根据美国《移民法》第 241 条作出的中止递解出境，申请人须证明基于种族、宗教、国籍、隶属某社会团体或政治见解会受到“迫害”。二是根据《联合国禁止酷刑公约》作出的中止递解出境，申请人必须证明其会在遣返目的地国受到“酷刑”，但审理前一般会先审理申请人是否符合美国《移民法》第 208 条避难申请条件或《移民法》第 241 条中止递解出境条件。

申请中止递解出境时，仅需证明受到迫害或酷刑的概然性更大（可能性大于 50%），申请条件比政治避难低，但不能获得美国永久居民身份。

（四）申请暂缓递解出境的条件

暂缓递解出境是中止递解出境的特殊情形。根据《联合国禁止酷刑公约》，不符合中止递解出境条件时，申请人根据《联合国禁止酷刑公约》第 208 条和第 1208 条规定，可提出暂缓递解出境申请，但这是一种临时状态，并不能获得任何合法或永久移民地位，也不意味着必然能获得释放。

此外，已成为美国合法永久居民五年以上或在美居住时间超过七年且从未因重罪被定罪的移民，可申请撤销递解出境。

（五）不符合申请条件的法定情形

1. 拒绝政治避难的法定情形

（1）除特殊情况外，外国人进入美国一年后才提出避难申请。

（2）外国人基于种族、宗教、国籍、隶属某社会团体或政治见解对他人实施或协助实施迫害。

（3）外国人因“特别严重犯罪”被判有罪或因美国《移民与国籍法》规定的重罪被判有罪，对美国社会构成威胁。

（4）外国人在美国以外犯有“严重的非政治类犯罪”。

（5）外国人从事、煽动恐怖主义活动。

（6）外国人在进入美国前曾长期在其他国家居住（不可申请避难，但可申请中止递解出境）。

（7）外国人曾申请过政治避难并遭到拒绝的。

（8）如果司法部长判断该外国人依据双边协议可以被送往安全的第三国，那么该外国人便不可申请避难，除非司法部长认为接受其在美国受到庇护是符合公众利益的。

注：美国定义的“重罪”是指：①暴力犯罪、毒品犯罪或被判刑期超过一年的盗窃罪；②偷渡、洗钱（超过1万美元）、走私军火等犯罪；③被判刑期超过一年的贿赂证人罪、贿赂罪、使用或伪造虚假文件罪、伪证罪和赌博犯罪等。

2. 禁止申请暂缓递解出境的法定情形

（1）申请人曾经迫害过他人。

（2）申请人在美国以外犯有严重的非政治类犯罪。

（3）有合理理由相信申请人对美国安全构成威胁，包括《美国移民国籍法》中规定的外国人与恐怖主义活动相关的情形。

（4）申请人曾被判特别严重犯罪。

3. 拒绝中止递解出境的法定情形

（1）外国人协助纳粹迫害他人或参与大屠杀。

（2）外国人基于种族、宗教、国籍、隶属某社会团体或政治见解对他人实施或协助实施迫害。

（3）外国人因“特别严重犯罪”被判有罪，对美国社会构成威胁。

（4）外国人在美国以外犯有“严重的非政治类犯罪”。

二、美国避难申请的证据规则

（一）在移民法庭上，证据规则较州法院或联邦法院更为灵活，传闻能够被采纳为证据，代理律师也多依靠证词及其他书面陈述（信件、电子邮件、报纸文章等）佐证其主张。

（二）申请避难的关键是证明申请人具有“可信恐惧”。根据美国最高法院判例，可信恐惧是指申请人害怕会受到迫害的恐惧具有合理性，要求必须以具体的事实证实过去受到迫害或有理由相信会受到迫害，而且担心受迫害的理由只能是基于种族、宗教信仰、国籍或民族、从属于某一特定的社会团体或申请人自己的政治见解。刑事处分不是迫害，短期羁押也不构成迫害。要证明有会受到迫害的“可信恐惧”，必须同时证明：（1）主观上申请人的确担心会受到迫害；（2）客观上申请人在现实生活中受到迫害。例如，贪污贿赂犯罪嫌疑人潜逃到美国后，因担心回到原居住国会受到审判，也有“可信恐惧”，但并不符合避难要求，因为他的理由不属于上述的政治理由。

（三）申请人提交的证明材料一般包括：（1）遣返目的地国的总体状况；（2）支持自己主张的具体事实。申请人如果蓄意提交虚假申请材料，将永远无法获得任何移民待遇，即使别人教唆也不能免责。根据美国法典第1546条第（a）款规定，提供虚假资料或证言者可被判处罚金或10年以下监禁，或两者并处，若存在加重情节，最高刑期可达25年。

（四）美国《真实身份法案》修正案允许移民法官在政治避难案件中根据申请人的申请书或证词中任何不一致的地方判定可信度。这包括申请人所提供材料的不一致性以及申请人的行为举止、申请人陈述的合理性、口头与书面声明之间的一致性、声明中的不准确或不真实之处等。

（五）美国1996年修订了重罪定义，把洗钱和非法金融交易重罪改为金额1万美元（以前为10万美元）以上，欺诈、伪造文件、盗窃、暴力犯罪的重罪标准改为刑期1年（以前为5年）以上，逃税、伪造证件和欺诈罪的重罪标准改为起罚线1万美元（以前为20万美元）以上。

（六）在申请避难过程中，欺诈对申请政治避难会带来严重后果，降低申请避难的可信度。对于入境美国之后进行的移民欺诈，一是对过去的欺诈行为撒谎。当申请人在安全进入美国后对自己过去的欺诈行为撒谎，将影响对其可信度的判定；二是假结婚等其他移民欺诈行为。移民欺诈或其他欺诈犯罪，虽然难以进行刑事调查或定罪，但影响其可信度判定；三是轻率提交避难申请。法庭若发现申请人故意伪造避难申请书中的任何重要因素，可认为申请人轻率提交避难申请，这将永远取消该外国申请人获得避难的资格。

（七）所有以外语行文的文件都应附上完整的英文翻译，否则不作为证据采纳。译者翻译资质的证明及其对译本的认证需与原本、译本同时提交，并由译者对译本承担法律责任，但这一认证不必进行公证。每项外语文档都需要附上由译者亲笔签字的单独认证。若申请人不讲英语，而代理律师以英语起草了相关陈述，则应提交证明，证实该陈述在由申请人签字之前已翻译为其母语译本。

（八）美国保密法禁止政府将递解出境程序中的某些程序对外披露给外国政府，主要是禁止披露美国公民或合法永久居民的移民数据库信息以及禁止披露与避难相关信息，目的是保护移民或避难申请人的权利，但可以适当方式向外国政府查证有关信息。

第七章　国际追逃手段之异地追诉

异地追诉是境内办案机关向逃犯所在地区执法机构（又称“追诉地”）提供证据线索，协助调查外逃人员在当地的犯罪行为，该法域依据当地法律对外逃人员提起刑事诉讼并定罪量刑。外逃人员服刑后，往往会被驱逐出境或遣返回国。异地追诉的前提条件是逃犯触犯当地法律，境内和逃犯所在地对其犯罪行为都有管辖权。

第一节　异地追诉概述

在与我国暂无引渡条约的国家和地区特别是西方发达国家开展追逃时，异地追诉这种追逃手段优势明显。一是立足于推动逃犯所在地进行刑事立案和审判，尊重其他法域的司法主权和管辖权；二是对于不知行踪或逃往第三地的犯罪嫌疑人，异地追诉后可以借助追诉地的司法执法资源开展联合缉捕；三是外逃犯罪分子被定罪量刑后，往往会被剥夺当地合法居留身份，服刑完毕后依然会被遣返回国继续接受法律制裁；四是外逃犯罪分子既要面临藏匿地的审判，也要接受境内的法律审判，面临两法域的追诉和定罪量刑，彰显了罪犯无论逃到哪里都逃避不了被惩罚的命运。但也要看到，异地追诉往往程序漫长，办案机关需要配合提供外逃人员涉嫌跨境洗钱、违反当地移民法律等犯罪行为的大量证据材料，证据标准和要求都比较高。

一、根据或引渡或起诉原则，无法引渡时开展异地追诉

这种方法适用于双方同意基于条约或互惠开展引渡合作，在引渡无法实现时，按照境外法律对该人提起刑事诉讼并追究其刑事责任。早在17世纪，自然法学家胡果·格劳秀斯（Hugo Grotius）基于自然法理论就提出："国家不习惯于允许其他国家带着武装部队通过他们的边境强制执行惩罚，因为这样一种办法是不适当的，所以，罪犯居留的国家必须做两件事中的一件。当被要求时，它应该或者给罪犯以应得的惩罚，或者把他交给提出要求的当事国处理。"因此，犯罪受害国享有对犯罪分子进行惩罚的自然权利，逃犯所在地不应当妨碍这一权利的行使，如果无法引渡逃犯时，可以选择自己惩罚该犯罪行为。

《联合国反腐败公约》第44条第13款规定，如果为执行判决而提出的引渡请求由于被请求引渡人为被请求缔约国的国民而遭到拒绝，被请求缔约国应当在其本国法律允许并且符合该法律的要求的情况下，根据请求缔约国的请求，考虑执行根据请求缔约国本国法律判处的刑罚或者尚未服满的刑期。

《中华人民共和国和泰王国引渡条约》第5条"国民的引渡"规定，一、缔约双方有权拒绝引渡其本国国民。二、如果根据本条第1款不同意引渡，被请求方应根据请求方的请求，将该案提交其主管机关以便起诉。为此目的，请求方应向被请求方提交与该案有关的文件和证据。

《中华人民共和国和法兰西共和国引渡条约》第4条"国籍"规定，一、如果被请求引渡人具有被请求方国籍，应当拒绝引渡。该人的国籍依引渡请求所针对的犯罪发生时确定。二、被请求方如果仅因为国

籍原因拒绝引渡被请求引渡人，则应当根据其法律和请求方提供的事实，将案件提交其主管机关，以便在必要时进行刑事诉讼。为此目的，请求方应当将一切与该犯罪有关的卷宗、文件和物证转交给被请求方。被请求方应当将处理结果告知请求方。

《中华人民共和国和西班牙王国引渡条约》第 5 条“在被请求方提起刑事诉讼的义务”规定，如果根据本条约第 3 条第 4 项不同意引渡，则被请求方应当根据请求方的要求，将该案提交其主管机关以便根据本国法律提起刑事诉讼。为此目的，请求方应当向被请求方提供与该案有关的文件和证据。

二、推动外方对外逃人员跨国犯罪行为进行追诉

这种方法适用于有证据显示外逃犯罪嫌疑人在所在地构成刑事犯罪，如以欺诈手段骗取外国签证或护照、非法入境、通过洗钱方式向所在地转移赃款赃物等情形。

1. 中方起诉李波在美杀人案①

2017 年 5 月 4 日，11 年前在美国杀妻后逃回中国的李波被提起公诉，由于中美之间没有引渡条约，李波在他的家乡扬州受审。美国洛杉矶司法部门专门派出该案主办检察官和洛杉矶的法官赶来旁听庭审。

2006 年 12 月，高某被人在美国洛杉矶杀害。2010 年 5 月，高某丈夫李波潜逃回国，并再次娶妻生子。2013 年 12 月，美国洛杉矶警察局通过中国驻美使馆请求赴高某家乡取证。在中方协助下，美方来华向高

---

① 人民网：《越洋追凶 11 年前在美杀妻的嫌疑人昨在扬州受审》，2017 年 5 月 5 日，http://js.people.com.cn/GB/n2/2017/0505/c360305 - 30136059.html；新华日报：《11 年前在美杀妻的嫌犯昨在扬州受审——越洋追凶，铸就司法协作典范》，2017 年 5 月 5 日，http://xh.xhby.net/mp3/pc/c/201705/05/c317673.html.

某父母进行了详细询问，发现李波在很多关键问题上撒谎。2014 年 7 月，美国加州高等法院对李波颁发逮捕令。鉴于李波已逃回中国，美国警方请求将案件移交中国进行起诉。在美方协助下，中方工作组赴美实地调查取证，并接收美方移交的证据材料。2014 年 10 月，中方工作组获得了近 300 页文字资料、20 多张光盘、10 多件物证，并将美方采集的证据转化成符合中国法律要求的合法证据。2015 年 10 月 15 日，经江苏扬州市江都区人民检察院批准，江都警方依法对李波执行逮捕。据李波交代，夫妻俩到洛杉矶后，高某学英语、考驾照，想留美创业，越来越看不惯安于现状、不求上进的李波，2 人多次争吵，2006 年 12 月 13 日下午，李波盛怒之下将高某杀害并抛尸。考虑到作案现场和知情人均在美国，2016 年 1 月，中方工作组再次抵达洛杉矶，在美国警方主持下，向多名关键证人制作笔录，核实相关证据材料，完善全案证据链，为在国内起诉李波提供了条件。

2. 中方起诉赵言在澳大利亚杀人案①

2015 年 12 月，澳大利亚籍男子赵言因在澳大利亚谋杀其妻孙红，被上海市一中院判处无期徒刑。2010 年 9 月 30 日，孙红被杀，其母头部被撞击成了植物人。澳大利亚警方经排查后认为孙红丈夫赵言非常有嫌疑，但赵言已于 2010 年 9 月 10 日持澳大利亚护照回到沈阳，此后再无入境澳大利亚记录，似乎无作案时间。但经过中澳警方进一步侦查，案件真相浮出水面。2010 年 9 月 10 日，赵言持自己的澳大利亚护照回国，在沈阳找到证件照片与自己神似的岳某借护照。9 月 23 日，赵言持岳某护照出境，来到悉尼。9 月 24 日，赵言联系网上招聘的司机宋峰，两人由悉尼驾车到达珀斯。9 月 28 日，赵言又用虚假身份购买 1

① 中国警察网：《上海公安侦办首例外国公民在国外侵害我国公民案件》，2016 年 1 月 18 日，http://daan.cpd.com.cn/n157198/c31743775/content_1.html.

辆二手白色三菱轿车。9 月 30 日，化装后的赵言带着凶器，驾驶三菱轿车守候在妻子租住的房子外，赵言于 19 时 30 分作案后，将三菱轿车丢弃，并连夜让宋峰驾车送自己到悉尼。10 月 3 日，赵言回国，从此未再入境澳大利亚。

2011 年 8 月，澳大利亚警方向我国提出刑事司法协助请求，将此案移交中国警方调查和追诉。在公安部授权下，上海警方迅速与澳大利亚珀斯警方对接，把 200 多页英文案卷翻译成长达 30 多万字的中文。虽然赵言翻供拒认，但上海警方面对“零口供”的压力调整办案重点，转变“口供为王”的既定思路，从细节着手，将该案所有证据环环相扣，形成案卷 11 册、证据光盘 54 张，牢牢锁定赵言的犯罪事实。最终，历时 5 年，赵言终于得到法律的制裁。他在珀斯的财产被依法拍卖，所得资金成立了一项基金，用于支付其未成年女儿（澳大利亚籍）的抚养费用，他女儿由当地政府指定给了一对警察夫妇收养。

第二节　异地追诉的主要流程

异地追诉涉及联合调查、境外取证、定罪服刑后遣返等工作，绝不是追诉地国的单方行为。这是因为通常情况下，外逃嫌疑人触犯当地刑事犯罪的源头在境内，大多是其境内犯罪行为的延续。嫌疑人往往通过提供境内虚假身份证明、资产证明或通过其他欺诈手段获得外国身份，涉嫌移民欺诈罪；同时，将境内赃款赃物转移至所在地，也违反了当地的反洗钱法律。

一、查明境内犯罪事实，提出司法协助请求

办案机关对嫌疑人进行境内调查时，要重点调查其境内贪污贿赂等

犯罪事实以及跨境转移赃款、移民欺诈犯罪事实，固定洗钱罪和移民欺诈罪的证据材料，形成完整的证据链条。一旦发现外逃嫌疑人涉嫌违反藏匿地刑事犯罪的证据或线索，要立即向外方通报，并提出司法协助请求，请有关国家和地区协助查找、缉捕和遣返嫌疑人，对其当地犯罪行为开展刑事调查。

2001年10月，中国银行广东开平支行前行长余振东外逃后，办案机关迅速查明余振东伙同其他嫌疑人通过中国香港地区、加拿大逃往美国，并将巨额公款转往境外，这为我国向美国、加拿大提出刑事司法协助请求打下了基础。2001年11月，中方向美国和加拿大分别提出刑事司法协助请求，请其协助查找余振东等人下落，并查询、冻结、没收被他们转移的赃款。2001年12月，美国联邦调查局协助中方冻结余振东转往美国旧金山的355万美元赃款，并于2003年9月全额返还给中方。①

二、坚持境内境外双向调查，配合外方开展刑事调查

在异地追诉案件中，首先，要明确双向调查的工作策略，中外双方同时开展调查。中方从犯罪源头查找证据，摸清犯罪嫌疑人的境内作案流程和资金流向，搜集和固定境内犯罪证据线索，追查跨境资金流向，便于外方开展调查。外方根据嫌疑人在本地的资金、房产情况和其他证据，反查犯罪资金的来源和流向，便于中方查清跨境逃窜和跨境转移资金流程。其次，要明确中外主办机关和协办机关，双方办案人员建立直接联系渠道，通过电话会议、电话、传真和电子邮件等加强沟通与联

---

① 新华网：《巨贪余振东被成功引渡》，2004年4月20日，http://news.163.com/2004w04/12528/2004w04_1082428742631.html.

络，并根据工作需要及时举行面对面磋商，通报和交换案件进展情况和线索信息。

在许超凡、许国俊案件中，美方根据《中美刑事司法协助协定》派检察官和律师来华对正在中国服刑的同案犯余振东取证。同时，根据美国法律，通过远程视频，美方检察官和许超凡夫妇、许国俊夫妇的辩护律师对余振东进行交叉询问，整个质证过程长达40个小时。中方还向美方提供了超过10万页的银行转账、移民欺诈等方面的证据材料，并协助安排多位证人赴拉斯维加斯作证。整个审判过程持续一个半月，陪审团一致裁定各项指控成立，被告人均有罪。

三、组织提供证据材料

扎实、清晰的境内犯罪证据是开展异地起诉的前提条件。境内办案机关侦办外逃案件时，要从境内、境外两条线查清犯罪事实、搜集线索和固定证据。

异地追诉证据主要分为三类，包括境内贪污贿赂等犯罪证据、跨境洗钱犯罪证据以及移民欺诈等证据。中新两国检察机关在办理李华波案司法合作过程中，新方5次向中方提出司法协助请求。中方向新方提供了李华波涉嫌上游贪污犯罪的所有证据资料，协助安排新警方和检方办案人员来华调查取证。同时，应新方请求安排主办检察官许轶峰赴新加坡法庭作证，这是我国检察机关侦查人员在境外刑事法庭出庭作证的第一起案例，中方提供的证据资料全部得到了新加坡法庭的采信。2013年4月2日，新加坡初级法院判决李华波有期徒刑15个月，新高等法院在二审中维持原判并判决李华波立即入狱服刑。[①] 同时，为全面查清李华波犯罪事实和开展司法执法合作，中方 8 次派工作组赴新加坡开展工作，最高检先后 9 次向新加坡总检察署提出刑事司法协助请求，新方先后 5 次向我国检察机关移交了其所有的诉讼证据资料和庭审笔录，有效地补强了李华波涉嫌贪污犯罪的证据材料，形成了较为完整的诉讼证据链。[②]

四、配合外方起诉和定罪量刑

异地追诉的关键是如何在境外定罪量刑，办案机关要尽量全程参与，在证据材料、证人作证等方面向外方提供大力支持。

2003 年，广东佛山市南海置业公司原经理李继祥挪用公款 4000 万元后潜逃，并在澳大利亚过上奢华的日子，住豪宅、开名车，经常出入当地有名的高尔夫球场，甚至取得了澳大利亚永久居民身份。办案机关在获知澳方难以直接将李继祥引渡或遣返的情况下，与澳方沟通并达成共识：中方向澳方提供李继祥涉嫌洗钱上游犯罪的证据材料，澳方对李继祥以洗钱罪立案并展开调查，如李继祥的行为触犯澳大利亚法律，则由澳大利亚司法部门追究其法律责任；对其非法所得，依据澳大利亚《犯罪收益法》进行追缴，追缴的财产在澳大利亚有关部门批准后将返还给中国政府。2007 年 7 月，澳大利亚警方查封、扣押和冻结李继祥在澳房产和银行存款等财产约 630 万澳元，随后扣押李继祥及家人护照，并发出拘传令。取证方面，2007 年 7 月、2008 年 8 月、2009 年 3 月，澳大利亚联邦警署 3 次派员来华向 16 位证人取证，在中国香港警

---

① 人民日报：《被遣返回国的“鄱阳巨贪”：终于回国了，感到踏实了》，2015 年 5 月 10 日，转引自http://news.xinhuanet.com/legal/2015-05/10/c_1115231799.htm.

② 最高检反贪总局：《决不让海外成中国贪官“避罪天堂”》，2016 年 10 月 27 日，http://www.spp.gov.cn/zdgz/201610/t20161027_170757.shtml.

方协助下向有关证人进行取证。这些证人按澳方证据要求签署了20份“作证声明书”和“作证宣誓书”，中方还补充证据材料2300多页。作证方面，2009年4月至5月、2010年10月，应澳方请求，广东省检察机关2次组织有关证人就李继祥预审听证进行远程视频作证。2011年9月12日，案件庭审结束，陪审团于9月13日裁决李继祥被控9项罪名成立。次日，澳大利亚昆士兰州最高法院宣判李继祥因洗钱罪判处监禁14年至少入狱10年，因使用犯罪收益罪判处监禁12年至少入狱9年。上述刑罚于2011年9月13日起同时执行，9年内不准假释。此外，2009年11月，澳方通过民事程序，追缴李案400多万澳元资产并返还给广东省检察院，2010年10月该款被退还给受害单位。李继祥案是广东省检察机关与澳大利亚司法机关合作的首起案件，也是中国与澳大利亚警方联手成功追诉外逃贪官的第一案。[①]

五、快速遣返

一是在境外刑事诉讼过程中实现自愿遣返。如果境外法律许可，在境外刑事诉讼过程中，嫌疑人可以提出愿主动接受遣返，中外双方司法执法部门和遣返部门可就此达成一系列协议，安排嫌疑人投案自首接受法律制裁，从而规避境外漫长的诉讼程序。2002年12月，余振东被美国移民海关执法局洛杉矶分局抓捕后，面临五项重要刑事指控，包括：以有组织的欺诈活动非法侵占4.85亿美元资金（20年以下监禁），将非法侵占的355万美元资金转移至美国（20年以下监禁），使用被非法转移的资金（10年以下监禁），以虚假陈述获取旅行证件（15年以下

① 正义网：《李继祥：澳大利亚判刑　追诉外逃裸官第一案》，2012年6月26日，http://www.jcrb.com/xztpd/2013zt/201306/guojifantan/kongbai/201306/t20130620_1138975.html.

监禁)，采用欺骗手段获取签证（15 年以下监禁)。经做劝返工作，余振东提出愿回国接受审判。2004 年 4 月 16 日，美国联邦调查局和移民海关执法局在北京首都机场将余振东移交我国警方。

二是协调外方在嫌疑人短期服刑后将其遣返回国。在异地追诉国际合作中，中外双方可以通过友好协商，由境外司法机关对嫌疑人所触犯当地法律中的一部分或某一种较轻罪行进行调查起诉和定罪量刑，待其短期服刑后将其遣返，实现在较短时间内遣返回国。江西省鄱阳县财政局经济建设股原股长李华波携家人潜逃新加坡后，考虑到中国与新加坡既没有缔结引渡条约，也没有缔结司法协助条约，且新加坡已就李华波的跨国洗钱行为立案，中新两国检方达成了解决李华波案的共识，明确双方依据《联合国反腐败公约》和互惠原则，合作将李华波在新定罪量刑，并待其服刑后再遣返回中国。2014 年 7 月，李华波在新加坡终审被判有罪并被收监。随后，新方启动撤销李华波及其家人永久居留权程序。2014 年 12 月，李华波妻子主动向鄱阳县人民检察院写了投案自首信，并于 2015 年 1 月回国投案自首。2015 年 2 月初，李华波在新加坡监狱向鄱阳县检察院写了自首书，并于 2015 年 5 月在新加坡服刑期满后被遣返回国。①

三是在嫌疑人服完国外所有刑期后将其强制遣返回国。2009 年 5 月，许超凡之妻邝某被美国内华达联邦地区法院以洗钱、跨州转运盗窃资金、护照和签证欺诈等罪名，判处 8 年监禁，此前邝某已被美方羁押了 6 年。邝某在美服刑完毕后，被美国移民法庭判发遣返令。2015 年 9 月，邝某被美方使用包机强制遣返回国。②

---

① 戴佳：《李华波被遣返细节曝光：检察官首次在国外刑事法庭作证》，载《检察日报》2015 年 5 月 10 日，http://news.jcrb.com/jxsw/201505/t20150510_1504164.html.

② 新华网：《邝婉芳与美国公民假结婚生三个孩子　刑期已结束》，2015 年 9 月 25 日，http://news.xinhuanet.com/legal/2015－09/25/c_128267975.htm.

第三节　如何开展洗钱犯罪的异地追诉

外逃离不开资金支持，外逃分子必然会跨境转移赃款，触犯境内外反洗钱法律。因此，通常情况下，对于任何外逃职务犯罪嫌疑人，都可以协调当地执法部门启动反洗钱调查并开展异地追诉。

一、洗钱犯罪的法律规定

洗钱罪是世界上最广泛的罪名之一。《联合国反腐败公约》第23条规定，缔约国应寻求将洗钱罪适用于范围最为广泛的上游犯罪，至少应将本公约规定的犯罪，即各种腐败犯罪列为上游犯罪。

（一）关于犯罪对象

《欧洲反洗钱公约》中的洗钱罪对象包括一切刑事犯罪所得的财产，而且即使在国外实施的上游犯罪行为按照行为国的法律不构成犯罪，也仍然可以作为洗钱罪论处。

《德国刑法典》规定，洗钱罪对象是指重罪、贪污罪、诈骗罪、资助诈骗罪、背信罪、受贿罪、贿赂罪等若干特定犯罪所得的财产。

美国《洗钱控制法》明确上百种犯罪的非法所得可以成为洗钱罪的对象，如贿赂罪、敲诈勒索罪、赌博罪、抢劫罪、绑架罪、暴利罪、走私罪等。

（二）关于洗钱主体

在国际上，各国对自洗钱（即犯罪嫌疑人自行将其上游犯罪收益清洗的行为）的规定不同。一派是以德国、法国、荷兰、意大利、俄罗斯等国为代表的“他犯”阵营，只承认原生罪以外的他犯才能构成洗钱罪的主体，主要是大陆法系国家以及新加坡等个别英美法系国家。

另一派是以瑞士、美国、英国、加拿大、日本、澳大利亚等国为代表的“本犯”阵营，将原生罪的本犯也列入洗钱罪的主体范围，主要是英美法系国家以及瑞士、日本等个别大陆法系国家。

(三) 关于洗钱行为

从国际反洗钱刑法规定的洗钱行为形式来看，其客观构成中“转换”“转让”“隐瞒”“掩饰”等行为主要涵盖了洗钱行为的第一和第二阶段，而“获取”“使用”则涵盖了洗钱行为的第三阶段，“持有”则可能存在于洗钱行为的三个阶段中。各国刑法对于洗钱罪客观构成要件的规定，大多只要求行为人实施了法定的清洗犯罪收益的行为，并不要求一定要发生犯罪收益的非法性质与来源已经被彻底隐瞒或者掩饰的结果，才能构成洗钱犯罪。

《欧盟反洗钱指令》第1条第3款对洗钱罪基本犯罪构成的形式规定为“转换”“转让”犯罪收益的行为，“隐瞒”“掩饰”犯罪收益的真实性质与来源等行为，“获取”“持有”与“使用”犯罪收益的行为。同时该指令第1条第3款第4项还规定了洗钱罪修正犯罪构成的行为形式，包括“参与”实施，“合伙”或者“共谋”实施，“实施未遂”，以及“帮助”“教唆”“便利”和“共谋”实施上述犯罪的行为。

《美洲反洗钱示范法》第2条第1款至第3款规定了洗钱罪基本构成的行为形式，即“转换”或者“转让”犯罪收益的行为，“获取”“持有”与“使用”犯罪收益的行为，“隐瞒”“掩饰”或者“阻碍查明”犯罪收益的真实性质与来源等情形的行为。此外，该法还规定了洗钱罪修正犯罪构成的行为形式，具体包括“参与”“合伙”或者“共谋”进行，“未遂”“帮助”“教唆”“便利”和“共谋”进行，公开或者私下“煽动”实施上述犯罪行为，或者“帮助参与”上述犯罪等行为。

《加拿大刑法典》规定，“洗钱罪”指的是“转移”其持有的犯罪收益，或者将其“送交他人、其他处所”，或者“运输”“移送”“变更”“转卖”“处理”的行为。

澳大利亚《1987年犯罪收益法》第81条第3款规定的“洗钱罪”以及第82条规定的“过失洗钱罪”，客观上要求实施了“从事”犯罪收益的交易，或者“接受”“持有”“隐瞒”“处置”或“进口”犯罪收益的行为。

（四）美国洗钱罪

《美国法典》第18编第1956条[①]和1957条[②]规定了4种洗钱罪，包括：非法金融交易罪，跨境洗钱罪，诱惑侦查中的洗钱罪，以特定非法所得从事金融交易罪。

《美国法典》第18编第1956条第（a）（1）款规定非法金融交易罪，即：任何人明知涉及金融交易的财产是某些非法活动所得，实施或试图实施事实上涉及特定非法活动所得的金融交易，（A）（i）意图促进特定非法活动的实施，或者（ii）意图从事违反1986年《美国联邦税法》第7201条或第7202条的行为；（B）明知该交易的安排全部或部分（i）是为了隐瞒或掩饰特定非法活动所得的性质、所在地、来源、所有权或控制权，或者（ii）为了规避依照州或联邦法律的交易报告要求。上述行为应被处以50万美元以下的罚金或最高两倍于交易所涉财产价值的罚金（两者择一重罚），或处以20年以下的监禁刑，监禁刑和罚金可单独使用也可并罚。诱惑侦查必须是执法人员或经联邦调查人员或公诉机关同意的其他人员实施的。

第1956条第（a）（2）款规定跨境洗钱罪，即：任何人转移、传递或转让，或者试图转移、传递或者转让金融票据或资金，使该金融票

---

① 18 U.S. Code § 1956 – Laundering of monetary instruments, https://www.law.cornell.edu/uscode/text/18/1956.

② 18 U.S. Code § 1957 – Engaging in monetary transactions in property derived from specified unlawful activity, https://www.law.cornell.edu/uscode/text/18/1957.

据或资金从美国某地转至国外某地、通过国外某地，或者从国外某地、通过国外某地转至美国国内，（A）意图促进特定非法活动的实施，或者（B）明知转移、传递或转让所涉及的金融票据或资金来自某种形式的非法行为，且明知上述转移、传递、转让全部或部分（i）是为了隐瞒或掩饰特定非法行为所得的性质、所在地、来源、所有权或控制权，（ii）是为了规避州或联邦法律规定的交易报告要求。上述行为应当处以50万美元以下罚金或最高两倍于转移、传递或转让所涉及金融票据或资金价值的罚金（两者择一重罚），或处以20年以下的监禁刑，监禁刑和罚金可单独使用也可并罚。

第1956条第（a）（3）款规定诱惑侦查中的洗钱罪，即：任何人凡意图（A）促进特定非法活动的实施，（B）隐瞒或掩饰相信来源于特定非法行为所得之财产的性质、所在地、来源、所有权或控制权，或者（C）规避州或联邦法律的交易报告要求，实施或试图实施所涉财产来源于或被用于特定非法所得的金融交易。上述行为应被处以本编所规定的罚金（50万美元以下罚金或两倍于交易所涉及财产价值的罚金两者择一重罚），或处以20年以下的监禁刑，监禁刑和罚金可单独使用也可并罚。诱惑侦查必须是执法人员或经联邦调查人员或公诉机关同意的其他人员实施的。

第1957条规定以特定非法所得从事金融交易罪，即：（a）在本节（d）款规定的任何情况下，明知是使用来自特定非法行为的价值超过1万美元的财产从事或企图从事金融交易的，处本节（b）款规定的刑罚。（b）除本节（2）项规定外，本条规定的犯罪行为应处以《美国法典》第18编规定的罚金，或10年以下的监禁刑，监禁刑和罚金可单独使用也可并罚；法院可选择性地处以本节（1）项所规定的不超过所涉交易中犯罪所得两倍的罚金。（c）在本条所指控的犯罪中，政府不必证明被告明知获得财产的犯罪行为是特定非法行为。（d）在（a）款提到的情形是：（1）依本条规定的犯罪行为发生在美国国内或者美国特定海域和司法管辖区域内；（2）依本条规定的犯罪行为发生在美国及上述司法管辖区域之外，但被告是美国公民。

此外，《美国法典》第18编第2314条规定，明知是盗窃、欺诈所得的价值5000美元以上的物品、用品、商品、有价证券或现金，仍在跨州或对外贸易中运输、传送或转移的，将被判处10年以下监禁。

（五）澳大利亚洗钱罪

1995年澳大利亚《刑法典》第400条第3款至第9款规定，如金钱或资产系犯罪所得或成为犯罪工具，或有合理理由怀疑金钱或资产系犯罪所得，根据涉案金额（最高100万澳元以上，共六档）和主观要件（直接故意、间接故意、过失），可处以1年至25年监禁或罚金，或两者并处。

2006年澳大利亚《反洗钱与反恐融资法》第136条至第138条和第140条至143条规定，在资金交易活动中故意提供虚假或误导性信息、虚假或误导性证件，制作、持有虚假证件，持有或制造假证制作设备，均构成重罪，最高可判处10年监禁或180万澳元罚金，或两者并处。

二、洗钱犯罪的追诉案例

（一）闫永明在新西兰洗钱案[①]

2001年11月，吉林通化金马药业股份有限公司原董事长闫永明非法侵占公司1.87亿余元人民币后，潜逃出境。中方办案机关先后与澳大利亚、新西兰开展执法合作。2006年11月，澳大利亚新南威尔士州

① 中国法院网：《新西兰向中国返还罚没“红通”闫永明犯罪所得1.3亿》，http://www.chinacourt.org/article/detail/2017/05/id/2853690.shtm.

最高法院裁定没收闫永明的 337.4 万澳元（约合人民币 1900 余万元）犯罪所得，并于2007 年6 月返还中方。[①] 随后，闫永明潜逃新西兰，并取得新西兰国籍。在中方协助下，新西兰警方自 2013 年起对闫永明开展反洗钱调查。2014 年，新西兰警方陆续冻结闫超过 4000 万新币可疑资产，这是新西兰《犯罪所得（追缴）法》自 2009 年实施以来，新警方侦办的最大金额、最复杂的非法所得追缴案件，相关材料多达 200 多万页。闫本人生性多疑，在发觉新警方对其进行洗钱调查后，立即通过多种手段“洗白”或转移资产。2016 年年初，中国警方与新西兰警方联合调查闫永明洗钱犯罪，挤压其在新西兰生存空间。中方一边提请新西兰引渡闫永明，一边着手对闫永明开展劝返。在法律威慑和政策感召下，闫永明最后选择退还巨额赃款、缴纳巨额罚金，并接受中新两国法律审判。2016 年 11 月 12 日，闫永明回到我国投案自首。2016 年 12 月 22 日，闫永明被吉林省通化市中级人民法院判决犯职务侵占罪，判处有期徒刑 3 年，缓刑 3 年，罚没犯罪所得收益。鉴于闫永明回国投案前，新西兰警方已向法院指控其涉嫌洗钱犯罪，根据中新之间的安排，应新西兰警方请求，2017 年 1 月 12 日，中国警方将闫永明移交给新西兰警方，由新西兰法院继续对其在新西兰涉嫌洗钱罪进行审判。2017 年 5 月 10 日，新西兰奥克兰地区法院判处闫永明 5 个月家庭监禁，附加 6 个月缓刑监管。此外，新西兰将罚没闫永明犯罪所得的 2785 万新元（约合人民币 1.3 亿元）返还我国。

---

① Phil Taylor,“Mystery man: Who is Yang Liu? ”, Jan 31, 2009, http://www.nzherald.co.nz/nz/news/article.cfm?c_id = 1&objectid = 10554388.

（二）尼日利亚前州长伊博里在英国洗钱案①

伊博里（James Ibori）于1995年5月至2007年5月担任尼日利亚产油州三角州的州长。2007年，英国伦敦警察厅发现伊博里在英大量资产后启动反洗钱调查。2007年8月，英国法院冻结伊博里价值约170万英镑的财产，并对伊博里名下价值3500万美元的全球资产发出限制令。2007年11月，英国警方在伦敦希斯罗机场逮捕伊博里的妻子Nkoyo，但询问后将其释放。2007年12月，伊博里被尼日利亚打击经济和金融犯罪委员会逮捕，涉嫌罪名包括盗窃公共资金、滥用职权和洗钱。伊博里为逃避惩处，向尼反腐败机构负责人Nuhu Ribadu行贿1500万美元现金但被拒绝，这1500万美元目前作为展品在尼中央银行展出。2009年12月，尼法院裁定，打击经济和金融犯罪委员对伊博里提出的170项刑事指控全部不成立。

2010年4月，尼新总统乔纳森上任后，重新启动案件调查工作。但同月，伊博里逃往境外。根据英国申请发布的国际刑警组织红色通报，2010年5月，阿联酋警方在迪拜将伊博里逮捕。当时，尼日利亚与阿联酋尚未签署引渡条约，尼日利亚和英国同意共同将伊博里引渡回英国受审，之后尼方再将其引渡回尼日利亚。由于伊博里在迪拜提出政治避难申请，英国伦敦警察厅组织翻译了数千份证据材料和法庭令状，证明伊博里涉嫌严重的跨境洗钱犯罪。最后，伊博里被引渡回英国。

在引渡的同时，2010年6月，英国法院以洗钱罪分别判处伊博里妹妹和情人5年监禁。2012年2月，伊博里承认10项洗钱和共谋欺诈

---

① Ademola Oni, Eniola Akinkuotu, Bayo Akinloye, Toluwani Eniola, Ovie Okpare and Godwin Udoh, Ibori freed, FG begins ex Delta governor's extradition process, December 22, 2016, http://punchng.com/ibori-freed-fg-begins-ex-delta-governors-extradition-process/. McElroy, Damien, Nigerian politician faces extradition to Britain on money laundering charges, 14 May 2010, The Daily Telegraph.

犯罪。2012年4月17日，伊博里被英国法院判处13年监禁，并处没收其1套价值220万美元的伦敦房产、1套价值31.1万美元的英国多塞特郡房产、1套价值320万美元的南非别墅以及价值100多万美元的宾利、迈巴赫等豪车。2016年12月，伊博里在伦敦服刑4年多后被英国释放，因为伊博里在英只需服刑一半（6年6个月），且在迪拜和英国被羁押的645天可以折抵刑期。伊博里被释放后，尼日利亚政府寻求将其引渡回国继续受审。

第四节 如何开展移民欺诈犯罪的异地起诉

为确保本国社会安全，任何国家都不允许涉嫌国外严重犯罪人员入境。外逃腐败分子为满足签证或居留要求，往往隐瞒公职人员身份，提供虚假陈述或证明材料，从而触犯当地移民欺诈犯罪。

一、移民欺诈犯罪的法律规定

（一）美国移民欺诈罪

《美国法典》第18编第1546条第（a）款“使用虚假签证罪”规定，任何人伪造、假冒、篡改签证、许可证等证件，或使用、试图使用、持有、获取、收受此类签证，或通过欺诈、非法、错误陈述或声明获取签证，将被处以15年以下监禁（非为便于实施恐怖主义和毒品犯罪）。第1546条第（b）款“使用虚假证件罪”规定，任何人在明知或有理由明知情况下使用非法身份证件、假身份证件或虚假认证，应被处以5年以下监禁或罚款，或两者并处。

《美国法典》第18编第1543条“伪造或使用虚假护照罪”规定，任何人伪造、假冒、复制、篡改护照，或故意、明知情况下使用、试图使用虚假、无效护照，将被处以 15 年以下监禁（非为便于实施恐怖主义和毒品犯罪）。

《美国法典》第 18 编第 1542 条“以欺诈手段获取护照罪”规定，任何人故意、明知地以向美国政府作出虚假陈述申领护照，或故意、明知地使用、试图使用或提供他人使用以虚假陈述方式申领的护照，将被判处罚款和 25 年以下监禁（涉及国际恐怖主义）、20 年以下监禁（涉及毒品走私罪）、15 年以下监禁（涉及其他犯罪）。

《美国法典》第 8 编第 1201 条第（i）款“注销签证或证件”规定，向外国人颁发签证或证件后，国务卿或领事官员随时可以行使自由裁量权，将该签证或证件注销。此注销通知书应交换给司法部长，注销后该签证或证件自颁发之日起就失效。此注销决定不接受任何司法审查或其他人身保护令的约束，除非在遣返程序中，此注销决定是根据第 1227 条第（a）（1）（B）款遣返外国人的唯一理由。①

（二）澳大利亚移民欺诈罪

澳大利亚 1958 年《移民法》第 234 条规定，为入境、申请签证或延期居留目的，出示伪造或虚假证件、故意在实质问题上做虚假或误导性陈述、提交包含虚假或误导性声明或信息的证件，处以 10 年以下监禁或 18 万以下澳元，或两者并处。

二、移民欺诈犯罪的追诉案例

乔建军是中储粮河南周口直属库原主任，2011 年外逃美国。美国检方对乔建军“夫妇”提起诉讼的核心罪名之一，便是申请移民过程

---

① 8 U. S. Code § 1221 – Lists of alien and citizen passengers arriving and departing, https://www. law. cornell. edu/uscode/text/8/1221.

中的欺诈行为。乔建军、赵世兰赴美前便已离婚，但申请投资移民时，却谎称有婚姻关系；申请投资移民时谎称将向美国企业投资 50 万美元，后来的相关文件却全部造假，钱根本没有被投资到任何项目，而是被用来购买了西雅图郊区的一栋住宅。同时，美国官员赴华取证显示，二人在美资金与中储粮周口直属库的洗钱交易有关。[①]

一是婚姻关系造假。根据美国洛杉矶联邦法院的起诉书，乔建军和赵世兰于 1987 年 9 月 26 日结婚，2001 年 7 月 17 日已经登记离婚，但是在申请投资移民期间使用假文件证明两人存在婚姻关系。[②]

二是投资移民造假。美国联邦助理检察官程乐其（Ronald Cheng）介绍说，赵世兰向美国移民局谎称投资 50 万美元 EB－5 项目，但调查结果显示，赵的相关文件全部造假，她的 50 万美元根本没有投资到任何项目，相反，这笔钱被用于购买西雅图郊区的一栋住宅。[③] 事实上，从 2011 年 6 月 17 日开始，乔建军和赵世兰将近 3000 万元人民币从不同的账户转往温州，并在同年 7 月 21 日开始分批次将钱从温州转往中国香港地区，并于同年 10 月从中国香港地区转往汇丰银行加拿大分行，最终于 2012 年进入美国银行账户。2012 年 8 月，乔建军夫妇从加拿大皇家银行转出 50 多万美元至美国，用于购买一处房产，以符合美国投资移民 50 万美元的要求。根据美国移民规定，购买房产并不在移民投资许可行列，按规定申请人需证明其投资在美国创造了 10 个工作机会。

---

① 新京报：《移民欺诈罪，中美合作反腐迂回之术》，2015 年 3 月 24 日，http://epaper. bjnews. com. cn/html/2015－03/24/content_567941. htm? div＝1.

② 侨报网：《美中携手追中储粮巨贪　前妻或被遣返》，2015 年 3 月 19 日，http://ny. uschinapress. com/kong/2015/03－19/66492. html.

③ 侨报网：《美中携手追中储粮巨贪　前妻或被遣返》，2015 年 3 月 19 日，http://ny. uschinapress. com/kong/2015/03－19/66492. html.

赵以购买房产代替投资，成了美国检方的指控重点。①

三是收入来源造假。美国法庭文件还显示，赵世兰向美国移民官员撒谎，掩盖所谓“投资款”的真实来源，她声称这笔钱来自她在两家中国企业周口鲁王面粉有限责任公司和淮阳县辉华面业有限公司持有的股份。实际上，她根本没有在上述两家面粉厂投资，这两家企业也是假的。

美方负责乔建军和赵世兰案的主办检察官多次亲自到中国取证，把2人携款潜逃美国，又以EB－5签证做幌子，把50万美元的“投资移民项目资金”挪用于购买西雅图一栋房产的全部犯罪行为查得一清二楚。②

2017年1月，赵世兰与美国检方达成辩诉交易，赵世兰承认犯有共谋实施移民欺诈罪。赵世兰将面临最高5年监禁和3年狱外监管。由于她没有加入美国国籍，刑满后可能被遣返回中国。赵世兰向法官斯蒂芬·威尔逊表示，她了解刑满后可能被遣返回国的风险。同时，赵世兰和乔建军在美4处房产被没收，包括华盛顿州纽卡斯尔市的一座住宅、纽约市皇后区法拉盛的一处公寓以及加利福尼亚州蒙特雷帕克市的地产。美国检方在声明中称，这些房地产以及赵世兰缴纳的2.5万美元保释金可以用于支付赔偿金或法官最终裁定的罚款。③

---

① 侨报网：《涉中国贪官　赵世兰案开庭》，2015年5月19日，http://ny.uschinapress.com/kong/2015/05－19/70352.html.

② 侨报网：《美中携手追中储粮巨贪　前妻或被遣返》，2015年3月19日，http://ny.uschinapress.com/kong/2015/03 19/66492.html.

③ 胡若愚：《“红通三号”前妻在美房产充公　总价值2800万美元》，载《北京晨报》，2017年1月13日，转引自人民网http://legal.people.com.cn/n1/2017/0113/c42510－29019713.html.

第五节　以案释法——余振东异地追诉案

余振东，中国银行广东开平支行前行长，伙同许超凡、许国俊于1992年至2001年贪污挪用公款超过4.8亿美元，并将赃款通过洗钱方式转移到中国香港地区、美国、加拿大等地。2001年10月12日案发后，3人分别潜逃美国和加拿大，后均在美国落网。2004年4月，余振东在美被追诉后被遣返回国。[①] 根据美国内华达联邦地区法院公布的判决书和认罪请求协议，结合美国有关法律规定，对余振东在美受审和回国过程进行剖析。

一、余振东在美被指控多项重罪，面临重罚

（一）美国内华达联邦地区法院公布的文件显示，余振东伙同他人利用担任中国银行开平支行行长便利，于1992年至2001年有组织地侵吞中国银行资金4.85亿美元，违反《美国法典》第18编第1961条至第1968条规定[②]，涉嫌有组织的欺诈罪，可判处20年以下监禁。

（二）2001年1月2日前后，余振东在明知其资金系通过欺诈手段获得情况下，将5000多美元资金从境外转往美国，并从中国香港地区向美国亲属账户转款20万美元，违反《美国法典》第18编第2314条

① 陈雷：《论我国追赃国际合作的法律依据和主要方式》，载《法治研究》2013年第12期。

② 18 U.S. Code § 1963 – Criminal penalties, https://www.law.cornell.edu/uscode/text/18/1963.

"运输被盗物品、证券、现金"规定①，涉嫌跨境转移欺诈所得罪，可被判处10年以下监禁。

（三）2001年10月15日前后，余振东在明知其资金系通过欺诈手段获得情况下，将5000多美元资金从中国香港地区转往美国，从中国香港地区多个银行账户向美国亲属账户转款355.3万美元，违反《美国法典》第2314条"运输被盗物品、证券、现金"规定②，涉嫌跨境转移欺诈所得罪，可被判处10年以下监禁。

（四）2001年10月2日前后，余振东通过与美国公民假结婚，使用通过欺骗手段（化名Wing Chung Yu）获得的中国香港地区通行证和通过欺骗手段获得的美国旅游签证从美国内华达州拉斯维加斯进入美国，违反《美国法典》第18编"刑法和刑诉法"第1546条"通过欺骗手段获取和使用签证、证件和其他文件"规定③，涉嫌以欺诈手段获取签证罪，可被判处10年以下监禁（初犯和第二次违反本罪）或15年以下监禁（第三次及第三次以上违反本罪）。

（五）2001年5月7日前后，余振东通过他人向加州洛杉矶市提出永居申请，该申请使用的是假名Wing Chung Yu和假出生日期，违反《美国法典》第18编"刑法和刑诉法"第1546条"通过欺诈获取和使用签证、许可和其他文件"和第1542条"通过虚假陈述申领和使用护照"，涉嫌以虚假陈述获得护照罪，分别可被判处10年以下监禁（初

---

① 18 U.S. Code § 2314 - Transportation of stolen goods, securities, moneys, fraudulent State tax stamps, or articles used in counterfeiting, https://www.law.cornell.edu/uscode/text/18/2314.

② 18 U.S. Code § 2314 - Transportation of stolen goods, securities, moneys, fraudulent State tax stamps, or articles used in counterfeiting, https://www.law.cornell.edu/uscode/text/18/2314.

③ 18 U.S. Code § 1546 - Fraud and misuse of visas, permits, and other documents, https://www.law.cornell.edu/uscode/text/18/1546.

犯和第二次违反本罪）或15年以下监禁（第三次及第三次以上违反本罪）。[①]

二、余振东在美被定罪服刑后将被遣返回国

（一）余振东自称是中国公民，通过欺诈手段进入美国，并且签证是通过欺诈手段获得的。根据《美国法典》第8编第1227条第（a）（1）（A）款规定，余振东可以被递解出境。

《美国法典》第8编第1227条“可遣返的外国人”[②]中，第（a）（1）（A）款“禁止入境的外国人”规定，任何外国人在入境美国或调整身份状态时属于法律规定的禁止入境人员，应被列为被遣返对象；第（a）（1）（B）款规定，任何在美外国人如果违反《移民与国籍法》或其他美国法律，或其非移民类签证根据《美国法典》第8编第1201条第（i）款被注销，属于被遣返对象；第（a）（1）（C）款规定，违反非移民类签证身份的属于可遣返对象；（D）款规定，被终止有条件永居身份的属于可遣返对象。

（二）余振东违反《美国法典》第8编第1101条第（a）（43）（J）款规定的影响州际或与外国之间商务活动的有组织诈骗罪，包括：向国外转移欺诈所得，使用通过欺诈手段获得签证，通过欺骗手段申请美国永久居留权。余振东一旦被定罪，根据《美国法典》第18编第1962条第（c）款规定，将被从美国递解出境。

---

① United States of America VS Zhendong YU, CR S 04 0047 RLH(RJJ).

② 8 U.S. Code § 1227 – Deportable aliens, https://www.law.cornell.edu/uscode/text/8/1227.

《美国法典》第 8 编第 1101 条第（a）（43）款“重罪定义”[①] 中，第（a）（43）（J）款规定，根据第 18 编第 1962 条 RICO 法案或第 1084 条或 1955 条，被判处一年以上刑期的犯罪都属于重罪。此外，1 万美元以上的洗钱犯罪、超过 1 万美元的欺诈犯罪、逃税 1 万美元以上的犯罪以及刑期 1 年以上的伪造护照罪、贿赂罪、贿赂证人罪、暴力犯罪等以及这些犯罪的共谋犯都属于重罪。

《美国法典》第 18 编第 1962 条第（c）款[②]规定，任何人受雇于或参与从事影响州际或与外国贸易的有组织勒索活动都是非法的。

（三）根据美国《移民与国籍法》（即《美国法典》第 8 编第 1101 条第（a）（43）（J）款）规定，诈骗罪属于重罪，余振东一旦被定罪，根据《美国法典》第 8 编第 1227 条第（a）（2）（A）（iii）款规定，将由于犯有诈骗罪被从美国递解出境。

《美国法典》第 8 编第 1227 条“可遣返的外国人”[③]中，第（a）（2）（A）（i）款“违反公德的犯罪”规定，外国人入境 5 年内或取得永久居民身份后 10 年内，如果被判处违反公德（moral turpitude）的犯罪，或被判处 1 年以上监禁之罪，属于被遣返对象；（ii）款“多项刑事定罪”规定，外国人入境后任何时候被判处 2 项以上违反公德的犯罪，属于被遣返对象；（iii）项“恶性重罪”规定，外国人入境后任何时候被判处恶性重罪，属于被遣返对象。

（四）根据美国《外交事务改革和重建法》第 1242 条、《美国法典》第 8 编第 1231 条注释规定，余振东在美被判重罪后，将无资格在

---

① 8 U.S. Code §1101 – Definitions, https://www.law.cornell.edu/uscode/text/8/1101.

② 18 U.S. Code §1962 – Prohibited activities, https://www.law.cornell.edu/uscode/text/18/1962.

③ 8 U.S. Code §1227 – Deportable aliens, https://www.law.cornell.edu/uscode/text/8/1227.

美国申请避难。由于刑期超过 5 年，余振东也将无资格根据《美国法典》第 8 编第 1231 条第（b）（3）款以及《禁止酷刑及其他残酷、不人道或有辱人格的待遇或处罚公约》（简称“禁止酷刑公约”）申请撤销递解出境令。

美国《外交事务改革和重建法》第 1242 条“美国关于面临酷刑危险人员自愿回国的政策”[①] 中，（d）款“审议和重建”规定，除复核根据《美国法典》第 8 编第 1252 条（《移民与国籍法》）作出的最终遣返令外，任何法院都无权对实施本条的规定进行复核，本条内容不能作为法院复核《禁止酷刑公约》有关申诉的管辖权依据，也不能作为复核适用本条（a）款政策的管辖权依据。

《美国法典》第 8 编第 1252 条“对遣返令的司法复核”[②] 中，第（a）（2）（A）款“第 1225 条第（b）（1）款的复核”规定，对于刚抵达美国的外国人，如被发现属于禁止入境人员，将被要求离开美国，除申请避难外，不需要进行任何听证或复核，法院也无权进行复核；（C）款“外国刑事犯罪人员的遣返令”规定，对于外国人犯有第 8 编第 1182 条第（a）（2）款以及第 1227 条第（a）（2）（A）（i）款、第 1227 条第（a）（2）（A）（ii）款、第 1227 条第（a）（2）（A）（iii）款和第 1227 条第（a）（2）（B）款、第 1227 条第（a）（2）（C）款规定的犯罪，任何法院无权对最终遣返令进行复核。

《美国法典》第 8 编第 1231 条第（b）（1）（c）款“遣返去向国”[③] 规定，可将外国人遣返回其国籍国、出生地国、居所地国以及无

① Foreign Affairs Reform and Restructuring Act of 1997, https://www.govtrack.us/congress/bills/105/hr1757/text.

② 8 U.S. Code § 1252 – Judicial review of orders of removal, https://www.law.cornell.edu/uscode/text/8/1252.

③ 8 U.S. Code § 1231 – Detention and removal of aliens ordered removed, https://www.law.cornell.edu/uscode/text/8/1231.

法遣返到上述国家时其他愿意接收的国家；第（b）（3）款“对将外国人遣返到其生命或自由受到威胁的国家的限制”中，不能将外国人遣返至其生命或自由受到威胁的国家，但下列情形除外：该外国人已经最终被判处特别严重犯罪（合并刑期5年以上），对美国社会构成威胁；有重要理由相信该外国人抵达美国前，在美国境外犯有严重的非政治类犯罪；有合理理由认为该外国人对美国安全构成威胁。

三、余振东的认罪求情过程

从上文可以看出，针对余振东的指控均属于重罪，第一项“有组织的欺诈罪”最高刑期为20年，且涉案资金高达4.85亿美元，属于有组织犯罪，明显具有犯罪加重情节。[①] 其余指控的最高刑期都在10年以上。2009年，余振东的同案犯许超凡、许国俊分别被判处25年、22年监禁，说明了余振东等人所犯罪行的严重性。

根据美国《移民与国籍法》，余振东如果在美被判处1年以上监禁刑，就会被驱逐出境。因此，余振东在美国受到的上述五项刑事指控都将导致其被驱逐出境的法律后果。更严重的是，对于因在美国的严重罪行被判处5年以上监禁刑的外国人，美国司法部长有权决定不再适用美国《移民与国籍法》在驱逐出境方面的保护性条款，即不能申请避难或酷刑保护。[②] 可以参照的是，2015年9月，余振东的同案犯邝某被美国使用包机强制遣返回国。为彻查该案，办案机关还协调美国、加拿大、中国香港地区对余振东等人开展刑事调查。如果余振东选择继续顽抗，他在美服刑完毕后，可能依据中国香港特区政府和美国政府签署的

① 黄风著：《引渡问题研究》，中国政法大学出版社2006年版，第87页。

② 黄风著：《引渡问题研究》，中国政法大学出版社2006年版，第88页。

《移交逃犯协定》，被美方移交给香港接受审判。余振东在中国香港地区服完刑，可能会被引渡到加拿大受审。最后，即使余振东在加拿大服完刑，办案机关仍将继续开展追逃工作。这样，余振东将面临终身被监禁的局面。反过来，如果余振东自愿回国投案自首，将根据我国宽严相济的刑事政策，依法得到从轻刑事处罚。

根据参与侦办此案的美方检察官介绍，美国检方以 7 项罪名对余振东提起公诉，但余振东及其律师向美国检方提出辩诉交易，希望承认部分罪行，请美国检方放弃其他指控。双方就刑期、指控罪名、遣返安排等进行多次沟通。

在美国，被告人如果同意放弃其辩护权，供认有罪，检方就可能以较轻的罪名起诉，或者向法官建议判处被告人较轻的刑罚，并将认罪协议提交法官审查后直接作出判决。统计数据显示，美国 90% 以上的刑事案件采用了辩诉交易。辩诉交易的一般流程①是：首先，辩诉交易可以由辩护律师向检察官提出，也可以由检察官向辩护律师提出。检察官提出辩诉交易请求时，如果被告拒绝，则直接进入审判程序；如果被告答应，则向法官提出辩诉交易请求。其次，检察官和辩方律师商议后，将辩诉交易内容告知法官，由法官决定是否采纳辩诉交易协议。如果法官不赞成该辩诉交易，可以直接拒绝。如果法官同意该辩诉交易，仍有权利根据案情调整刑期。

四、余振东踏上回国投案之路

为顺利解决余振东的遣返问题，2003 年中方依法向美国相关部门

---

①　张卫平、汪建成、何家弘：《口供与辩诉交易——从中国银行开平支行余振东等巨额贪污案谈起》，载《检察日报》，2015 年 8 月 24 日，转引自 http://www.scxsls.com/a/20150824/109611.html.

作出了书面承诺，即如果余振东在中国被起诉，刑期不超过 12 年，在国内监禁期间依法不受虐待等。2004 年 2 月 18 日，美国检方与余振东达成辩诉交易，签署有关认罪求情协议。[①] 美国拉斯维加斯联邦法院核准该认罪求情协议，余振东因非法入境、移民欺诈、洗钱 3 项罪名被判处 144 个月监禁。余振东主动认罪，同意被递解出美国，同意美方没收其在美违法所得，放弃递解出境、刑事审判方面的申诉、上诉等权利。[②] 宣判后，余振东没有上诉，也没有提出诉讼之外的其他请求。

2004 年 4 月 16 日，在美国联邦调查局和移民海关执法局特工押解下，逃亡美国长达两年半的余振东，被遣返回中国。这是我国签署《中美刑事司法协助协定》后，首次将涉嫌贪污外逃人员从美国押解回国。[③]

2006 年 3 月 31 日，广东省江门市中级人民法院依照《中华人民共和国刑法》和《最高人民法院关于处理自首和立功具体应用法律若干问题的解释》相关规定，判决余振东犯贪污罪，判处有期徒刑 11 年，并处没收个人财产人民币 100 万元；犯挪用公款罪，判处有期徒刑 10 年。最终数罪并罚，执行有期徒刑 12 年，并处没收其个人财产人民币 100 万元。

至此，余振东案全部终结。在此过程中，中方先后共向美方提供近 15 万页的证据材料，向美方法庭提供视频作证协助长达 3 年，先后对 6 名证人视频取证 14 个星期，有 6 名证人赴美出庭作证。余振东案开创了中美司法执法合作的多个“第一”：第一份中国依据《中美刑事司法

---

① 关于该认罪求情协议，参见美国内华达联邦地区法院的余振东案司法文书 United States of America VS Zhendong YU, CR S 04 0047 RLH(RJJ).

② United States of America VS Zhendong YU, CR S 04 0067 RLH(RJJ).

③ 正义网：《余振东：外逃 2 年余 回国受审获刑 12 年》，2013 年 6 月 21 日，http://www.jcrb.com/xztpd/2013zt/201306/guojifantan/kongbai/201306/t20130621_1139805.html.

协助协定》向美国提出的刑事司法协助请求，第一次向外方大规模提供证据材料，第一次通过远程视频技术向外国法庭提供视频作证，第一次同意并安排在押的服刑人员作为污点证人通过视频向外国法庭作证，第一次美方返还高达355万美元的巨额犯罪资产。

第八章　国际追逃手段之劝返

劝返是在一定条件下对外逃人员进行说服教育，使其主动回国接受调查、追诉、审判和执行刑罚。劝返是一项思想政治工作，主要手段是对犯罪嫌疑人进行说服教育，晓之以理，动之以情，明之以法，承诺从轻处理条件，促使其主动回国投案自首。劝返也是一项刑事执法活动，是执法机关开展国际追逃的主要手段之一。

第一节　劝返工作概述

劝返是在实践中创立的一种追逃手段。近年来，通过劝返开展追逃得到了广泛的运用，取得了良好的效果。

一、劝返的优势和条件

相对于引渡、遣返和异地追诉，劝返具有明显的优势。劝返是国际通行做法，避开了藏匿地复杂的法律程序和冗长的司法合作流程，不容易受到双边政治外交因素影响，可以取得当事人满意、办案机关满意、对象国满意的多重效果。劝返适用于国际追逃的任何阶段，不需要司法合作协议作为法律依据，也有利于国内办案机关掌握主动权。劝返省时省力，效率较高，有利于主动退缴赃款，节约中外司法和执法资源。此外，主动回国投案人员往往认识到所犯罪行，真诚悔过，主动回国接受法律制裁，主观恶意相对较小，符合我国宽严相济的刑事司法政策。

当前，开展劝返工作具有十分有利的条件。党的十八大以来，国内重拳反腐形成高压态势，反腐败追逃追赃行动对在逃腐败分子产生强大震慑。辽宁凤城市原市委书记王国强在美国逃亡期间，经常阅读当地的中文报纸，上网看新闻、看电视，了解党的十八大以后中央反腐败和追逃追赃的坚定决心和重大成效。王国强归案后称："习近平总书记在很多国际会议上都强调中国要加强与相关国家的执法合作，全力缉捕外逃犯罪嫌疑人。我知道，追赃也好，追逃也好，都是长期任务，不会半途而废的。外逃人员总有那么一天不经意就会暴露的，很可能不是在街上被逮着了，就是自己把自己暴露了，这都太可能了。"

李华波在忏悔录中写道："很多国家都配合中国追逃追赃，美国、加拿大的官员都曾明确表示，将协助和配合中国政府缉拿逃往他们国家的贪官。特别是中国开展了全球缉拿贪官的'天网'行动，'天网恢恢、疏而不漏'，不管你逃往世界任何地方，终将难逃这张法网。我想我唯一的出路，就是正确面对自己所做的事，主动争取回到祖国，如实交代犯罪事实。在决定回国自首的一刹那间，我觉得自己有种如释重负的感觉。"

外逃人员付耀波归案后坦承："我出逃计划已经够缜密了，准备了三年，最终选择在未与中国建交的圣格藏匿，也断绝了与国内亲友的联系，但最终还是被抓了。因为当今国际司法执法的合作，金融系统的互通，媒体资讯的对接，都早已超出我们的想象。国外没有避罪天堂，回国认罪伏法是唯一的正途。我藏匿的国家与中国并未建交，我是偷渡去的，当时以为到了天涯海角。即使这样，我们仍没能逃脱，当地政府还派出警力全力配合中国抓捕，祖国力量的强大使我深受震撼。"

二、劝返的法律依据

（一）法律规定

我国《刑法》第67条规定，犯罪以后自动投案，如实供述自己的罪行的，是自首。据此，认定自首必须同时具备两项基本要件：一是必须自动投案；二是必须如实地供述自己的罪行。劝返归国的犯罪嫌疑人虽然是经过劝说或者是因为国内宽大政策而心动回国，但是其主观上具有主动回国接受惩罚的态度，符合自首的立法本意，应当认定为“自动投案”，如回国后如实供述自己的罪行，应认定为自首。

根据最高人民法院《关于常见犯罪的量刑指导意见》[①]，对于自首情节，综合考虑投案的动机、时间、方式、罪行轻重、如实供述罪行的程度以及悔罪表现等情况，可以减少基准刑40%以下；犯罪较轻的，可以减少基准刑的40%以上或者依法免除处罚。

最高人民法院2010年12月22日《关于处理自首和立功若干具体问题的意见》[②] 中第8条“关于对自首、立功的被告人的处罚”规定，具有自首或者立功情节的，一般应依法从轻、减轻处罚；犯罪情节较轻的，可以免除处罚。

最高人民法院2010年2月8日《关于贯彻宽严相济刑事政策的若干意见》[③] 第18条规定，对于被告人检举揭发他人犯罪构成立功的，一般应当依法从宽处罚。对于犯罪情节不是十分恶劣，犯罪后果不是十分严重的被告人立功的，从宽处罚的幅度应当更大。

2016年11月，最高人民法院、最高人民检察院、公安部、司法部

---

① 李立众编：《刑法一本通》，法律出版社2016年第12版，第70页。

② 李立众编：《刑法一本通》，法律出版社2016年第12版，第71页。

③ 李立众编：《刑法一本通》，法律出版社2016年第12版，第73页。

等在北京、天津、上海、重庆、沈阳、大连、南京、杭州、福州、厦门、济南、青岛、郑州、武汉、长沙、广州、深圳、西安开展刑事案件认罪认罚从宽制度试点工作。犯罪嫌疑人、被告人自愿如实供述自己的罪行，对指控的犯罪事实没有异议，同意量刑建议，签署具结书的，可以依法从宽处理。

（二）实践认定

劝返回国人员是否构成自首曾经存在争议，因为这些犯罪嫌疑人、被告人是在各种压力和政策感召下回国，有的在境外甚至处于被羁押状态。2009年邓心志案件后，国内司法机关普遍认定被劝返回国的犯罪嫌疑人、被告人属于自动投案。

2009年6月，北京第一中级人民法院一审认为邓心志被加拿大遣返回国，属于被动接受遣返，没有主动回国接受处罚的意愿和行动，不符合法律规定的自动投案等自首条件。据此，法院一审以合同诈骗罪判处邓心志无期徒刑。2009年9月，北京市高级人民法院二审宣判，采纳了邓心志辩护律师关于其主动接受遣返应认定为自首的辩护观点，将无期徒刑改判为15年有期徒刑。

在中央纪委监察部网站2017年5月公布的“百名红通人员”后续情况通报中，第一批作出判决的有17人，其中，9人经劝返归案的被判处缓刑不起诉或免予刑事处罚，8名被缉捕或遣返归案人员都被处以3年至15年有期徒刑或无期徒刑。

被缉捕人员	刑罚	被劝返人员	刑罚
戴学民	有期徒刑六年	牛丽英	有期徒刑三年，缓刑五年，并处罚金人民币50万元
李华波	无期徒刑，剥夺政治权利终身，追缴赃款人民币482.98万元、没收新币545.4158万元	杨立虎	有期徒刑三年，缓刑五年

（续表）

被缉捕人员	刑罚	被劝返人员	刑罚
孙新	有期徒刑十四年零六个月，并处罚金人民币 20 万元	陈祎娟	有期徒刑三年，缓刑四年，并处罚金人民币 20 万元
钱增德	有期徒刑三年，并处罚金人民币 20 万元，违法所得人民币 20 万元予以追缴	曾凡奇（曾子恒）	有期徒刑三年，缓刑四年
赵汝恒	有期徒刑十五年，并处罚金人民币 10 万元	云健	有期徒刑三年，缓刑四年，并处罚金人民币 20 万元，违法所得人民币 60 万元予以追缴
裴健强	有期徒刑三年，并处罚金人民币 20 万元	张大伟	免予刑事处罚
付耀波	无期徒刑	闫永明	有期徒刑三年，缓刑三年，并处没收非法所得人民币 3. 29 亿元
张清曌	无期徒刑	朱振宇	存疑不起诉
		张丽萍	相对不起诉

三、外逃人员大多有回国投案意愿

犯罪嫌疑人外逃后，由于语言、文化、生活习惯差异，很难融入到当地生活圈，加之提心吊胆、惶恐不安，成天睡不好觉、吃不好饭，坐拥豪宅不能住、抱着金山不敢花，天天处于对东躲西藏的生活感到失望甚至绝望的纠结之中。在追逃过程中，要准确把握外逃人员的下列心理状态，打拉结合，耐心细致地做思想工作，敦促其回国投案，接受法律公正的审判。

（一）侥幸对抗心理

犯罪分子在案发后，有的寄希望于潜逃国外，开豪车、住豪宅，灯红酒绿、妻儿团聚、逍遥法外；有的寄希望于逃避组织调查，幻想外国能提供庇护，祈祷“时间能冲淡一切”，贪了就跑、一跑就了，妄想等形势缓和了再作打算。犯罪嫌疑人黄某在与其亲属初期通话时，不了解国内宽严相济的刑事司法政策，对其涉嫌共同犯罪的国内亲属称“不能用我的牺牲，来换取你们在国内的自由，我是不会回去的”。特大经济犯罪嫌疑人邓某涉案金额高达15亿余元人民币，2012年8月逃往菲律宾后，多次叫嚣称该案是冤假错案，甚至威胁办案人员、恐吓我驻外警务联络官员。①

（二）惊恐失落心理

付耀波因为畏罪潜逃，13天内辗转5个国家，最后逃到加勒比海地区。“由于人生地不熟，我们被导游勒索了不少钱，也没有办法，只好忍气吞声。一方面是害怕，天天怕被抓，在惶惶不安中度过。我经常上网查找出逃后国内的信息，主要看的是国外的中文网站。先是得知已经被列入‘百名红通’，接下来便是‘天网’行动和大量的外逃人员被抓的信息，自己又一次陷入惶恐中。”②

王国强逃亡期间既怕被中国发现，又怕被美国抓，夫妻二人有护照不敢用，有病不敢就医，与国内亲人不敢联络，与美国的同学和朋友不敢联系。整天度日如年，生不如死。“这两年零八个月说起来是那么的短，但对我来讲就像过了28年一样。这期间，我整日不敢出屋，靠面包果腹，白天只能像犯人放风一样，在不足十平米的斗室里转圈踱步。从精神层面上看，我知道可能有很多人认为我跑了，跑到极乐世界去

---

① 公安部网站：《公安部公布2016年“猎狐行动”典型案例》，2016年8月18日，http://www.mps.gov.cn/n2254098/n4904352/c5455167/content.html.

② 中央纪委监察部网站：《天涯海角的煎熬——“百名红通人员”付耀波、张清曌忏悔录》，2016年7月10日，http://www.ccdi.gov.cn/xwtt/201607/t20160710_83393.html.

了，去了天堂。现在我才知道，美国不是天堂，更不是浪迹天涯、逃亡天涯的王国强的天堂，中国才是自己真正的家。如果在入监和我那段美国偷生的处境中两者必选其一，我宁肯入监。”①

徐丽逃到泰国后，发现外国的生活并不像影视剧中演的那么美好。她初到泰国时，天天都是白天不敢出门，夜晚噩梦缠身，要么梦见被抓，要么梦见女儿哭喊着“妈妈回来”，每次都是哭着醒来。偶尔出门看见警察她都紧张到眩晕，语言不通更是把她变成了孤岛上的“鲁滨逊”，听不懂也不敢张口说话。“割舍亲情的剧痛和形单影只的凄冷如恶魔般折磨着我，逃到泰国的两个月时间里，我脸色苍白、头发脱落，整个人瘦了 20 多斤。就这样，我在泰国艰难地熬了 3 年，1000 多个日日夜夜里，只有无尽的思念、悔恨和痛苦的挣扎，生活如行尸走肉一般。我的心理防线逐步崩溃，回国自首的愿望越来越强烈。但是，我又一次次纠结，一次次退却，始终还是无法面对失去自由的恐惧。每个孤独的夜晚，我都只能打开中央电视台国际频道，听一听乡音，在哭泣中睡着，又从哭泣中惊醒。”②

安慧民整天东躲西藏，“恐惧、紧张无时无刻不侵扰着我，即使不被抓住，也没有出路，巨大的精神折磨导致我严重失眠，欲哭无泪”。外逃数月，最让我感到踏实的那一刻竟是主动投案后到达中国驻老挝使馆之时。进入使馆后，“想到终于结束了东躲西藏的日子，心里踏实了

---

① 中央纪委监察部网站：《外逃这条路是死路一条——辽宁省凤城市原市委书记王国强忏悔录》，2016 年 6 月 12 日，http://www.ccdi.gov.cn/xwtt/201606/t20160612_80344.html.

② 徐丽：《亲人面前的一滴泪水胜过千万句忏悔——湖南省安乡县财政局工资发放中心原主任兼社控办主任徐丽忏悔录》，2016 年 10 月 18 日，http://www.ccdi.gov.cn/yw/201610/t20161018_88127.html.

许多，心情也放松了”。①

涉嫌非法吸收公众存款近39亿元的李某说：“我在那边真的受不了了，怕被抓捕，有钱不敢花，不敢在公开场合露面，不敢在繁华地区居住。身体不好，需要的药在那边还买不着。有时不敢坐车只好走路，一走就是一天。”②

犯罪嫌疑人李某听说尼日利亚能赚钱，带着5000美元就去了。由于语言不通、没有合法身份，他找不到工作，只好炖一锅土豆，既当菜又充饥，一般要吃三四天。“好几次过不下去的时候，真想回家！可我连买张机票的钱都没有”，李某说，“想听听父母、女儿的声音，连电话都打不起”。逃亡的日子里，李某很多次与死神擦肩而过。“记得2009年年底，由于感染了疟疾，我一个人蜷缩在小屋里，高烧3天，整个人都虚脱了。由于怕暴露身份，我又不敢去医院。”李某说，直到高烧的第四天，一个熟人打电话来才知道他病了，赶紧将他送往医院急救，他这才捡回了一条命。2010年以来，李某的经济收入虽然有了改善，但仍然无法踏实下来。“八年亡命天涯，比坐牢还苦。我知道中国警方一直在抓捕，晚上经常做噩梦，梦见自己被抓时会大叫起来。”“我把自己的黄金时间浪费在了逃亡路上，实在是不值得。自己是一步走错，步步错！”如今已被缉捕回国的李某懊悔不已。③

（三）愧疚自责心理

张清曌归案后说：“我几乎每天都会哭，我想孩子、想我妈、想

---

① 津季：《被追回外逃人员的痛苦回忆——安慧民：投案自首是我的唯一出路》，载《中国纪检监察》2015年第13期。

② 人民网：《外逃犯称在国外有钱不敢花　受不了苦日子回国投案》，2014年12月9日，http://politics. people. com. cn/n/2014/1209/c70731 -26171499. html.

③ 张洋：《外逃经济犯罪嫌疑人：八年亡命天涯比坐牢还苦》，载《人民日报》，2014年12月5日，转引自http://sn. people. com. cn/n/2014/1205/c190216 -23118258. html.

家，其实从我离开家，关上家门的那刻起，我的眼泪就没有哪一天干过。我每天不停地想，我这样走了，我妈会怎样、我女儿会怎样、我爱人会怎样、我的同事、我的领导会怎样，我带给他们的伤害，也许我今生都无法弥补，自责像一条蛇一样藏在我的心里，时时啃噬着我。”①

李华波在忏悔录中写道：“由于紧张、害怕，我性格上逐渐产生很多变化，爱人、女儿因此为我担心，看到她们母女在一起抱头痛哭，我就在心里责骂自己，为什么要做这种事，让她们如此伤心，为什么一家人不能和谐平安地生活在一起，为什么不能给她们一个完整的家。”②

2015 年 2 月，徐丽回国后，她女儿从学校回来看她，这是她外逃三年多来第一次见到无时无刻不牵肠挂肚的女儿。“见面的第一秒，女儿大声哭了，我在心里哭了，女儿流的是眼泪，我心里流的是血泪。我甚至不敢与她对视，只能隔着厚厚的两层玻璃偷偷地打量她。当年乖巧的女儿已经长到了 1 米 7，却消瘦了很多；以前我总是把她打扮得漂漂亮亮的，现在身上的衣服却寒酸了许多，这几年肯定受了很多无法诉说的委屈。”当着女儿的面，徐丽假装坚强，没有流泪。当女儿转身离开后，“我觉得整个世界的泪水都从我眼眶中迸出来了。我不禁又想起我年迈的父母，如果没有我这个不肖的女儿，他们会依然受人尊敬，安享晚年，而不必让一生要强的爸爸顶着周围人的指指点点、带上过早苍老的面容，不必让一生行善的妈妈代我悔罪、为我担忧；如果我没有犯罪，女儿会和别的小朋友一样，健康快乐地成长，而不会因为受到我的

---

① 中央纪委监察部网站：《天涯海角的煎熬——“百名红通人员”付耀波、张清曌忏悔录》，2016 年 7 月 10 日，http://www.ccdi.gov.cn/xwtt/201607/t20160710_83393.html.

② 中央纪委监察部网站：《“亿元大盗”梦断新加坡——江西省鄱阳县财政局经济建设股原股长李华波忏悔录》，2016 年 8 月 17 日，http://www.ccdi.gov.cn/xwtt/201608/t20160817_85466.html.

影响，没有考上重点大学……”。①

（四）思念亲属心理

付耀波说，出逃后想家、想亲人、想朋友。“我想自己的父母，他们都80多岁了，身体也不是太好，自己犯下如此大罪。我很是担心父母知道后会不会挺不住了。回想我这一生，没有为他们做过什么，当他们老了正需要自己的时候，我却在地球的另一面不敢回去，甚至都没脸道一声平安。在临出逃之前，我甚至为他们联系了一块墓地，但不知内情的哥哥没有同意，我唯一可以为父母做的事也这样搁浅了……出逃后想家的时候，我只能通过存在电脑里的照片来缓解对父母的思念。”②

王国强说：“我已经把自己害了，把家人害了！有亲人我不能联系，我想他们。我走的时候，我岳父88岁，已经是老年痴呆，生命的后期了，不久就会离世的。当一个年迈的老人是活着还是死了，我都不知道的时候，我心里是一个什么样的感受?！结果，我的岳父和妻子的姐姐去世，我们都没能回国进行探望。”③

（五）彷徨犹豫心理

徐丽从电视上看到，党的十八大以来我国反腐败的力度一步步加大，特别是国际追逃追赃的声势一天天浩大，感到彷徨不安。进入2014年，泰国不时有逃犯被遣返回国的消息传来，风声越来越紧，她又开始了隐姓埋名、东躲西藏的日子。这时候，泰国当地人发现她没有

---

① 中央纪委监察部网站：《亲人面前的一滴泪水胜过千万句忏悔——湖南省安乡县财政局工资发放中心原主任兼社控办主任徐丽忏悔录》，2016年10月18日，http://www.ccdi.gov.cn/yw/201610/t20161018_88127.html.

② 中央纪委监察部网站：《天涯海角的煎熬——“百名红通人员”付耀波、张清婴忏悔录》，2016年7月10日，http://www.ccdi.gov.cn/xwtt/201607/t20160710_83393.html.

③ 中央纪委监察部网站：《外逃这条路是死路一条——辽宁省凤城市原市委书记王国强忏悔录》，2016年6月12日，http://www.ccdi.gov.cn/xwtt/201606/t20160612_80344.html.

身份证明，开始三番五次地敲诈，甚至威胁她的人身安全。“被抓的恐惧和孤单的折磨，让我的心无时无刻不像刀割一样疼痛。生不如死的逃亡生涯让我从逃避惩罚的迷梦中醒来，也促使了我和家人联系的决心。”2014 年 6 月，徐丽偷偷给她母亲打了一个电话。“电话响起后叫出第一声‘妈’，我泣不成声。通过电话我知道，父母一直以来千方百计寻找我的踪迹，几年下来对我还是生死未知，他们整天以泪洗面；女儿在开始许多天总是哭着找妈妈，性格也渐渐变得乖僻。听到这些，我的负罪心和愧疚感日益强烈，开始有了回国投案自首的强烈冲动。”随后的一个多月时间里，徐丽多次和家人联系，她的父母、姐姐、弟弟，特别是乖巧的女儿声声呼唤着她回来。最后，徐丽下定决心回国投案自首。“虽然当时我无法确定这个决定是不是又一条难走的路，但是至少我能看到希望和尽头。我找到了泰国移民局，主动表露了我的身份。2014 年 7 月 1 日，就在党的生日那一天，我踏上了回国自首的飞机。”①

“百名红通人员”村官吴权深归案后，面对办案人员，激动得甚至有些语无伦次。吴权深说，自己犯的错，该接受处理就要接受处理，“家”还是自己的家好，“国”还是自己的国好。逃亡期间，吴权深过着颠沛流离的生活，因为担心警察盘查，不敢入住高档酒店，不敢进入高档娱乐场所，更不敢与家人、亲友联系，只能整天待在偏僻的出租屋里看电视。虽然守着百万“财富”，但不敢外出消费，饱受空虚寂寞的煎熬。在春节、中秋等万家团聚时节，思乡的哀愁更是让他辗转难眠。当得知自己被列为国际红色通报对象后，他更是惶惶不可终日，整天担心警察上门，不停更换住处，甚至得了病也不敢到附近的医院诊治。“天网”行动营造了强大的宣传声势，海内外媒体连续报道，让吴权深

---

① 中央纪委监察部网站：《亲人面前的一滴泪水胜过千万句忏悔——湖南省安乡县财政局工资发放中心原主任兼社控办主任徐丽忏悔录》，2016 年 10 月 18 日，http://www.ccdi.gov.cn/yw/201610/t20161018_88127.html.

从内心感到办案机关的追捕在逐步逼近。他几次想投案自首，但又犹豫不决。在外逃的近四年时间里，头发变苍白了，人也变苍老了。在被移交给办案机关的那一刻，吴权深反而露出笑容，长舒一口气："我终于得到了解脱。"①

安慧民逃到老挝后，通过网络信息了解到中央纪委和天津市纪委在不断曝光腐败案件，认识到国内反腐力度正不断加大，更意识到自己出逃后果的严重性，惶恐、紧张、焦虑无时无刻不在侵扰着他。"原本我的心脏就不好，还患有'三高'，药不离身。在老挝的逃亡生活，整天东躲西藏、胆战心惊、寝食难安，精神和疾病的双重折磨导致我严重失眠，又患上了严重的神经衰弱，这种日子简直没法熬。后来，听说天津市纪委、检察机关和有关部门组成的'天网'行动专案组到达老挝，在媒体刊发了相关信息，老挝警方全面布控。这张巨网越收越紧，勒得我喘不过气来。我意识到，在老挝已经无路可逃，与其坐以待毙，不如投案自首。"2015 年 3 月 25 日，安慧民走进中国驻老挝使馆投案自首。"办案机关的同志给我讲政策、讲情理、讲法纪，让我更加感到投案自首是唯一正确的选择。乘机回国走出舱门时，我的内心归于平静，终于回到祖国了，终于不用在外颠沛逃窜了。我知道自己做了违纪违法的事，但只要坦白交代，即便被判刑，总能见到日夜想念的亲人。这与在国外天天的恐慌、焦虑和绝望相比，心情还是踏实平稳了。"

经济犯罪嫌疑人韩某涉嫌骗取出口退税 751 余万元人民币，2013 年 5 月 28 日出境逃往美国。韩某逃往美国后，主要从事金融投资，物质生活方面可谓"滋润"，但长时间的独自逃亡让他身心俱疲。在办案民警的努力下，韩某家属也积极与其沟通，打消他的顾虑。2014 年 9

---

① 新华网:《"红通"外逃人员：守着钱不敢用　得病不敢去医院》，2015 年 7 月 24 日，http://news.xinhuanet.com/overseas/2015 07/25/c_128058367.htm.

月18日，韩某从美国回国投案自首。审讯中，韩某告诉民警，一开始因为害怕，他选择了外逃。但在家人和朋友的多次劝导下，他意识到终有一天还是要面对自己犯下的过错。韩某说，“我每天都过得很不安稳，心惊胆战的，这样的生活太难受了”，“我只是想给这个事情一个了断，对自己对家人都有个交代，也给我们全家一个团圆的机会”。[①]

第二节 劝返的主要途径

劝返是一种柔性手段，取决于劝返对象的意愿。工作中，一方面要协调外方执法部门，另一方面要通过劝返对象的亲属朋友等身边人坚持不懈做其思想工作，促其认清形势，主动回国投案。如可能，要尽量选择精通国内法律政策、深得劝返对象信任、具有强烈劝返意愿、具备劝返能力的人去开展劝返工作。

一、犯罪嫌疑人主动联系后办案机关直接劝返

犯罪嫌疑人李某2013年外逃美国后，发现生活并非如自己所想象的那般美好，语言不通，生活不便，由于担心自己可能非法滞留被外国当局发现，整天提心吊胆。后来，李某打来电话时，上海市长宁区检察院办案人员利用其思乡心切心理，有针对性地做工作，“跟他讲讲上海本地的一些美食啊，最近过节都有些什么新鲜事啊，而且始终坚持用方言跟他通话”。特别是明确告知李某如自愿回国投案，可以依法从轻或减轻处罚。最终，李某决定回国自首。鉴于李某能主动投案且如实供

① 人民网：《嫌疑人出逃美国被劝返：生活滋润敌不过罪恶感》，2014年9月19日，http://legal. people. com. cn/n/2014/0919/c188502－25694450. html.

述，检察机关也兑现政策承诺，对其取保候审。[①]

此外，有的逃犯可能会主动联系中国驻外使领馆，表达回国投案自首意愿。2017 年 5 月，在中越警方开展联合追逃的强大压力下，经亲人劝说，经济犯罪嫌疑人于某到中国驻越南使馆自首，提出愿意回国配合调查。这是 2017 年以来第 6 名向中国驻越使馆自首的逃犯。[②]

二、通过犯罪嫌疑人亲属劝返

2013 年，犯罪嫌疑人孔誉晓因涉嫌行贿山东烟台市某公安分局原局长王国政，被立案调查，但孔提前带着孩子逃往韩国。栖霞市（隶属于烟台市）检察院通过分析孔誉晓的潜逃轨迹、活动规律、生活状况、悔罪态度、资金情况、家庭成员、人际交往等信息后，决定在利用法律手段的同时打亲情牌，通过孔誉晓的丈夫姜某劝其回国自首。经过调查，办案机关发现姜某被夫妻的共同债务纠纷所困扰，四处躲避，经常更换联系方式。经反复进行法律政策教育，并列举多个成功追逃的典型案例，姜某决定力劝妻子回国自首，但提出孩子在韩国上学，且患病，治疗周期较长，不能中断治疗，需要有人照顾。因为他和妻子已因民事债务纠纷被起诉到当地法院，法院限制二人出境。如果孔誉晓回国自首被采取强制措施，特别是被限制出境后，孩子就无人照顾了。针对这种情况，栖霞市检察院与当地法院沟通协商，在孔誉晓回国自首期间，暂时撤销限制出境决定。解决了后顾之忧后，姜某先后多次与妻子

---

① 王贤臻：《追捕境外“红通”纪实：用闲话“聊回”在逃人员》，载《文汇报》2016 年 12 月 24 日，转引自中央政法委中国长安网 2016 - 12/24/content_11388517. htm.

② 新华社：《又一名经济逃犯在越南被劝返回国》，2017 年 6 月 9 日，转引自中国青年网http://news. xinhuanet. com/world/2017 - 06/09/c_1121118541. htm.

电话沟通，劝其早日回国自首。在持续不断的法律政策攻心和亲情感召下，孔誉晓逐渐放下思想包袱，同意回国。2015 年 2 月 14 日，孔誉晓回到烟台后，栖霞市检察院对她采取了取保候审的强制措施。①

陈祎娟是云南移动公司、天津移动公司原总经理权明富之妻，涉嫌利用影响力受贿。2013 年 4 月，湖南省纪委对权明富严重违纪一案进行查办，陈祎娟作为权明富系列受贿案的关键涉案人，借着陪女儿读书的名义，金蝉脱壳从北京首都机场乘机逃往英国。2014 年 7 月，国际刑警组织英国国家中心局通报我国，陈祎娟已被羁押于英国非法移民遣送中心。办案机关确定劝返方案后，一方面请中央追逃办协调外交部了解陈祎娟在英国的基本信息，协调英国警方加快对陈祎娟的遣返工作，进一步压缩其境外生存空间，为劝返创造条件。另一方面，积极筹划陈祎娟劝返工作，确定其丈夫权明富为劝返第一人选，调动其亲戚、朋友及重要关系人主动“走出去”。为了规劝妻子早日回国投案自首，权明富录制劝返视频，并写了规劝信，其律师也积极支持劝返工作，并与陈祎娟表姐一起到英国做思想工作。但陈祎娟仍对回国投案后能否得到宽大处理抱有疑虑。在接到陈祎娟电话后，办案人员多次解释陈祎娟关心的所有问题，不厌其烦地宣讲法律、政策。办案人员、陈祎娟家属、律师三方面的思想工作，一步步化解了陈祎娟的心理顾虑。2016 年 1 月 14 日，陈祎娟回国投案自首。②

---

① 常洪波、连群峰：《劝返国际通缉嫌疑人》，载《检察日报》2015 年 6 月 10 日，http://newspaper. jcrb. com/html/2015 - 06/10/content_188233. htm.

② 中央纪委监察部网站：《“百名红通人员”追逃纪实（三）——海外不是家更不是避罪天堂》，2017 年 5 月 9 日，http://www. ccdi. gov. cn/xwtt/201705/t20170508_98806. html.

三、通过犯罪嫌疑人朋友劝返

2013年1月，福建省石狮市村干部龚某，侵吞土地拍卖款39.99万元后潜逃菲律宾。石狮市检察院对龚某立案后，多次找到其家人，规劝其投案自首，但都无功而返。2014年10月最高检部署开展职务犯罪国际追逃追赃专项行动后，办案机关深入派出所、村组和当地群众，迅速展开摸排，了解到龚某有一个忘年交陈某在政府机关工作，其家人对陈某也十分信任。办案机关考虑到龚某对投案自首能否受到从宽处理有疑虑，邀请陈某一起上门做龚某家人工作。龚某家人打消了顾虑，表示愿意劝说龚某回国投案。同时，办案机关获悉潜逃菲律宾被公安机关劝返回来的许某已被取保候审消息后，请许某通过电话现身说法，彻底打消了龚某的顾虑。龚某由于所持中国护照过期，先行向检察机关递交回国投案请求书，并让其家属代为退赃，以示其投案的决心和态度。2014年11月28日，龚某终于登上回国航班。当日，龚某在石狮市检察院录完口供后，取保候审回家。①

犯罪嫌疑人朱某、孔某外逃后，于2014年7月通过朋友向山西太原警方打来电话，了解案件追赃情况，以及其他嫌疑人判了没有、怎么判，警方一一详细告知。8月1日，朱某和孔某经柬埔寨回国投案自首。归案后，二人如实供认犯罪事实，并举报其他境外在逃人员。据朱某和孔某交代，2006年，二人在南非办理工作居留，并开了一家建筑材料公司。此后，二人花费百万美元购置了别墅，不想却遭遇了一伙持枪歹徒的入室洗劫。随后，二人辗转逃到了新加坡和柬埔寨。出逃时，

---

① 张仁平、张月萍：《劝返：一次两次三次……》，载《检察日报》2015年3月25日，http://newspaper.jcrb.com/html/2015-03/25/content_182224.htm.

朱某和孔某携带了900多万元的赃款，10年间几乎已把这些钱挥霍一空，归国时只剩下万余元。[①]

四、通过犯罪嫌疑人律师劝返

2012年7月，山东省检察机关发现青岛安华发展公司原总经理储士林，涉嫌贪污线索并立案侦查。但储士林已于前一日持护照出境。同时，储士林及其家人于2010年通过投资移民取得加拿大枫叶卡。2015年，经侦查发现，储士林的儿子、儿媳和前妻许建红经常回国，目的之一就是将办案机关未掌握的涉案资金转移到加拿大，掩饰、隐瞒和挥霍其赃款。山东省检察院、青岛市检察院、李沧区检察院三级检察机关联合侦办此案，立即将其涉案账户冻结，切断其国内经济来源。办案机关还了解到，储士林一直和其青岛公司的法律顾问李某以及北京公司的法律顾问张某保持密切联系。李某和张某都是储士林的老乡，案发后，储士林曾委托这两位律师分析案情，提供法律意见。李某和张某成了储士林在国内最信任的人。办案机关多次和两位律师沟通，了解储士林的思想动态，逐一分析当前国际追逃追赃的大环境、宽严相济的刑事司法政策，以及亲人离散、财产被冻结甚至可能被没收等现实情况，指出及时回国投案是储士林的最佳出路。在听取律师意见后，储士林终于明确表态要回国自首。2016年1月4日，律师李某转道加拿大和储士林见面，再次为其提供专业的法律意见。2016年1月30日，储士林乘坐加拿大

---

① 山西新闻网：《山西完成全国首个贪腐犯罪分子劝返案例》，2014年11月13日，转引自环球网http://www.sxrb.com/sxwb/aban_0/03_0/4246875.shtml.

航空 CA031 航班回国投案自首。[①]

五、通过犯罪嫌疑人同案犯劝返

2004 年 4 月，德隆集团涉嫌经济犯罪案件爆发后，德隆集团创始人之一张业光尾随唐万新逃到马来西亚。2004 年 7 月，“一号”主犯唐万新回国投案，但心存侥幸的张业光却继续逃往泰国。2006 年 5 月，唐万新被判刑 8 年，并在武汉蔡甸监狱服刑。同年 6 月，唐万新突然主动找到管教干部，称愿意协助规劝张业光自首。考虑到唐万新与张业光是同班同学，一起创建了德隆集团，两人妻子也是大学同班同学，办案机关同意唐万新做劝返工作。唐万新写了两封信，通过家人转交给张的妻子，以自己的亲身经历打消了张业光的顾虑。唐万新写道：“目前我入狱已 2 个月了，国家在处理德隆事件上尽了全力，帮我们承担了非常大的责任，帮我们挽救个人理财客户的损失。现在主动投案确实是报国家之恩之时，没有国家的这些举措，我想，即使我俩是自由的，良心也会‘坐牢’一辈子……为了家庭，为了儿子，你应该勇敢地回来自首，家庭真的是人一生中最重要的东西，值得付出一切去维护……。”7 月底，张业光的妻子到监狱探视唐万新，称看到信的张业光回复将回来自首。[②]

2006 年 8 月 2 日，潜逃海外达 27 个月的德隆 2 号人物——德恒证券原董事长张业光被劝返回国，在亲属陪同下向武汉警方投案。2007

---

① 樊蓉：《现实版人民的名义：红通 79 号储士林被劝返回国》，载《青岛日报》2017 年 4 月 19 日，http://news. qingdaonews. com/qingdao/2017 04/19/content_12010018. htm.

② 荆楚网：《狱中写下两封信　唐万新劝回德隆“二号”张业光》，2006 年 8 月 9 日，http://www. cnhubei. com/200608/ca1131631. htm.

年2月，湖北武汉市中级人民法院认定张业光的自首情节，从轻判处其有期徒刑4年。①

六、境外执法部门协助劝返

根据国际司法协助惯例，通过警方对警方等机构间合作，在劝返对象自愿情况下，一国执法机关可以安排追逃国执法部门与该对象面谈，该对象的身份可以是犯罪嫌疑人、被告人，也可以是证人，此类面谈的前提是当事人自愿。由于外逃人员自愿回国投案，对所在地政府而言，政治、法律风险相对较小，当地执法机构配合意愿也比较强。目前，我国已与加拿大、澳大利亚等国建立了较为规范的劝返程序，与美方的劝返程序也正在磋商建立中。②

在境外执法部门协助、安排或参与下开展劝返工作，要重点把握以下三点：一是尊重对方主权和法律。劝返对象提出回国自首请求后，中方通知外方执法部门询问劝返对象的回国意愿，中方与劝返对象面谈时外方自行决定是否派员参加，面谈后可由外方再次询问劝返对象是否愿意回国；二是尊重当事人意愿。劝返对象同意面谈后中方才派出工作组进行面谈，面谈结束后劝返对象明确表示同意回国投案才回国；三是遵守司法执法程序。面谈时可以2人以上在场，视情由外国执法机构录音录像，确保面谈工作完全合规。

广东省佛山市南海住房资金管理中心财务科原科长林芳华因涉嫌挪

---

① 央视国际：《“德隆”案主犯张业光被从轻判处4年刑》，2017年2月15日，http://news.cctv.com/law/20070215/109439.shtml.

② 人民网：《国际反腐新秩序逐步建立 今年17名“红通人员”归案》，2016年10月9日，转引自中国网 http://world.people.com.cn/n1/2016/1009/c1002-28762071.html.

用公款罪，于2003年逃往加拿大。2004年5月，办案机关向加拿大皇家骑警提出对林芳华的协查和追逃请求。加方了解到林芳华隐瞒在华犯罪事实后，决定不批准其移民申请。林芳华外逃后与儿子生活在一起，其他亲戚都在国内，其年近八旬的老母亲居住在南海老家。面对检察官们的耐心、关怀与诚意，林芳华的母亲感动得热泪盈眶，这些感动都通过林芳华的母亲用越洋电话传递给了林芳华。

2011年，广东外逃人员李继祥被澳大利亚法院判处26年监禁，极大地震动了林芳华。她原本以为逃到外国，加入外国国籍，国内司法机关就不能拿她怎样了，但看到已移民澳大利亚的李继祥照样没能逃脱法律的制裁，反而判得很重，她的思想发生了巨大转变。林芳华表达回国意愿后，中方立即通报加拿大皇家骑警，并组成工作组飞赴加拿大。工作组临行前不仅准备了南海的画册资料，而且到林芳华家里拍了很多照片，还录制了林芳华母亲的一段视频。2011年12月13日，在2名加拿大皇家骑警的陪同下，工作组前往林芳华的公寓与其会面。2名加拿大皇家骑警首先告知林芳华相关权利和义务，并向其说明了中方工作组此行的目的。工作组结合案件实际情况，向林芳华详细解释了《中华人民共和国刑法》关于自首、立功、主从犯等相关法律规定，以及国内最新的法律政策。

面谈时，工作组成员了解到，林芳华居住的公寓周围有很多的华人，这些人都或多或少地知晓她在国内有犯罪记录，所以大家都不敢过多与她接近，她就只能跟儿子说说话。长期的精神紧张导致她患有高血压等疾病。与工作组谈话时，林芳华显得有些精神恍惚，逻辑性很差，往往一句话会重复很多次，甚至有些绝望地重复着说："我时日不多了，死在加拿大算了！"工作组决定"趁热打铁"，明确告知林芳华如果现在自愿回国投案自首，就可以依法对其最大限度从轻、减轻或者免除处罚。林芳华意识到，如果再拖下去，受累的不仅是她，还有她最在乎的儿子。林芳华当即向工作组成员表达回国投案的意向。

回国时，林芳华的精神状态与在温哥华公寓里时很不一样。此前的她几乎不会笑，总是一脸愁云，但在回国的飞机上，她思想上一直紧绷的弦放松了，表情也丰富和轻松了许多，不仅会笑，还记住了工作组每个人的名字。林芳华更没想到丈夫（当时已出狱）会来机场接她，夫妻俩今生还能再见面。她很激动地对办案人员说："非常感谢你们！"夫妻俩被送到南海区检察院，她将当年带出国而又分文未花的10万元当场交给了南海区检察院。考虑到林芳华系主动投案且态度较好，夫妻俩又是这么多年后再次重逢，办案人员从司法人文关怀的角度出发，办完手续后就马上安排车辆送他们夫妻俩回家团聚，全程都没给她戴手铐。①

第三节　劝返工作流程

劝返是一项长期、复杂的思想政治工作和执法工作，必须周密部署，打拉结合，底线思维，持久不息，依法依规进行。

一、制定劝返工作方案

劝返工作方案应坚持劝返为主、其他缉捕手段为辅思路，压劝并举，做好应急预案。据《中国纪检监察报》报道，山东省追逃办详细研究每个案件，量身定做追逃策略，特别是抓住国内、国外、亲属"三条线"，打好政治、经济、政策、亲情"四张牌"，开展政治攻心，切断经济来源，指明政策出路，争取亲友支持，把政治威慑力、经济控

① 正义网：《八年劝返林芳华》，2012年6月26日，http://www.jcrb.com/xztpd/2012zt/201206/gjftjlhhdsjyth/wttghglxt/ 201206/t20120626_891239.html.

制力、政策影响力和亲情感召力结合起来，促其回国自首。

一是抓好基础工作，全面了解信息。系统梳理案情，摸清外逃人员本人和亲属情况及其朋友圈、生活圈、工作圈，寻找可有效开展劝返的“关键人”。

二是研究劝返筹码，包括可给予的宽大政策，如对外逃人员及涉案人的量刑、强制措施、财产处置等，以及一旦劝返失败，缉捕归案的从重处罚措施。

三是明确劝返途径，指定专人负责，确保工作连续性。与劝返对象及其重要亲属谈话时，要选择具有一定工作经验和权威、富有亲和力的人员，对女性劝返对象首选女性。

四是依法做好打压，切断外来资助，最大限度挤压外逃人员的海外生存空间，让其成为无人可靠、无钱可花、无路可逃的“三无”人员。

五是劝返谈话要依法进行，底线思维，避免授人以柄。实践中，劝返对象出尔反尔、讨价还价，外国和舆论干预现象时有发生。因此，在劝返工作中，针对劝返对象的引渡、遣返、刑事调查、境外追诉等工作决不能松懈，甚至要加强，只有综合运用各种手段，才能实现劝返效果的最大化。

二、摸清基本情况

只有在熟悉和掌握劝返对象的基本案情、基本生活情况、个人家庭情况、性格特点等基础上，办案机关才能有针对性地开展劝返工作。办案机关要从国内、国外、亲属 3 条线入手，加强对外逃犯罪嫌疑人各种情报、线索的搜集整理，建立外逃人员信息档案，为劝返工作打下基础。劝返信息包括但不仅限于：劝返对象的联系方式、可能的藏身地；劝返对象国内亲朋好友情况，特别是父母子女现状；劝返对象的海外关系及生活现状，以及其他有助于开展劝返工作的信息。

2014 年 4 月，某银行支行行长齐某因涉嫌洗钱罪出逃境外，此前齐某妻女均已移民国外，追逃失去有利条件。在此情况下，办案机关全面摸排齐某及其 20 多名关系人情况，查清其在 16 家银行开设 221 个银行账户后，依法冻结和追缴相关涉案资产。办案机关通过大量耐心细致的工作，争取深得其信任的姐姐配合做劝返工作，同时协调外方启动遣返程序。最终，齐某回国投案自首。

三、建立联系渠道

开展劝返工作，不能“隔海喊话”，而是要积极利用“中间人”穿针引线，贴近外逃人员的生活圈、工作圈，全面开展劝返工作。这些中间人大多是劝返对象的主要亲属、老朋友、重要关系人或资助人、律师等（详见本章第二节）。

在郭某案中，经做工作，郭某朋友带上法律读本、典型追逃案例、国内追逃追赃文章等，亲自到郭某家中做其思想工作。取得一定成效后，办案机关动员深受其信任的郭某弟弟赴国外劝返，促其更加坚定了回国决心。在王某案中，办案机关先期做通其女婿的思想工作，然后动员王某亲家赴境外劝返，随后再次鼓励王某朋友赴境外，并邀请已被劝返回国人员与其通话，通过“中间人”做思想工作，王某主动回国的信念日益坚定，最终回国投案自首。

犯罪嫌疑人俞某伙同其母俞某某实施合同诈骗后，于 2014 年 2 月外逃乌干达，随后被批准逮捕并发布国际刑警组织红色通报。2014 年 6 月 30 日，侦查发现俞某将于 7 月 1 日晚从坦桑尼亚乘飞机返回乌干达恩德培。在中国驻乌干达使馆协助下，公安部工作组会同乌警方在恩德培机场将俞某抓获，并于 7 月 3 日下午将俞某押解回国。经公安机关耐心做俞某工作，俞某主动联系其母俞某某，积极规劝其母投案自首。2014 年 7 月 20 日，俞某某回到国内，向公安机关自首。①

2016 年 8 月，云南镇雄县某镇报案称该镇财政所所长付汉顺将 185 万元公款取出后失联。镇雄县检察院立即层层向云南省检察院汇报，启动了网上追逃和境外协作追逃程序。同时，镇雄县检察院干警来到付汉顺家中耐心地做其父母及哥哥的思想工作。办案人员通过耐心细致的讲解，付汉顺家人透露付已潜逃到缅甸，且出境后曾与家人有过电话联系，他们表示愿意配合检察机关开展劝返。9 月 11 日，付汉顺的哥哥主动联系镇雄县检察院办案人员称，经过多次劝说，付汉顺表示愿意回国向检察机关投案自首。2016 年 10 月，携款潜逃缅甸的付汉顺，在家属陪同下来到云南省镇雄县检察院投案自首。②

四、以压促劝

劝返是一种柔性追逃手段，只有与引渡、遣返或境外追诉等强制措施并用，才能发挥最大效应。要不断挤压外逃人员生活和心理等生存空间后，再传递回国投案自首的宽大政策，一步步击破外逃人员心理防线，促其认清形势、主动投案。

犯罪嫌疑人胡某 2005 年从 17 家受害企业骗取超过 300 万元的货物，转卖后携款潜逃。案发后，天津警方将胡某列入网上追逃名单，并根据线索，数年间多次往返浙、赣、沪、津等地调查取证，终于查明胡

---

① 人民网：《公安部公布“猎狐 2014”经典案例：国际刑警多次协助》，2015 年 1 月 8 日，转引自南方网 http://news. southcn. com/international/content/2015 - 01/08/content_115894171. htm.

② 杨健鸿、郑赫南：《云南一外逃职务犯罪嫌疑人携 185 万公款失联被劝返》，载《检察日报》，2016 年 10 月 11 日，转引自 http://news. sina. com. cn/sf/news/2016 - 10 - 11/doc - ifxwrhpn9666933. shtml.

某已洗白身份潜逃至意大利。经深入调查，天津警方成功查明胡某的姐夫吴某等两位亲属包庇、帮助其外逃的违法事实，并依法将二人刑拘，维护了法律的公正，也给予其家属极大的心理震慑。2014 年 12 月 16 日，在家属极力规劝下，自知罪责难逃的胡某投案自首。[①]

在储士林案件中，2015 年，山东省检察院、青岛市检察院、李沧区检察院成立储士林案件领导小组和专案组。针对储士林的儿子、儿媳和前妻许建红经常回国转移涉案资金情况，办案机关一方面对储士林及其亲属和相关公司的所有涉案银行账户、房产采取查封、扣押、冻结措施，共冻结储士林个人及相关公司的银行存款 5600 万元，查封相关房产 26 处（套），切断其国内经济来源；另一方面，依法对涉嫌为其掩饰、隐瞒赃款的儿子储某、儿媳孙某和前妻许建红采取技侦和边控措施，开展刑事调查。2015 年 8 月，检察机关成功阻止许建红和孙某出境，其儿子储某也不敢回国。此外，检察机关还协调公安部门向公安部报送了商请遣返储士林的相关材料。在依法打压基础上，办案机关动员储士林的律师和亲属开展劝返。特别是许建红到案后，在看守所里直接和储士林通话，现身说法，讲述检察机关如何文明司法、依法办案，打消其疑虑和恐惧。最终，2016 年 1 月，在律师协助下，储士林从加拿大回国投案自首。[②]

犯罪嫌疑人钱某在苏里南藏匿多年，已获得苏里南国籍。苏里南法律明确规定，不向他国引渡本国公民，且中苏尚未签署引渡条约和司法协助条约。关键时刻，中方请苏里南重新审查钱某入籍程序和材料，推

---

① 尹娜：《男子骗巨款　潜逃意大利：警方步步为营成功劝返》，载《今晚报》2014 年 12 月 27 日，转引自北方网 http://news. enorth. com. cn/system/2014/12/27/012357041. shtml.

② 樊蓉：《现实版人民的名义：红通 79 号储士林被劝返回国》，2017 年 4 月 19 日，http://news. qingdaonews. com/qingdao/2017 -04/19/content_12010018. htm.

动以程序不合法和申请材料欺诈为由取消其国籍。2016 年 7 月，涉嫌掩饰、隐瞒赃款的钱某妻儿回国，国内办案机关在其入境时予以控制，从而为劝返创造了有利条件。最后，钱某主动回国投案自首。①

五、以情感化

外逃犯罪嫌疑人巨大的精神压力和脆弱的情感是做劝返工作的有效切入点。他们不仅因为触犯法律承受着道义上的重压，也背负着对家乡的思念和对亲人的愧疚，不堪重负的精神压力成为他们心理防线最薄弱的环节。劝返工作中，除适当宣讲国内追逃追赃形势和政策外，要更多地以平等和拉家常的方式与其交流，站在当事人的角度，分析回国自首对其本人及亲人带来的好处，增强其回国的信心，既晓之以理，又动之以情，从而打开突破口。

2016 年，犯罪嫌疑人朱某与国内办案机关通话过程中，一直在忏悔，因为他的父亲曾因他事发含恨离世，长子婚姻受到影响，其他亲属、朋友的正常生活受到干扰，他因此感到自责愧疚。朱某自 1998 年出逃已 18 年，虽取得了外国合法居留权，但仍天天提心吊胆，有家不能回是他多年来的最大心病。办案机关劝返时以此为切入点，劝其勇敢面对，回国自首，给家人和朋友一个交代，也给自己一个机会，朱某被深深触动。通过做工作，朱某逐渐解除戒心，强烈要求国内协助其尽快回国。最后，朱某在回国登机前，真诚感谢有关部门在他开启新的人生道路上给予的帮助。

在陈某案件中，考虑到该案涉案金额不大，劝返时以其犯罪情节较

---

① 中国警察网：《2016 年“猎狐行动”二十大经典案例发布》，2017 年 3 月 25 日，http://news. cpd. com. cn/n3559/c37259905/content. html.

轻和陈某正处于上有老下有小作为突破点。工作人员一边帮其分析案情，一边给他讲自首的优待政策，激起其激情燃烧的岁月，燃起其对未来生活的热情。陈某打来电话时，办案人员同他既话家乡发展，也谈父母亲情、儿女情长，激发其回家的强烈愿望，坚定其回国自首的决心。经过做工作，陈某表示悬着的心彻底放心了，坚决要赶紧回国，希望协助其办理回国手续。在办理登机手续时，当地警方以陈某是国际刑警组织红通逃犯为由，禁止其登机并将其暂时扣押，当时距离飞机起飞仅有一个多小时。紧急关头，中方联系该国国际刑警组织国家中心局，对方最终同意陈某回国自首，并协调该国机场警察局予以放行，陈某顺利登机回国投案。

六、政策感召

劝返对象通常敏感而又富有心计，他们虽厌倦东躲西藏，向往安定，但往往又于心不甘，在回国问题上设置一些前提，希望借此讨价还价。劝返过程中，在持续打压的同时，既要带着感情，以诚相待，更要阐明政策，讲明形势，设身处地为劝返对象着想，充分发挥宽严相济的刑事政策的感召作用。

在曾某案件中，办案机关全面分析研判案情后，决定采取“打”“拉”并举的劝投策略，对其全方位施压，变被动为主动。为使曾某形成强大思想压力，办案机关一方面提请中央主管机关向外方提出遣返请求；另一方面对其父亲和岳父涉嫌包庇罪立案侦查，对他们的 3 处房产进行查封，对多个银行账户予以冻结。鉴于曾某近亲属多为国家工作人员，办案机关向其所有近亲属分送致曾某的一封信。通过采取先礼后兵、以打促劝、政策感召、人文关怀的策略，曾某及其亲属由当初的抵触、观望、怀疑、动摇，到全心全意主动劝返。2016 年 6 月，在亲属规劝下，曾某主动回国投案自首。

犯罪嫌疑人朱某、孔某以伪造的票据将受害单位存款转移到自己控制的银行账户占为己有，共作案70余起，涉及5家银行的13个支行，造成经济损失近12亿元。2004年案发前，朱某、孔某等9名主要犯罪嫌疑人潜逃境外。在公安部与山西省公安机关不懈努力下，其他外逃犯罪嫌疑人先后被缉捕归案。迫于压力，朱某在境外与我国公安机关联系，表示其本人和孔某愿考虑回国自首。办案人员对朱某详细讲解了国内宽严相济的刑事政策，动之以情、晓之以理，耐心细致进行规劝。2014年8月，分别持有瓦努阿图护照和几内亚比绍护照的朱某、孔某回国投案自首。[①]

七、请外方执法部门提供协助

外逃人员一般都精心挑选潜逃地，企图利用当地条件躲避抓捕。如果外方执法部门积极协助开展追逃工作，外逃人员将断掉长期滞留的幻想，不得不主动回国投案。

2015年广东某公司负责人郭某因涉嫌非法吸收公众存款罪，潜逃新西兰。公安部一方面与新西兰警方积极沟通，提交郭某涉嫌犯罪的相关证据；另一方面，通过其社会关系，积极对郭某开展劝返工作。2016年4月，通过中新两国执法合作，郭某最终被劝返回国。[②]

2012年1月，犯罪嫌疑人李某在骗取银行3亿余元银行贷款后逃

---

① 人民网：《公安部公布“猎狐2014”经典案例：国际刑警多次协助》，2015年1月8日，转引自南方网http://news. southcn. com/international/content/2015 - 01/08/content_115894171_20. htm.

② 中国警察网：《公安部公布2016年“猎狐行动”典型案例》，2016年8月18日，http://news. cpd. com. cn/n3559/c34461719/content. html.

跑失踪，举家逃往澳大利亚。办案机关应澳方请求，提供了大量证据材料和法律文书，并邀请澳联邦警署驻华联络官赴当地开展协查。同时，办案机关通过侦查发现，李某系通过提供虚假信息办理的签证，根据澳大利亚相关规定，其取得签证违法，应由澳移民部门对其签证进行注销处理。2015 年 9 月，中方工作组赴澳开展工作，澳移民部门在确认李某签证违法后即注销其签证并将其全家关押至移民局拘留所。李某越来越清楚地认识到，其在澳永久居留的美梦已然破灭，签证被注销后即将被澳方强制遣返回国。最后，在使领馆协助下，李某携未成年的子女回国。李某回国投案前一再表示感谢，感叹“躲来躲去，最终还得靠政府”。①

广东鹤山市村干部冯某涉嫌伙同他人擅自将村委会多处房产非法出售并从中谋利。冯某外逃后，办案机关反复做其家属思想工作，深入宣传政策。同时，积极与 X 地警方沟通，获取冯某在 X 地有关信息。2016 年 6 月 17 日，工作组在 X 地警方协助下与冯某在 X 地面谈，促成冯某最终下决心投案自首。6 月 18 日下午，冯某随工作组在深圳入境投案。

八、回国后依法兑现政策

我国《引渡法》第 50 条规定，对于限制追诉的承诺，由最高人民检察院决定；对于量刑的承诺，由最高人民法院决定。除上述单位外，劝返时任何其他单位和个人均不得超越法律范围作出承诺，更不得承诺具体刑期。根据宽严相济的刑事司法政策导向，主动投案或劝返回国的

① 法制网：《公司老总骗贷 3 亿举家外逃——无锡警方历时 4 年抓回国际红通犯罪嫌疑人》，2015 年 12 月 30 日，http://www.legaldaily.com.cn/bm/content/2015-12/30/content_6424299.htm?node=20736.

要依法最大限度从宽处理，办案机关依法在自由裁量权范围内可以视情况作出法律允许的安排。对于这种法律范围内的安排，承诺了就要兑现。

犯罪嫌疑人吕某担任北京某高校下属企业原副总裁期间，共同私分公有资产2100余万元。2009年9月，北京市海淀区人民检察院予以立案侦查，但吕某此前已潜逃菲律宾。此后，办案机关不断通过吕某在国内的亲属规劝其回国投案自首。“猎狐”行动开始后，远在菲律宾的吕某了解到相关情况，主动通过其在北京的亲戚与检察机关取得联系。检察机关将追逃追赃相关政策进行了释法说理。2014年年底，吕某主动将140余万元涉案款汇到海淀区检察院专用账户，随即决定回国投案。2015年6月，吕某自行购买机票回国，落地后便主动与检察机关取得联系，随即被检察官带回海淀区检察院接受讯问。讯问后，检察机关根据吕某主动交代犯罪事实，且有回国自首情节的客观情况，依法向其宣布取保候审决定。①

中国工商银行四川某支行原经警朱振宇伙同他人贪污公款140余万元，2002年9月逃往美国。朱振宇外逃后，成都市检察院成立了追逃工作组。侦查发现，朱振宇父母自成都退休后在上海生活，朱振宇可能会通过有关途径与其父母及家人联系。办案人员分析，朱振宇潜逃13年都没有归宿，其内心会常常处于承担法律责任和家庭责任的煎熬中，如果由朱振宇父母配合检察机关做朱振宇的劝返工作，则劝返归案的成功率会较高。于是，工作组制定了对朱振宇劝返为主的追逃策略。2015年9月1日起，办案人员先后5次登门拜访朱振宇的父亲，希望其劝说朱振宇早日归案承担法律责任和家庭责任，同时加大对朱振宇的侦查工

---

① 人民网：《北京2015年首例劝返贪官15日回国自首》，2015年6月16日，http://leaders.people.com.cn/n/2015/0616/c58278 27160620.html.

作力度。办案人员通过详细阐述自动投案和自首从轻的国家刑事司法政策，发现朱振宇父母思想出现松动。随即，办案人员决定实施“内紧外松”策略，给予其一定时间考虑，短期内不再接触朱振宇的父母，同时又通过其他措施不断施加侦查压力。在发现朱振宇父亲托人带话给朱振宇让其投案后，办案人员及时登门进一步向其讲明利害关系及法律政策，从而更加坚定了朱振宇父母劝返朱振宇归案的决心。2015 年 10 月 12 日，朱振宇电话告知办案人员他已返回上海，愿意投案。2016 年 1 月，鉴于朱振宇主动投案且系从犯，主犯尚未到案，四川省成都市成华区人民检察院依法对其作出存疑不起诉决定。①

第四节　劝返工作注意事项

劝返工作是全新领域，涉及境内外司法管辖权、执法权等问题，政策性强，敏感度高，必须高度重视，周密部署，依法依规，积极推进。

一、遵守国内国际法律，取得外方支持和配合

在劝返过程中，虽然劝返对象在国外，但根据属人管辖原则，办案人员必须遵守我国法律，保护国家利益和人民群众财产不受损失。同时，劝返以尊重他国法律和相关的国际条约与国际惯例为前提，要尊重他国主权，不能违反他国法律采取强制措施或者实施秘密拘捕，侵害他国司法权和犯罪嫌疑人的合法权益。办案人员要保证劝返手段的合理

---

① 新华网：《最重无期　最轻不起诉　归案红通人员判决体现什么量刑政策》，2017 年 5 月 11 日，http://news.xinhuanet.com/politics/2017-05/11/c_1120954032.htm.

性，如实地告知犯罪嫌疑人归国的好处，而不能给其难以兑现的承兑，使劝返成了诱骗。① 赴境外开展劝返工作时，必须提前通知外方，以适当方式取得外方认可，并了解国内外办案环境差异和在国外办案注意事项。在国外工作期间要严格遵守外国法律和风俗习惯，避免授人以柄。特别是赴美、加、澳等西方发达国家开展劝返，要逐案报批、逐事向外方通报，充分尊重外国国家主权和司法主权，充分顾及外方关切和感受，争取外方配合，推动劝返工作长期、有序、务实、高效、可持续地开展下去。

犯罪嫌疑人林某伙同他人挪用公款3000万元，2003年逃往加拿大，后取得加拿大永久居留权。在申请成为加拿大公民时，加拿大移民局根据广东省检察机关提供的林某涉嫌国内犯罪的事实和证据，拒绝了她的入籍申请，同时取消林某的永久居留权。林某委托律师提起移民诉讼，根据加拿大移民法等法律规定，移民诉讼必定经历一个漫长的过程。广东省检察机关办案人员抓住机会，一方面从法律、政策和情理多个角度进行劝说；另一方面与加拿大皇家骑警进行紧密合作，形成法律威慑力，促使林某自愿接受劝返，于2012年2月回国投案。②

二、劝返要运用到追逃全过程

回国投案是劝返对象认罪悔罪的最好证明，各国都鼓励犯罪嫌疑人自动投案。在国际追逃的任何阶段，如果劝返对象愿意主动投案，无论

① 江珞伊、何金璞：《关于劝返的几个法律问题分析 以胡星案为例》，载《科教导刊：电子版》2016年第28期。

② 朱香山、陈云飞：《广东：先行先试探索跨国（境）追逃追赃经验》，载《检察日报》2014年10月13日，转引自中央政法委中国平安网http://www.chinapeace.gov.cn/2014-10/13/content_11143438.htm.

是在引渡程序，还是在异地追诉或遣返程序，都可以极大地简化程序、节约资源、提高效率。

犯罪嫌疑人庞顺喜、安慧民外逃后，2015 年 3 月，经与老挝协商，公安部、天津市纪委、天津市检察机关组成的联合工作组赴老挝开展缉捕工作。老挝在全国布控，上至公安部，下至村级联防队员，动用多种力量提供大力支持和配合，在有关地区沿途设卡，使庞、安二人迫于压力，选择向我驻老挝使馆投案自首，最终二人被成功押解回国。①

犯罪嫌疑人陈某、王某、毕某涉嫌非法吸收公众存款 1 亿多元，2014 年出逃 B 国，签证逾期后仍然非法滞留。中方向 B 国提出协查请求后，B 国警方建议由 B 国警方缉捕嫌疑人后，按引渡程序引渡回中国。考虑到两国尚未签署引渡条约，引渡程序繁琐费时，且存在 B 国司法部门拒绝引渡等不确定因素。经商 B 国警方，B 国警方同意中方工作组开展劝返工作。经紧急做工作，毕某同意回国投案自首。出境时，由于毕某被国际刑警组织发布红色通报，中方工作组在暂时解除其红通限制后，协调 B 国边防部门，提前办理审查手续，最后成功完成追逃任务。

三、可信度是劝返逃犯的关键要素

回国自首是劝返对象作出的重大而艰难的决定，其内心承受着巨大压力，十分小心谨慎，甚至心理脆弱。办案机关要从劝返对象心理出发，把相关政策讲清、讲透，使其最大程度地感受到国内劝返诚意和有关宽大政策的可信度。多数逃犯对国内法律和办事程序有相当了解，在

① 天津今晚网：《庞顺喜安慧民被押解回国 反腐国际追逃首个战果》，2015 年 3 月 30 日，转引自http://news.163.com/ 15/0330/12/ALV3CHUE00014SEH.html.

谈话中经常提出各种具体问题要求回答，办案机关要选派熟悉国内法律和办事程序、经验丰富、有一定权威的人员接触劝返对象及其亲属。同时，劝返工作高度敏感，其宽大政策多系针对具体案情而设计，其他案件一般难以复制。约谈劝返对象及其亲属朋友前，要做好准备工作，不得私下录音录像，勿使用激烈、威胁语言，避免发生争执。

犯罪嫌疑人陈某通过开设地下钱庄，购汇 3 亿美元用于出口骗税，案发后逃往阿联酋。2014 年 8 月起，河北衡水公安机关加大对陈某的劝返力度，先后 10 余次上门做其亲属的思想工作，同时又综合运用各种资源，加大侦查施压力度。12 月 24 日，衡水市公安局局长程蔚青带领办案民警，到三千里之外的厦门，一天之内两次约见陈某亲友，仔细讲解追逃政策，阐释法律规定，陈述利害关系，终于打消陈某家属的重重顾虑。12 月 25 日，陈某通过亲属表达回国投案意愿。2014 年 12 月 27 日，陈某乘航班从迪拜回国投案。[①]

在劝返犯罪嫌疑人张某时，云南省办案机关在中央追逃办、最高人民检察院和云南省委反腐败协调小组领导下，成立专门工作组，集中纪检、检察、法院、公安等各方力量，强力推进该案追逃工作。工作组在做好基础调查工作的同时，采取多种措施，反复向张某本人及其亲属解释相关法律法规和政策，规劝其早日回国自首，争取宽大处理。经过大量艰苦、耐心、细致的思想工作，张某态度逐渐转变。在其犹豫不决时，云南省检察院和云南省追逃办负责同志先后两次亲自与张某通电话，对其动之以情、晓之以理进行规劝，促使其下决心回国投案自首。在法律威慑、政策感召和亲情感化下，张某最终选择回国投案自首。张某回国后表示，感谢云南司法机关给予他投案自首、悔过自新的机会，

① 中国新闻网：《男子购 3 亿美元外汇骗税潜逃阿联酋　被劝返回国》，2014 年 12 月 28 日，转引自http://news.ifeng.com/a/20141228/42816225_0.shtml.

一定如实供述自己的罪行，接受法律的审判。①

四、把握劝返时机

犯罪嫌疑人朴某畏罪潜逃韩国后，大连公安机关成立联合专案组。经过缜密侦查，专案组掌握了朴某在韩国的住址及生活等基本情况。同时，专案组民警多次到朴某家中，做其亲属工作，推动其亲属劝说朴某回国投案自首。2015 年 5 月，韩国中东呼吸综合征肆虐，人心惶惶。办案机关借此展开劝导攻势，劝其权衡利弊。同年 6 月 4 日，朴某从韩国返回国内，向大连警方投案。②

由于思乡心理，春节前后往往是劝返的重要时机。犯罪嫌疑人王某外逃后，办案机关多次通过王某近亲属和重要关系人劝说其早日归案承担法律责任，并详细阐释自动投案和自首从轻的刑事司法政策。2016 年春节前夕，办案机关了解到王某渴望春节与家人团聚，便再次加大规劝力度。经耐心细致做工作，在其亲友的规劝下，王某终于表示愿意回国自首。2016 年 2 月 6 日小年夜，潜逃新加坡近两年的王某被成功劝返归案。王某到案后如实交代了自己的犯罪行为，表示愿意接受法律惩处，争取宽大处理。上海市普陀区检察院对其办理了取保候审。③

云南澜沧县某小额信贷工作站原信贷员姚某涉嫌利用职务便利挪用

---

① 王翠云、汪源：《云南检察机关成功劝返“百名红通人员”张大伟》，载《检察日报》2016 年 10 月 10 日，转引自中国法院网 http://www. chinacourt. org/article/detail/2016/10/id/2260059. shtml.

② 中国青年网：《大连一外逃嫌疑人担心在韩国染上 MERS 回国自首》，2015 年 6 月 5 日，http://news. youth. cn/ sh/201506/t20150605_6720697. htm.

③ 徐一聪：《上海“天网”行动实现开门红 小年夜劝返一境外逃犯》，载《检察日报》2016 年 2 月 16 日，http://www. jcrb. com/procuratorate/jckx/201602/t20160216_1590852. html.

公款，2003 年 8 月案发后外逃。2003 年至 2017 年，姚某先后辗转马来西亚、泰国、老挝、菲律宾、缅甸和我国台湾地区，并在缅甸因刑事犯罪服刑 5 年。办案机关辗转联系到姚某，向其本人及亲属解释相关法律法规和国家有关政策，规劝其回国自首，争取宽大处理。经过专案组人员坚持不懈的努力，姚某最终决定结束颠沛流离的逃亡生活，回国投案自首。①

此外，根据被劝返对象情况，其个人和家庭重要纪念日、亲属病重病危、子女入学、工作生活突然陷入窘境等时刻，往往都是较好的劝返时机。

五、基础工作扎实

劝返工作取得突破的关键在国内。国内办案机关熟悉案情，要全面了解劝返对象的社会背景和人脉关系，掌握政策法规尺度，在政策攻心、亲情感化等“劝”字上起主导作用。

某省在劝返某对象过程中，做到“两个心中有数”和“四个查清”。“两个心中有数”，即对劝返对象涉嫌犯罪全部事实做到心中有数，对劝返对象在国内的重要社会关系做到心中有数。“四个查清”，即查清犯罪事实、查清家庭背景、查清生活状态、查清交往轨迹。为查清案件情况，办案人员 5 下云南、3 下四川、6 下湖北，行程逾万里。在有关省份，指派专人用汽车载着复印机，将同案犯的案件侦查卷、检察卷、审判卷复印 13 大册，对案件材料归纳、整理、筛选后重新按照证据种类进行归类和装订卷宗 35 册。该省追逃办先后多次召集省市检、

① 王翠云、汪源：《云南劝返一名潜逃 14 年职务犯罪嫌疑人》，载《检察日报》2017 年 2 月 8 日，转引自 http://fazhi.yunnan.cn/html/2017－02/08/content_4722666.htm.

法机关会商该劝返对象涉嫌犯罪事实，研究论证如果主动回国投案自首，依法能够从轻处理到什么地步；如果被抓回，应怎样从重处理。同时，坚持以打促劝，组织50余名办案人员，分成3个组，配合外方开展反洗钱调查，对该劝返对象国内涉案近亲属全面进行调查，对涉嫌为其向境外转移资金的涉案人员进行刑事立案。面对国内扎扎实实的基础工作，该劝返对象的亲属深刻地意识到只有逃犯本人回来才是唯一正确的选择。其同案犯丈夫表示："再给我两三个月的时间，我当尽全力劝她回国，如届时未达目的，我愿意接受任何形式的处理。"其妹妹表示："我一定亲自去做我姐的思想工作，就是背也要把她背回国。"最后，该对象在其妹妹陪伴下主动回国投案自首，10多年后全家人终于又有机会再次见面团聚。

第九章　如何做好公职人员防逃工作

“未雨绸缪”胜过“亡羊补牢”，防住一人外逃就等于追回一人。与其等到人跑出去了，钱已卷走了，再费九牛二虎之力去追，不如把功夫下在平时，关口前移、抓早抓小，做好预防工作。要坚持追逃防逃两手抓，打牢基础、扎紧篱笆，抓紧构建不敢逃、不能逃的有效机制。

第一节　抓好防逃工作的主要目的和任务

公职人员防逃工作是反腐败工作的重要组成部分，是公共部门监督管理的重要内容，是全面从严治党和依法治国的重要一环。

一、防逃工作的主要目的

（一）防逃工作是零容忍惩治腐败的现实需要。随着我国反腐败斗争的深入开展，人民群众对反腐败工作成效的满意度逐年上升，国际社会对我国反腐败工作也给予积极评价。但是我们面临的形势依然严峻复杂。腐败现象滋生蔓延的土壤和条件在短期内难以消除，在一些领域仍然易发多发。在国内保持惩治腐败高压态势下，腐败分子脚底抹油、闻风而逃的可能性长期存在。从政治上看，腐败分子携款外逃，严重损害了党和政府的形象和威信；从经济上看，大量涉案资金外流削弱了国家的物质基础，对我国经济发展产生严重的负面影响。因此，防止违纪和违法犯罪公职人员外逃和违法资金向境外转移，是新时期全面从严治党和反腐倡廉工作的一项重要政治任务。

（二）防逃工作是构建不敢腐、不能腐、不想腐长效机制的重要环节。防逃工作涉及证件管控、人员管理、反洗钱监管等多个领域，体现的是国家治理体系和治理能力的现代化。抓好防逃工作，构建不能逃、不想逃的追逃追赃工作机制，使企图外逃的人看到法网恢恢、疏而不漏，摒弃事发后一走了之的侥幸心理，从而切断腐败分子的后路。从实践看，由于国家之间法律制度差异、政治利益关系等因素制约，境外追逃追赃工作往往难度大、耗时长，消耗大量人力物力财力。防逃工作立足国内，主管部门和办案机关完全拥有自主权，工作难度比追逃追赃小得多。因此，为形成反腐败工作闭环，在加大追逃追赃力度的同时，必须高度重视防逃工作。

（三）防逃工作是我国实施《联合国反腐败公约》的一项重要任务。《联合国反腐败公约》提出要确立比较系统的国际范围内的预防腐败体系。2005 年 10 月，全国人大常委会第十八次会议批准了该公约。加入《公约》是党中央深刻分析国内国际腐败与反腐败总体发展趋势后作出的一项重大战略决策。从国际反腐败实践看，建立包括防范违纪和违法犯罪公职人员外逃等预防机制，是各国的共识和反腐败的必要手段。我国作为一个负责任的大国，通过建立健全防逃机制，可以积极履行作为《公约》缔约国应尽的义务，充分展示我们党和政府坚决惩治腐败的坚定决心和巨大成效，为其他国家提供示范和借鉴。

二、防逃工作的主要任务

（一）完善重点制度，构建以人、钱、证为重点的防逃体系。一是进一步完善公职人员因公、因私出国（境）审批制度，把好审批关。把握好保障党员干部基本权利与加强党员干部出国（境）管理的关系，严格审查出国（境）申请，对符合规定的依纪依法予以审批，对不符合规定的坚决制止。二是进一步完善国家工作人员登记备案和出国（境）证照统一保管制度，把好证照关。细化登记备案单位、组织人事部门、纪检监察机关和公安机关出入境管理部门的职责，研究制定实施细则和监督检查措施。组织人事部门负责登记备案制度的组织实施，纪检监察机关负责监督检查，公安机关出入境管理部门负责备案数据的登记、维护。三是进一步完善边控协作机制和出入境管理制度，把好出境关。检察、公安、监察、银行监管等部门在各自工作中，发现公职人员有外逃迹象的，要及时商请公安机关采取边控措施。在法律法规范围内，尽量减少环节、提高边控效率，确保对被边控人员的边控措施落实到位。不断完善出入境管理系统，研究推行通过指纹、虹膜或其他生物特征识别的身份证、出入境证件，严防公职人员持伪造或虚假证照出入境。

（二）加强监督管理，建立防逃预警机制。一是落实并完善领导干部报告个人有关事项等规定。加强对配偶子女已移居国（境）外的公职人员的监督管理，准确划定管理目标群体和相应政策界限，建立健全配套管理政策。全面掌握公职人员及其移居国（境）外配偶子女的境外财产及流动情况，针对“裸官”等高风险公职人员，不断健全工作岗位限制、出国（境）审批以及干部管理程序等方面法规制度，对瞒报或谎报个人有关事项的，一经查实严肃处理，并在一定范围进行通报。二是建立信息共享平台，形成监督合力。加强纪检监察、外交、检察、公安、国家安全、海关等部门在反洗钱、追逃、追赃、防逃方面的情报信息合作机制，及时掌握违纪违法犯罪公职人员转移资金、涉案人员出入境等信息，积极应对，妥善处置。三是完善可疑资金监测系统，建立预警体系。充分利用反洗钱信息系统，在完善金融实名制的基础上，建立健全公职人员数据库，制定与资金账户交互分析的指标，对公职人员及其直系亲属向外转移财产的情况进行甄别和监测，发现可疑异常情况立即通报有关部门。严厉打击通过地下钱庄和离岸公司，通过虚假进口贸易、规避外汇管制方式购置海外房产等违法活动，切断腐败分子向境外转移资产的“灰色通道”。

（三）利用国际资源，加强国际合作。一是借鉴国际经验制定各项防逃政策，有原则、有鉴别地学习吸收国际上先进的公职人员管理理念和做法。不仅要参考借鉴有关法规制度，还要注意了解相关配套措施、保障机制和实施环境，提高各项防逃制度的预见性、科学性和有效性。二是积极参加金融行动特别工作组等与防逃和反洗钱相关的双边和多边合作组织，拓宽合作领域，深化合作内容，丰富合作成果，逐步形成防逃追逃的国际合作长效机制。三是与重点国家推动建立可疑人员申办签证护照和转移大额资金的相互通报和情报交换机制。

（四）加大教育惩处力度，建立追逃防逃一体化机制。加强外事和组织纪律教育，使广大党员干部了解并严格遵守出国（境）管理的各项规章制度，增强遵守纪律、接受监督的自觉性。通过党内通报、新闻报道、廉政教育等开展警示教育，宣传成功追逃案例。切实提高境内的追逃追赃防逃效率，强化对外逃公职人员的出入境口岸查控工作，防止境内潜逃转化为出境外逃，着手建立从发现失踪、境内追逃、阻止出境、阻止进入他国国境、境外追逃的追防一体化工作机制。

第二节　防逃工作重点环节

防逃工作重点是“人”“钱”“证”。要围绕“人”“钱”“证”等关键环节狠抓防逃工作，任何一个环节管住了，腐败分子都不可能逃得出去。

一、防逃工作的薄弱环节

（一）“证”方面，出入境证照管理制度不完善

1. 登记备案不到位。《关于加强国家工作人员因私事出国（境）管理的暂行规定》规定，各级党政机关、事业单位在职的县处级以上领导干部，离退休的厅（局）级以上干部，须由其所在单位负责向公安机关备案。登记备案人员工作单位、现任职务、主管部门等发生变化的，有关单位应当及时变更相应登记备案的内容。实际工作中，该规定执行不到位，一些登记备案单位存在数据报备不准确、信息更新不主动、不及时问题；有的垂直管理单位人员的上级主管部门和所属地方都未进行登记备案，形成“监管真空”。

2. 护照催缴不到位。按规定国家工作人员因公、因私证照应由所在单位外事和组织人事部门分别保管，但实际工作中存在不主动上交也无人督促的情况，有的单位主管部门不敢督促本单位主要领导上交证件，上级部门也没有开展有效监督检查和责任追究，造成证照管理方面的漏洞。犯罪嫌疑人乔某外逃前，先后私自出国（境）48 次“踩点”，7 次赴美国、34 次赴中国香港地区、7 次赴新加坡都未被发现。

3. 护照审批不到位。因私出国（境）证照审批签发仍然存在漏洞，存在一人多证、冒名办证的问题。有些企图外逃人员利用户籍管理上的

漏洞假冒他人户籍资料异地办证。浙江省永康市委原常委、政法委原书记朱兵冒用与其年龄、身高、相貌等相似的外地人身份到江西省异地申办因私护照，其再次冒用他人名义办理往来港澳通行证时被识破。后经调查，朱兵还犯有受贿、赌博等违纪违法行为，2009 年 9 月被判处有期徒刑 8 年。

（二）“钱”方面，跨境转移赃款监测力度不够

1. 洗钱交易主体身份难以确定。反洗钱部门已接入公安机关的人口身份信息系统，掌握公民的基本信息。从一些案例看，腐败分子转移资金的手段日趋隐蔽，一般不直接用本人或近亲属账户转账，而是利用其他关系人账户转移资产，如反洗钱部门不掌握这些关联账户，很难进行有效监测预警。

2. 反洗钱监测手段相对滞后。随着资金的跨国（境）交易日益频繁，腐败分子向境外转移资产的渠道也愈加复杂多样，反洗钱监测难度较大。一是通过地下钱庄等非法金融体系转移资产。二是本人赴境外或指使他人在境外开设账户，由行贿人直接将赃款随时打入其境外账户。三是利用在境外开设的分公司、境外业务或空壳公司，将赃款转移境外或在境外直接截留。四是利用子女或直系亲属到国外上学，申办投资移民、定居手续过程中将赃款转出境外。五是通过银行及其他金融机构开设的网络银行、网上充值等新型业务洗钱并将赃款转移境外。六是通过虚假贸易合同向境外转移资金。七是通过房产中介以人民币购买海外房产和金融资产。八是通过正常出入境随身携带现金出境以转移少量赃款。

3. 洗钱犯罪行为屡打不绝。外逃案件中利用地下钱庄以境内外对冲的方式转移赃款的问题比较突出，这些资金不实际跨境支付，逃避我国的外汇管制和反洗钱监测。同时，对地下钱庄案件中涉及的国家工作人员违纪违法问题，查处力度仍然不够。在某职务犯罪案件中，该犯罪

嫌疑人涉嫌贪污2.07亿元，大部分通过地下钱庄转移境外，已查明的洗钱交易就涉及高达307个个人账户。

（三）“人”方面，对重点人员监管力度不够

1. “裸官”和对外移民情况难以完全监管。当前，部分国家以卖护照为主要收入来源，甚至只要花费30万美元左右短时间内就可以获得在100多个国家免签的外国护照。我国对公职人员向境外移民情况大多采取逐案核查机制，难以掌握对外移民的总体情况。广东国有企业南海置业公司原经理李继祥2003年9月外逃，但1998年就伙同其他公职人员在中国香港地区成立中汇（香港）有限公司，1999年其妻儿移民澳大利亚。①

2. 一些职级较低但在重要岗位、外逃风险较大的人员，尚未纳入登记备案范围。《关于加强国家工作人员因私事出国（境）管理的暂行规定》规范的是党政机关、事业单位在职的县处级以下领导干部以及离退休的厅（局）级以下干部，在市县一级，主要领导职位和重要岗位的县处级以下干部尚未强制性地纳入公安机关备案范围。有的干部级别不高，但涉案金额巨大，影响十分恶劣。江西鄱阳县财政局经济建设股原股长李华波级别虽不高，但伙同他人侵吞公款9400万元后逃往新加坡。

3. 有的地方对涉嫌违纪违法人员未及时采取边控措施。有的纪检监察、检察和公安机关等提请采取边控措施不及时，导致外逃人员在立案前就闻风而逃。2003年3月，浙江省检察院反贪局带走涉嫌受贿的杨秀珠弟弟杨光荣，同年4月20日杨秀珠就携家人仓皇出逃。云南昆明市原副市长胡星的三弟胡彬于2007年1月18日被检察机关采取强制

---

① 正义网：《李继祥：澳大利亚判刑　追诉外逃裸官第一案》，2012年6月26日，http://www.jcrb.com/xztpd/2013zt/201306/guojifantan/kongbai/201306/t20130620_1138975.html.

措施，第二天胡星就外逃。

二、主要防逃措施

（一）及时边控，阻止涉案人出逃

办案机关在立案、初核或启动初查的同时，要及时跟进做好收缴出国（境）证照、阻出、边控、冻结涉案资产等防逃措施，做到立案与防逃同考虑、同部署、同安排。制定初查工作方案时，要一并制定安全防范预案，做好风险评估及应对措施，需要限制初查对象、重要证人等出入境的，要及时按照规定依法办理。

我国《出入境管理法》第 12 条规定，中国公民有下列情形之一的，不准出境：（一）未持有效出境入境证件或者拒绝、逃避接受边防检查的；（二）被判处刑罚尚未执行完毕或者属于刑事案件被告人、犯罪嫌疑人的；（三）有未了结的民事案件，人民法院决定不准出境的；（四）因妨害国（边）境管理受到刑事处罚或者因非法出境、非法居留、非法就业被其他国家或者地区遣返，未满不准出境规定年限的；（五）可能危害国家安全和利益，国务院有关主管部门决定不准出境的；（六）法律、行政法规规定不准出境的其他情形。第 28 条规定，外国人有下列情形之一的，不准出境：（一）被判处刑罚尚未执行完毕或者属于刑事案件被告人、犯罪嫌疑人的，但是按照中国与外国签订的有关协议，移管被判刑人的除外；（二）有未了结的民事案件，人民法院决定不准出境的；（三）拖欠劳动者的劳动报酬，经国务院有关部门或者省、自治区、直辖市人民政府决定不准出境的；（四）法律、行政法规规定不准出境的其他情形。

根据《关于依法限制外国人和中国公民出境问题的若干规定》①，办理限制出境必须严格按照法律规定进行。一是关于审批权限。公安机关和国家安全机关认定的犯罪嫌疑人或有其他违反法律的行为尚未处理并需要追究法律责任的，其限制出境的决定需经省、自治区、直辖市公安厅、局或国家安全厅、局批准。人民法院或人民检察院认定的犯罪嫌疑人或有其他违反法律的行为尚未处理并需要追究法律责任的，由人民法院或人民检察院决定限制出境并按有关规定执行，同时通报同级公安机关。有未了结民事案件（包括经济纠纷案件）的，由人民法院决定限制出境并执行，同时通报公安机关。二是关于限制出境的方法。限制外国人和中国公民出境时，可以向当事人口头通知或书面通知，在其案件（或问题）了结之前，不得离境。根据案件性质及当事人的具体情况，分别采取监视居住或取保候审的办法，或令其提供财产担保或交付一定数量保证金后准予出境。扣留当事人护照或其他有效出入境证件，应在护照或其他出入境证件有效期内处理了结，同时发给本人扣留证件的证明。三是关于办理程序。需在边防检查站阻止出境的，应填写《口岸阻止人员出境通知书》。在本省、自治区、直辖市口岸阻止出境的，应向本省、自治区、直辖市公安厅、局交控。在紧急情况下如确有必要，也可先向边防检查站交控，然后按本通知的规定，补办交控手续。控制口岸超出本省、自治区、直辖市的，应通过有关省、自治区、直辖市公安厅、局办理交控手续。四是关于限制时间。限制出境时间为30天，如超过控制期限仍需控制的，应重新办理审批交控手续。未办理续控或撤控手续的，作自行撤控处理。

某省查办某省属企业原董事长李某时，办案机关在线索摸排阶段，

---

① 转引自文成县政府侨网http://ql.wencheng.gov.cn/zcfg/zcfg/2015/12/31/151222.html.

就提前研究涉案人员防逃预案和应急措施，协调公安部门提前采取监控和边控措施。在对李某立案的当天，该案关键证人李某的外甥携款准备外逃，被办案机关及时在机场布控拦截，随即对其立案并采取强制措施，从而掌握了李某涉嫌受贿的关键证据。

2012 年 1 月，某省检察机关在查办某受贿案时，发现相关涉案行贿人沈某有外逃迹象，立即对沈某采取边控措施，在将其录入“民航旅客信息查询系统”黑名单时，发现沈某已预订当日下午 13 点 30 分从浦东机场出境的航班。办案机关在离航班起飞时间已不足 2 小时的情况下，经积极协调，于候机区内将沈某顺利抓获。

（二）加强出入境证照审批和监管

1. 做好护照审批工作。在有的省区市，各级组织人事部门对登记备案人员申请因私出国（境）从严审核把关，从目的地、事由、时长、次数等情况综合研判，并征求同级纪检监察机关意见。公安机关依据纪检监察和组织人事部门的审批意见，严格落实“不批不办、不批不放”，杜绝发生外逃现象。一是把好重点岗位人员审批关。对涉及管理人财物、机要档案和其他重要岗位的领导干部，以及配偶已移居国（境）外和没有配偶、子女均已移居国（境）外的领导干部从严把关。二是把好禁止出国（境）人员审批关。有的省区市对涉及有法律法规规定不准出国（境）的人员，以及涉嫌严重违纪违法的人员，一律不批准其出国（境）。三是实行出国（境）情况报告制度。有的省区市要求每年 1 月如实报告本人上一年度有效和失效的出国（境）证件，以及上一年度出国（境）情况。

2. 做好登记备案人员出国（境）管理工作。一是“应备尽备、一个不漏”，完善登记备案人员信息库。有的省区市对按规定需登记备案人员进行全面梳理，及时造册，将有关信息提供给所在地公安出入境管理部门，不断完善登记备案人员信息库。二是“应交尽交、一个不少”，收缴和集中保管登记备案人员因私出国（境）证件。有的省区市要求登记备案人员因私出国（境）证件上交组织人事部门统一登记保管，建立健全证件登记、审批领用、归还保管等制度。属于领导干部个人有关事项报告范围的证件信息，录入个人有关事项信息库。三是“应查尽查、全面覆盖”，对登记备案人员因私出国（境）证件和记录进行核查。有的省区市及时检查发现违规办证问题、违规持证问题、瞒报持证问题、未经批准擅自因私出国（境）问题和审批把关不严问题，并严肃追究相关人员责任，情节严重时予以组织处理和立案查处。

3. 清理违规证照问题。一是集中清理。有的省区市统一部署，集中对本辖区各级各部门全体党员和国家工作人员的出入境证照和身份证件进行全面清理，确保无死角、无盲区、无遗漏。二是自查自报。有的省区市为给政策、给出路、给导向，惩前毖后、堵塞漏洞，明确规定“凡如实填写个人违规持有的身份证、出国（境）证件且及时到发证机关申请注销的，既往不咎，不追究当事人党政纪责任；凡瞒报或漏报的，一经查实，从严从重处理，并追究相关领导责任，典型问题通报曝光”。三是核查比对。有的省区市充分运用人像比对等手段，重点查找发现一人多证、假证、人证不符、失联出国（境）等问题。对主动上报持有多个身份证、出国（境）证件的，按照“保真销假”原则，逐个甄别，稳妥处置。

（三）健全防逃预警机制

1. 全方位收集线索，把反映配偶子女移居国（境）外和有外逃倾向的信访举报列为受理重点。有的省区市综合分析研判领导干部及其配偶子女办理因私出国（境）证件信息和近 10 年出入境记录，对频繁出国（境）特别是连续多年频繁前往某个国家或地区的，列为重点排查对象。

2. 严格执行《关于进一步加强党员干部出国（境）管理监督工作

的通知》要求，在规定期限内，及时对领导干部因私出国（境）证件进行集中保管，禁止违反规定个人私存私持出国（境）证件。一般情况下，因公出国（境）人员，在回国后7天内，将所持证件交由发证机关指定部门统一保管。因私出国（境）人员，在回国（境）后10天内，将所持证件交由所在单位组织人事部门集中保管。

3. 发现国家公职人员出国（境）后滞留不归、短期内频繁出入境、入境后证件不上交组织人事部门统一保管、主要家庭成员突击办理移居境外手续等情形的，公安机关、证件保管部门、司法公证机关及所在单位要及时报告。

4. 落实党组织监管主体责任，抓好日常教育、管理和监督，对有外逃倾向的早发现、早报告、早处置。有的省区市落实立案单位防逃主体责任，立案、初核或采取办案措施前，落实收缴有关涉案人员出国（境）证照、技侦边控、冻结资产等防逃措施，做到办案与防逃同步进行。对于新增外逃人员，凡外逃必及时上报，对迟报、瞒报的，严肃进行问责。

（四）切断公职人员非法资金外流渠道

2015年以来，人民银行会同公安部等单位在全国范围连续开展“打击利用离岸公司和地下钱庄转移赃款”专项行动，重点对“地下钱庄”违法犯罪活动，利用离岸公司账户、非居民账户等协助贪污贿赂等上游犯罪跨境洗钱活动等进行集中打击，堵截资产跨境转移的渠道，让国内赃款“藏不住、转不出”，打七寸，断掉外逃人员的营养源。2016年全国公安机关共破获地下钱庄重大案件380余起，抓获犯罪嫌疑人800余名，打掉作案窝点500余个，涉案交易总金额逾9000亿元。[1] 同时，加强对跨境流动资金的日常监测，密切关注异常资金汇出情况，及时跟踪核查。加强对商业银行等金融机构的反洗钱监管力度，强化对所谓“投资移民”资金外流情况的分析、监管与风险控制，严格依法依规惩处不遵守反洗钱规程的行为及其责任人。

（五）加强国际协查

顺应国际社会加强反洗钱监管的潮流，推动与重点国家建立可疑投资移民资金来源和大额资金交易通报、协查机制。加强与境外金融情报机构的情报交流，及时掌握涉及公职人员的大额可疑金融交易。积极参与金融行动特别工作组、埃格蒙特等反洗钱国际组织的活动，用好多边合作网络。

---

① 人民网：《公安部2016年破获地下钱庄重大案件380余起》，2017年2月27日，http://leaders.people.com.cn/n1/2017/0227/c356819-29108909.html.